何啓民著

中古門第論集

臺灣學生書局印行

敬以此書獻祝

家嚴　魯存公八秩眉壽

自序

在從事十多年中古思想史的探討以後，由於教學的需要，想以門第作爲主要的線索，講述此一時代，因而不得不借助於前人及諸師友的論著。經過一年的時間，證實用這種方式，具有先天和後天的困難。不僅因爲各人的觀點有異，更重要的，是有關論著大都屬於層面的解釋，未能深入。遂而從第二年，即五十九年起，對門第的發展作一全面性的探討。透過對這一時代思想史的認識，來講述社會史，是一種新的嘗試，不但有趣，且亦深具挑戰性。七年之中，發表了九篇論文，雖不能說是已經呈現了中古門第的全貌，但已浮現出它大致的輪廓。爲了提供給研究中古門第的學者，或對此一課題有興趣的朋友們，特將之編爲一集。更爲了顯示探討的過程，和走的趣向，除了稍加以形式方面的整齊外，不作任何內容上的改動。因而從這些論文中，可以看出不少重複的地方，也可以見到不少逐漸修正的痕迹。感謝國家科學委員會在這期間的獎助，使研究工作得以順利的展開。同時也要謝謝臺灣學生書局的惠予出版，使得它能够呈現在各位的眼前。

何啓民

六十六年十一月十日于臺北寓所

目次

自序……I
一、中古門第之本質……一
二、漢晉變局中的中原士風……七
三、永嘉前後吳姓與僑姓關係之轉變……三九
四、中古南方門第——吳郡朱張顧陸四姓之比較研究……七九
五、南朝的門第……一二一
六、南朝門第經濟之研究……一三九
七、北朝門第經濟之研究……一八九
八、五胡亂華時期中的中原郡姓……二四五
九、唐朝山東士族的社會地位之考察……二八七

一、中古門第之本質

「門第」不是一個新的課題，它的內涵和發展，曾引起不少人的興味。（註一）此文但就它的「本質」作一嘗試性的闡發，或有助於世人對「門第」的認識。

「門第」爲「家族」在中古（註二）所發展形成的特殊形態。故而「門第」既具備「家族」之特性，亦復具備其所以爲「門第」之特殊形態。此卽是說，「門第」有其通性。然而，「門第」不是一個「制度」，不是由國家制定的，而是自然形成的。因之，不能以「一」來律之。此亦卽是說，「門第」有其個性。

在「門第」發展形成的過程中，先有「族性」，次有「門戶」，而後有「地望」的觀念。

這是非常自然的，由於強大的向心力，使同一祖先的，不僅在血統上，而且在精神上，也聚集在一起，「家族」的，尤其是「姓」的榮譽感，重於一切。而「姓」，實際上代表了「家族」。(註三)「家族」地位的高低，由「姓」表露無遺。(註四)

其後，由於「家族」丁口日繁，必然分支，遂而自立「門戶」，雖屬同「姓」，地位亦自不同。(註五)

亦由是此「族姓」「門戶」與所著籍之「地」發生極密切之關係，「地望」之觀念亦因是產生。

任何「門第」，也必然地具備此三者，缺一不可。(註六)

族姓
門戶
地望

見之於載籍的，有很多不同的稱謂，來稱謂我們所謂的「門第」(註七)。這都是由於性質、地位、環境、表現的不同，或是所持角度的互異而產生(註八)，也莫不有其實質上的意義，故在使用上，並非是漫無限制的。有的爲泛稱，有的則屬偏擧(註九)，當我們稱謂之時，特需加以注意。

我們說，「門第」不是一種組織，也不是一種制度，因爲它沒有一定的組織形態，與經過某些人的加以制定，加以規範，從稱謂的紛亂，我們可以清楚地認識到這一事實的存在。

至於「門第」地位之高下，決定於此一「門第」之「人」「時」「名」「位」。換言之，卽與此一「家族」「門戶」的「人口多寡」「世代久暫」「名譽大小」「祿位高低」成正比，由社會予以認可評價，官家無權上下。

人——人口多寡

時——世代久暫

名——名譽大小

位——祿位高低

「門第」的維繫，經濟雖重要，家風與家學、婚姻與交往，尤其重要。（註十）而「門第」雖爲地方性的，其影響所及，却爲全國性的。對於某些人來說，出則仕於四方，處則守在田園，不論出處如何，一言一動，同樣地爲世人所注目。像這些，在中古的載籍中，都不乏其例的。

不論中外古今，「家族」是普遍存在着的，「家族」之有着社會地位之高下，也是一件很普通的事。而「門第」這種「家族」，除了有着高下不同的社會地位外，更有些不見之於其他中外古今「家族」的特質。而這種具有特質的「門第」，則只有在中國的社會才孕育得出，也唯有在中國的中古時期，才眞實地存在過。

(註一)「門第」之成為一課題，引起人的興味，不僅由本身的多彩多姿，也由於討論此一時期的任何問題，都直接、間接地牽涉到「門第」。換言之，即「門第」的內涵和發展，確屬一重要且有意義的課題。

(註二)歷史的分期，本為討論上的方便，見仁見智，各有不同，也無必要相同。此處所指之中國「中古」，自漢以迄五代，而不擬加以任何確切之上下限，討論上似更為方便。又按此一「中古」時期，日人多稱之為「中世」，詞異而義同。

(註三)按「生之為姓」，「家族」既為同一祖先之後，誼屬同「姓」，「姓」自可代表「家族」。

(註四)新唐書卷一九九柳沖傳曰：「過江則為僑姓，王、謝、袁、蕭為大；東南則為吳姓，朱、張、顧、陸為大；山東則為郡姓，王、崔、盧、李、鄭為大；關中亦號郡姓，韋、裴、柳、薛、楊、杜首之；代北則為虜姓，元、長孫、宇文、于、陸、源、竇首之。」此由「姓」可以考見「家族」地位之高下。

(註五)崔氏可為最佳例證，毛漢光兩晉南北朝士族政治之研究曰：「例如北朝崔氏有兩大支，一個是清河崔氏，一個是博陵崔氏，前者門望比後者為高，後者每受前者輕視。」見上册頁三。

(註六)此由中古門第，「姓氏」與「地望」並擧，可得一證明。

(註七)本文於衆多「稱謂」中，特加採用的原因，一則由於其為「泛稱」，再則由於個人使用的習慣。

(註八)毛漢光兩晉南北朝士族政治之研究曰：「歷史書中對於兩晉南北朝累世官宦家族的稱呼，名詞極不一致；從家門盛貴方面看，有人稱之為高門、門戶、門第、門地、門望；從身份華貴方面看，有人稱之為膏腴、膏梁、甲族、華儕、貴遊；從權勢方面看，有人稱之為勢族、族家、貴勢；從家族綿延方面看，有人稱之為世家、世胄、門胄、金張世族、世族；從姓氏觀點看，有人稱之為著姓、右姓；從家門社會地位方面看，有人稱之為門閥、閥閱；從家族名聲方面看，有人稱之為名族、高族、高門大族；若從政治、文化、社會諸方面看，有人稱之為士流、士族。上列二十七個稱呼，所指意義大同小異，因為所看角度不同，有了名詞上的差異。」（上册頁一）

（註九）如「門第」、「門地」、「門戶」、「士族」、「世族」等，均屬「泛稱」。「甲族」、「名族」、「門閥」等則屬「偏擧」。此從「稱謂」的本身已可考見。註八所引毛漢光氏謂「二十七個稱呼，所指意義大同小異」，似乎值得商榷。

（註十）參考錢穆先生略論魏晉南北朝學術文化與當時門第之關係（新亞學報五卷二期）一文，及毛漢光兩晉南北朝士族政治之研究第七、第九兩章。

（原載「中華文化復興月刊」三卷五期，民五十九年五月）

二、漢晉變局中的中原士風

一

東漢末年，宦官當道，朝政不脩，後漢書卷一百八宦者列傳序曰：

若夫高冠長劍，紆朱懷金者布滿宮闈；苴茅分虎，南面臣人者蓋以十數。府署第館，棊列於都鄙；子弟支附，過半於州國。南金和寶，冰紈霧縠之積盈牣珍藏，嬙媛侍兒，歌童舞女之玩充備綺室。狗馬飾雕文，土木被緹繡。皆剝割萌黎，競恣奢欲；構害明賢，專樹黨類。其有更相援引，希附權彊者，皆腐身熏子，以自衒達。同敝相濟，故其徒有繁。敗國蠹政之事，不敢單書。所以海內嗟毒，志士窮棲，寇劇緣間，搖亂區夏。雖忠良懷憤，時或奮發，而言出禍從，旋見孥戮，因復大考鉤黨，轉相誣染，凡稱善士，莫不離被災毒。

黨錮肇自桓帝延熹九年（一六七年），迄靈帝中平元年（一八四年），而黃巾亂起，同書卷一百一皇甫嵩傳曰：

初，鉅鹿張角，自稱大賢良師，奉事黃老道，畜養弟子，跪拜首過，符水呪說以療病，病者頗愈，百姓信向之。因遣弟子八人，使於四方，以善道教化天下，轉相誑惑。十餘年間，衆徒數十萬，連結郡國，自青、徐、幽、冀、荆、揚、兗、豫八州之人，莫不畢應。遂置三十六方，方猶將軍號也。大方萬餘人，小方六七千，各立渠帥，訛言蒼天已死，黃天當立，歲在甲子，天下大吉。以白土書京城寺門，及州郡官府，皆作甲子字。中平元年，大方馬元義等，先收荆、揚數萬人，期會發於鄴。……角等知事已露，晨夜馳勑諸方，一時俱起，皆著黃巾為標幟，時人謂之黃巾。……所在燔燒官府，劫略聚邑，州郡失據，長吏多逃亡，旬日之間，天下嚮應，京常震動。

亂雖不久，然而此不過一連串變亂的開始。中平六年（一八九年），靈帝崩，卷一百二董卓傳曰：「大將軍何進、司隸校尉袁紹，謀誅閹官，而太后不許，乃私呼卓將兵入朝，以脅太后。」及邊兵既來，燒殺虜奪，事更不可爲，而天下大亂矣，傳曰：

乃立陳留王，是為獻帝。……卓遷太尉，領前將軍，加節傳斧鉞虎賁，更封郿侯。

……是時洛中貴戚，室第相望，金帛財產，家家殷積，卓縱放兵士，突其廬舍，淫略婦女，剽虜資物，謂之搜牢。人情崩恐，不保朝夕。及何后葬開文陵，卓悉取藏中珍物，又姦亂公主，妻略宮人，虐刑濫罰，睚眦必死，羣僚內外，莫能自固。……又壞五銖錢，更鑄小錢，悉取洛陽及長安銅人鍾虡飛廉銅馬之屬，以充鑄馬。故貨賤物貴，穀石數萬，又錢無輪郭文章，不便人用。……及聞東方兵起，懼，乃鴆殺弘農王。……於是遷天子西都。初，長安遭赤眉之亂，宮室營寺焚滅無餘，是時唯有高廟京兆府舍，遂便時幸焉，後移未央宮。於是盡徙洛陽人數百萬口於長安，步騎驅蹙，更相蹈藉，饑餓寇掠，積尸盈路。卓自屯留畢圭苑中，悉燒宮廟官府居家，二百里內，無復孑遺。又使呂布發諸帝陵，及公卿以下冢墓，收其珍寶。……初，卓以牛輔子壻，素所親信，使以兵屯陝，輔分遣其校尉李傕、郭汜、張濟，將步騎數萬，擊破河南尹朱儁於中牟，因掠陳留、潁川諸縣，殺掠男女，所過無復遺類。……(及董卓死，牛輔見殺)傕等恐，乃先遣使長安，求乞赦免，王允以為一歲不可再赦，不許之，傕等益懷憂懼，不知所為，武威人賈詡時在傕軍，說之曰：「聞長安中議，欲盡誅涼州人，諸軍若棄軍單行，則一亭長能束軍矣。不如相率而西，以攻長安，為董公報仇。事濟，奉國家以正天下，若其不合，走未後也。」傕等然之。……率軍數千，晨夜西行。……比至長安，已十餘萬，與卓故部曲樊稠、李蒙等合，圍長安城，城峻，不可攻，守之八日，呂布軍有叟兵內反，引傕衆等入，城潰，放兵虜掠，死者萬餘人。……（興平元年）時長安中盜賊不禁，白日虜掠，傕、汜、稠乃參分城內，各備其界，猶不能制，而其子弟縱橫，侵暴百姓，是時穀一斛五十萬，豆麥二十萬，人相食啖，白骨委積，臭穢滿路。……初，帝入關，三輔戶口尚數十萬，自傕、汜相攻，天子東歸後，長安城空四十餘日，強者四散，羸者相食，二三年間，關中無復人跡。建安元年春，諸將爭權，韓暹遂攻董承，承奔張楊，楊乃使承先繕修洛宮，七月，帝還至洛陽，幸楊安殿，張楊以為己功，故因以楊名殿。（獻帝起居注曰：「舊時宮殿悉壞，倉卒之際，拾撫故瓦材木，工匠無法度之制，所作並無足觀也。」）

總計不過十年間，長安城固爲之一空，而洛陽，據同書卷一百四袁紹傳，建安二年，紹「欲移天子自近，使說（曹）操以許下埤濕，洛陽殘破，宜徙都甄城，以就全實，操拒之」，可以考見建安初年，（一九六年——）洛陽已「殘破」難以再用了。范蔚宗董卓傳贊曰：『方夏崩沸，皇京烟埃。」實是的論。故三國志卷四十六孫堅傳曰：「卓尋徙都西入關，焚燒洛邑，堅乃進入至洛，修諸陵，平塞卓所發掘。」注引江表傳曰：「舊京空虛，數百里中無煙火，堅前入城，惆悵流涕。」連年戰爭和動亂，所破壞的，不僅是南京，地方上又何不然。所帶走的，不僅是財產和生命，而且是文化傳統和思想精神的破滅。此一方面，固然是主持、推動漢家學術思想主流——經學的兩京，既遭受到如此極度的摧殘，而不是暫時性的中斷，此一變化，使天下所共仰的兩京，對于地方，不再有控制、拘束、和影響力了。在另一方面，亦是由於本已難得的書籍，受到無法補救的損失，後漢書卷一百九儒林列傳序曰：

初，光武遷還洛陽，其經牒秘書，載之二千餘兩。自此以後，參倍於前。及董卓移都之際，吏民擾亂，自辟雍、東觀、蘭臺、石室、宣明、鴻都諸藏典策文章，競共剖散，其縑帛圖書，大則連為帷蓋，迺制為縢囊。及王允所收而西者，裁七十餘乘，道路艱遠，復棄其半矣。後長安之亂，一時焚蕩，莫不泯盡焉。

典籍的遭受刼難，兩京的遭受毀滅，雖然是偏於物質方面，影響豈獨止於物質？

而繼董卓之亂之後，曹操稟持、專擅了朝政。三國志卷一武帝紀謂「自天子西遷，朝廷日亂，至是宗廟社稷制度始立」，經過一時期的動盪，總算給漢室帶來了最後的安定局面。這時的中國，雖還不免於分裂，至少、吳、蜀，在漢室尚存的一日，名義上是漢室的臣民，不敢冒大不韙而稱尊的。操既爲桓帝世閹宦曹騰養子嵩之子，本紀稱他「少機警，有權數，而任俠放蕩，不治行業」，自不爲當時社會所重。他的拔起於羣雄之中，是憑一己之才力。他要的是「得天下」，而非「治天下」。因之，他所需要的，是能幫助他「得天下」的人，他既非如漢光武之出身於太學，又不爲「治天下」而須假藉儒術經學之力，對於東京末年，那班有名無實的，有德無能的，亦即過去輕視他的人，是深恨痛絕的。因爲，這些人在如此一個環境中，對他無所補益，從他所下的求才諸令中，最可看出他之所重。本紀建安八年注引魏書載庚申令曰：

議者或以軍吏雖有功能，德行不足，堪任郡國之選，所謂可與適道，未可與權。管仲曰：「使賢者食於能則上尊，鬪士食於功則卒輕於死，二者設於國則天下治。」未聞無能之人，不鬪之士，竝受祿賞，而可以立功興國者也。故明君不官無功之臣，不賞不戰之士。治平尚德行，有事賞功能。論者之言，一似管窺虎歟！

「治平尚德行，有事賞功能」，孟德於此點深有認識。又建安十五年春下令曰：

自古受命及中興之君，曷嘗不得賢人君子，與之共治天下者乎！及其得賢也，曾不出閭巷，豈相遇哉？上之人不求之耳。今天下尚未定，此特求賢之急時也。孟公綽為趙魏老則優，不可以為滕薛大夫。若必廉士而後可用，則齊桓其何以霸世？今天下無有被褐懷玉，而釣於渭濱者乎？又得無盜嫂受金，而未遇無知者乎？二三子其佐我明揚仄陋，唯才是擧，吾得而用之。

又本紀建安十九年十二月乙未令曰：

夫有行之士，未必能進取；進取之士，未必能有行也。陳平豈篤行，蘇秦豈守信則有司明思此義，則士有偏短，庸可廢乎！有司明思此義，則士無遺滯，官無廢業矣。

又二十二年注引魏書八月令曰：

昔伊摯，傅說出於賤人；管仲，桓公賊也，皆用之以興。蕭何、曹參，縣吏也；韓信、陳平，負汙辱之名，有見笑之恥，卒能成就王業，聲著千載。吳起，貪將，殺妻自信，散金求官，母死不歸，然在魏，秦人不敢東向；在楚，則三晉不敢南謀。今天下得無有至德之人，放在民間；及果勇不顧，臨敵力戰；若文俗之吏，高才異質；或堪為守將，負汙辱之名，見笑之行；或不仁不孝，而有治國用兵之術，其各舉所知，勿有所遺。

董卓等之亂，毀滅了文化中心的兩京，學術思想正統的儒學，失去了領導，力量雖猛，一時尙沒有能影響到地方，基層大衆還是崇尙儒術和經學的。曹操雖未明白地反對經學，排除儒術，但他嚴格的法治政策，好權術，嚴刑罰，禁誹謗，和不重視經學，輕視儒家所最講求的孝悌節義，已予了事實最好的說明。影響所及，較之董卓之亂，還要深遠得多。顧炎武在他的日知錄卷十七兩漢風俗條中說：「孟德既有冀州，崇獎跅弛之士，觀其下令再三，至於求不仁不孝，而有治國用兵之術者。於是權詐迭進，姦逆萌生。故董昭太和之疏，已謂『當今年少，不復以學問爲本，專以交游爲業；國士不以孝悌淸修爲首，乃以趨勢求利爲先』。…

…夫以經術之治，節義之防，光武、明、章數世爲之而未足；毀方敗常，孟德一人變之而有餘。」

數百年來人們精神的依託，而今被曹操破壞了，他却並沒有拿出另外一套來代替它，這是最重要的。在這動亂的時代，使得人們一方面是徬徨，沒有信仰，也無所依賴；另外一方面，却也解脫掉數百年來思想上的鎖鍊和羈絆，人們開始可以盡量地去想，沒有人會來干涉。前此數百年在獨尊儒術政策的陰影下，諸子之學不過是一道暗流，而今得以重見天日。學術思想自由的空氣，不僅帶給人們可以自由思想的權利，也帶給了人們自由思想，盡情思想、和創新思想的信心。

二

展開這序幕的，是荀粲，三國志卷十注引何劭荀粲別傳曰：

粲字奉倩，粲諸兄並以儒術論議，而粲獨好言道。常以為子貢稱夫子之言性與天道不可得而聞，然則六籍雖存，固聖人之糠粃。粲兄俁難曰：「易亦云：『聖人立象以盡意，繫辭焉以盡言。』則微言胡為不可得而聞見哉？」粲答曰：「蓋理之微者，非物象之所舉也。今稱『立象以盡意』，此非通于意外者也；『繫辭焉以盡言』，此非言乎繫表者也。斯則象外之意，繫表之言，固蘊而不出矣。」及當時能言者不能屈也。

粲可以算得上是一個傳統學術的反動者，在他看來，六籍不過是聖人之學的糠粃，易雖然說「立象可以盡意，繫辭可以盡言」，然而對於象外之意，繫表之言，顯然是無能爲力。「理之微者，非物象之所擧也」，就因爲它蘊而不出，所以才需要探討。而聖人的精意，卽在於這些地方。聖人不是說過「形而上者謂之道，形而下者謂之器」麼？撇掉性與天道，專就六籍來說，永遠落於下乘，這是可以想像得到的。粲之獨好言「道」，此「道」不必是老莊道家之「道」，如解釋它爲「性與天道」之「道」，也許更近於事實些。而「性與天道」，卽人生和宇宙的問題，也就是討論天人之際的大學問。雖然對於荀粲的理論，我們知道得很少，其退出儒家的圈子，是很顯然的。對于篤守儒術如荀俁輩來說，荀粲自然被視爲「離經叛道」了。

在思想轉變的同時，也是另一種談論新方式漸次形成的時候。這是一種摻雜融和美音制於論難的談論。論難，在東京初期，已漸次發展成爲說經的基本手段。在某些事理的討論上，論難的方式是必須的，然而在趣味的保持上，以期獲得更多的羣衆上來看，美音制，是更爲有效的。辭清語妙的談論，與論難的合流，是一個必然的發展趨勢。而說經，則因經學失去了它本身在學術思想中獨占的地位，也漸次轉變而爲說理。如此一來，更可以表現其人之學識。因爲新的談論方式，可以看出一人在辭旨應贊方面的才能，成爲人物評論上的一標準；而同時可達到求理的目的，劉劭人物志八觀篇曰：

夫人厚貌深情，將欲求之，必觀其辭旨，察其應贊。夫觀其辭旨，猶聽音之善醜；察其應贊，猶視智之能否也。故觀辭察應，足以互相識別。

在重視才能學識的漢魏之交，評論者皆可以得到滿足。不僅看重「學」，更看重「識」；不僅看重「才」，更看重「能」。而從這一新的談論方式，發展形成所謂「談玄」。

而思想的轉變，正好配合此一新的談論方式，發展形成所謂「談玄」。

「玄」，太玄經十太玄圖說：「夫玄也者，天道也，地道也，人道也。」張揖廣雅也說：「玄，道也。」「玄」是道，是天道、地道、人道也。而「道」，韓非子解老篇說得好：「道者，萬物之所然也，萬理之所稽也。理者，成物之文也。道者，萬物之所以成也。故曰：道，理之者也。」當我們理解到「玄」的意義時，才能夠認清這門學問到底是講的什麼。它追求萬物之所然，追求萬理之所稽。它所講求的，只是天之道、地之道、人之道，而不是天、地、人。道，理之者也。而玄，也因之只論其理，而不必明其事。現實的一切，對它說來，都是毫無意義的。玄，可說是眞正超越人倫日用的，是極高明的，自然也是出世間的。

「玄」和「談論」是分不開的，所以有的人稱這種「談論」爲「談玄」。我們可以說，「談論」是「求理」的手段，而「求理」是「談論」的目的。在這種情況下，自然「談玄」也就有異於日常生活裏的談天說地，想到那裏說到那裏，不負責的說，必須經過思考，加以組織，使合乎邏輯而不得自相矛盾，非但要推翻別人的理論，且須自立城圍，防人的來攻。「談玄」，自然而然地，走上了「論難」的路子。否則，將如劉孔才人物志材理篇所說：

若說而不難，各陳所見，則莫知所由矣。

「論難」，又名爲「攻難」，從字眼裏，可以看出主客的情勢。在談坐上，你可以自標一理，用幾個字，或百十句，甚至更多的話，來說明你的理，這在談論的術語，稱爲「談論」。而在談論中間，爲了加强論點，可以用古來證今，此卽所謂「談證」。「談證」固然可以隨方取材，然難在恰切。而「談端」既開，要攻的人就從你的理論中來尋找空隙難你，自然，你也同樣地可以反駁他，到後來，甚至相互攻難，主客難分了。談論既要破他立我，且須博古通今，用古證今，自然需要學力，也需要天才。而談論中，論難技巧畢竟是取得勝負的關鍵。因爲談是雙方的，而不是片面的，雖然雙方才智相當，到卒然間，也會產生難諭、不解，而造成僵局，談論不能繼續下去了，在這時，亟需一第三者爲之判析，這是談坐中特有的現象，也是緣於事實的需要，然要注意的，這並非是說，在談坐上，特設一人，而只是機緣湊巧，恰有如此一人，參預談坐，而具有能力論解的人，到時爲之排解。像這種談論，既有主客之勢，自有來往，而一來一往，稱爲「一番」。番數多少，並沒有規定，只看什麼時候，一方不能再繼續下去了，就結束了這場談論。所得到的理，卽是「勝理」，而非「理源所歸」的「眞理」。從理論上說來，「論難」該是一個最理想的求「理」手段，一切取決於公開的「談論」，沒有任何「情」能亂「理」，純爲「求理」而「求理」。然而弊病就出在這上面，因爲「論難」雖是較好的求「理」手段，却有着先天的缺憾，「道」也好，「理」也好，本來就沒有絕對的價值標準，只有相對的好壞比較。追求「理源所歸」，歸於何處既不能解決，理源遂成了一個理想的虛名。所能做到的，亦只不過是最勝義的獲致。在初時，人們尚注意於理論的探討，最後，則漸趨於技巧的鍛鍊。卽所講求的，只是在如何方能樹立自己的「理」，防人之來攻，或如何去攻難他人的「理」，以期獲得最後的勝利。致力的，既是舊義的細微章節，遂不復再有重要的新義產生。一方面也由於談風初起時，人才輩出，後來的人難以再繼。在如此情形之下，結局當然是令人失望的。而劉孔才早就從理論上推知，他在人物志材理篇中卽就說過：

夫建事立義，莫不須理而定。及其論難，鮮能定之。夫何故哉？蓋理多品而人異也。夫理多品則難通，人材異則情詭，情詭難通，則理失而事違也。

而「玄」之所以不同於以往的那些學術思想，從前面所討論的，可以知道：

第一、它純粹爲求「理」而求「理」，不與現實的一切發生任何關係。

第二、它透過談論而產生，這種談論的實質是「論難」，「論難」所得的最終之「理」，只是「最勝義」，而非「理源所歸」。

第三、由於一切爲「論難」，技巧的受重視，漸次超過內容，結果是不能，也不可能產生偉大的思想。

「玄」與「談」是不可分的。「玄」的擴大，與「談風」的開展，事實上也就是一件事的兩面。

就談論來說，不必有形式，隨時隨地，只要有二人以上，相聚而談，卽爲「談坐」。可是對於「談論」的本身，却抱着極其嚴肅的態度。由於採取論難的方式，「談坐」變成了戰場。在談論的場合中，不僅是比較兩方實力的高低，且看戰術、戰略的運用，來決定最後的勝負。在這種情形下，用言辭取巧，是行不通的。卽「言辭」雖是必須的，然而「理」更重要。除循「理」來說「理」外，沒有第二條路子可走。這種不成文的論難原則，才是維護論難能求得勝理的最重要原因。

談坐是開放的，且沒有人數的限制，這並不是說，每個參預談坐的人都可以談，誠然，從理論上說來，每個人都有談的資格，可是事實上，除了偶而有第三者爲之解析不通之處外，只是客主兩人之事。其間並非由於地位的高下，而係實力的相差，或係預先約定的。至於談坐中的其他大多數人，不僅是抱著欣賞的心情，且亦懷著學習的態度，世說賞譽篇云：

太傅東海王鎮許昌，以王安期為記室參軍，雅相知重，勅世子毗曰：「夫學之所益者淺，體之所安者深。閑習禮度，不如式瞻儀形；諷味遺言，不如親承音旨。……」

也就是說，「談坐」變成了當時人受教育的場所。雖僅限於上層階級之子弟，却並沒有被壟斷。

然而「談論」之能成爲一時的風氣，並非一件容易的事，從當時的發展過程中，可以探索其原因所在。三國志卷十注引何劭荀粲別傳曰：

太和初（二二七年——），到京邑，與傅嘏談。嘏善名理，而粲尚玄遠，宗致雖同，倉卒時，或有格而不相得意，裴徽通彼我之懷，為二家釋。頃之，粲與嘏善。

荀粲的那一套理論，既然是超出當時人的知識、常識之外，自然可說是「尚玄遠」。這與講「才性同」的傅嘏，其有「格而不相得意」之處，也是不難想見的。虧得靠了一位裴徽，爲通「彼我之懷」，才使得談論能繼續下去，也使京邑人能够接受這一外來的，離經叛道的，玄遠的思想，導致魏晉思想展開一新的局面，不再拘泥於才性，開始討論天之道、地之道、和人之道。而談論之有記載，也從此開始。

荀粲的思想，帶給京師一新的刺激，使他們知道學問不在於儒術與經學之中，不在於現實世界所能夠得到印證的名實問題之中，而在性與天道之中，更在象、意之外。然則這些所謂性與天道，及象、意之外的東西，與人生界究屬隔絕，飽受法術薰陶的腦筋，不可能很快地接受，尚需要一段時間來讓他們思考。更需要一能夠指引他們的人來導引他們，這卽是正始時代，與何晏、王弼所作的努力。

齊王芳的正始一共是十年（二四〇——二四九年），在談論和思想史中，是一個非凡的時代，雖然談論並不是由這一時代所開創的，却是樹立規模、發揚光大的一朝。談論之成爲一時風氣，與何晏至具關係，三國志卷九何晏傳曰：

晏，何進孫也。母尹氏，為太祖夫人。晏長於宮省，又尚公主，少以才秀知名，好老、莊言，作道德論，及諸文賦，著述凡數十篇。

注引魏略曰：

晏尚主，又好色，故黃初（二二〇——二二六年）時，無所事任。及明帝立（二二七年），頗為冗官。至正始初，曲合於曹爽，亦以才能故，爽用為散騎侍郎，遷侍中，尚書。……晏為尚書，主選舉。

又世說文學篇：

何晏為吏部尚書，有位望，時談客盈坐……。

注引文章敍錄曰：

晏能清言，而當時權勢，天下談士，多宗尚之。

按：魏故事，吏部主選擧，最爲淸貴。而平叔既爲孟德之養子，又爲孟德之壻。在另外一方面，平叔佐曹爽，在司馬氏逐漸威脅到魏室的情勢下，排除司馬懿，建立一個親魏政權。在整個過程中，吏部尙書的職位是非常重要的，因爲他擁有用人之權，可以進一人，也可以退異己。平叔成爲這時朝廷的重心，全然由於他的「才能故」。而也由於他的招納接引，正始一朝人才極盛，像阮籍、山濤、嵇康皆於這時入仕。更由於他的淸望領吏部，設談坐，談風大盛，魏都成爲當時談論的中心。

王弼似乎是一個傳奇性的人物，從他出現在正始的談坐上，到生癘疾而卒，短短的幾年中，以二十左右的人，成就之大，影響之深，可說是很少見的，世說文學篇云：

王弼未弱冠，往見晏，晏聞弼名，因條向者勝理語弼曰；「此理，僕以為極可，得復難不？」弼便作難，一坐人便以為屈。

注引王弼別傳曰：

弼字輔嗣，山東高平人。少而察惠，十餘歲便好莊、老，通辯能言，爲傅嘏所知。吏部尚書何晏甚奇之，題之曰：「後生可畏！若斯人者，可與言天人之際矣。」

注又引魏氏春秋曰：

弼論道約美不如晏，自然出拔過之。

此「道」，卽天之道、地之道、人之道。又三國志卷二十八鍾會傳注引何劭王弼傳曰：

弼天才卓出，當其所得，莫能奪也。……其論道，附會文辭不如何晏，自然有所拔得多晏也。

何、王優劣，上面的說法有他的根據。以輔嗣的注解老、易來看，其見解的超拔，立論的精確，實非何晏所能企及；而平叔的談論技巧之巧妙，王弼亦當自愧不如，更證明了這種說法的眞實性。從另外一方面看來，何晏不過是一從政的業餘談家，自有他的事功，雖有倡導正始談風之功，然而眞正爲談論奠定理論基礎，而正始之成其爲正始的，則屬之職業談士的王弼，雖然他在事功上無可取，可是與何晏同爲正始談風的大功臣，是當之無愧的。一種風氣的形成與衰微，往往在於一兩人。正始談風的稱盛，是由於何晏、王弼的參預。然而到了正始十年（二四九年）正月，宣王謀再起，曹爽敗，殺戮於是乎開始，而何晏被殺。是年秋，王弼亦遇癘疾亡，時年二十四歲，無子，絕嗣。又二年，夏侯玄等復以謀叛見殺。而經此兩次的殺戮後，談風由極盛而消沉，而絕迹，這可由「與何晏、鄧颺等數共談講」的衞瓘，見到樂廣時說：「昔何平叔諸人沒，常謂淸言盡矣。」而得到證明。等到談風再興，已是四世紀前後的事了。

不論從思想，或談論上來看，正始都是一個非凡的時代，雖然談風並不由它開創，却是樹立規模、豐富內容，發揚光大的一朝。從稍晚出的典籍中，可以發掘出正始對當時，及以後所具有的眞正意義：

第一、在談論上，樹立言辭簡至不煩的標準。

第二、在談論的內容上，採取用道入儒的玄論。這點可說是劃時代的創舉，有着革命性的意義。

然而不論是正始時代的何晏、衞瓘，或者是夏侯玄、鄧颺，甚至於晉以後的樂廣、王衍，他們這些談坐中的人物，都各有他們的事功。他們談論，不過作爲消閒的活動，決不因此而影響到他們的工作。我們可以稱他們爲樂觀進取的一羣，即使處在如許的環境中，依然不喪失對未來的希望，對現實的熱愛，他們欣賞別人，東海王越勑子毗書不是說過「閑習禮度，不如式瞻儀形」麼，而他們更欣賞自己，欣賞美好的一切，這說明了魏晉人何以愛美。而說到美，又不能不談到何晏，世說容止篇曰：

何平叔美姿儀，面至白，魏明帝疑其傅粉。正夏月，與熱湯餅，既噉，大汗出，以朱衣自拭，色轉皎然。

注引魏略曰：

晏性自喜，動靜粉白不去手，行步顧影。

三國志卷九何晏傳注引魏略同。通鑑卷七十五胡三省注亦云其「自塗澤也」。楊勇世說校箋曰：「此言，則晏之妖麗本姿外飾，且晏養自宮中，與帝相長，豈復疑其形姿，待驗而明也。」又案宋書卷三十五行志曰：

魏尚書何晏，好服婦人之服。

不論何晏是天生的美，抑或是後天的好美，他的這種作風，隨着他的地位，和談坐的表現，而流傳海內，影響後世深遠。薰衣傅粉，漢世士人已多如此。今則因何晏，更重形體膚色之美。從前引數條，可見論其事者，多為後來之人，而後來之人，不過傳言中得之。結果居然傳出了何晏之所以能如此美貌，是由於他服食了「寒食散」。世說言語篇：

何平叔云：「服五石散，非唯治病，亦覺神明開朗。」

注引秦丞相寒食散論：

寒食散之方，雖出漢代，而用之者寡，靡有傳焉。魏尚書何晏首獲神效，由是大行於世，服者相尋也。

俞正燮癸巳存稿七云：「通鑑注言寒食散蓋始於何晏，又云煉鍾乳、硃砂等藥爲之，言可避火食，故曰寒食。按寒食言服者食宜涼，衣宜薄，唯酒微溫飲，非不火食。其方，漢張機製，在金匱要略中。發解制度，備見隋巢元方諸病源候卷六所載皇甫謐語。皇甫謐深受其毒，故知之最詳。」按隋巢元方諸病源候總論卷六寒食散發候篇云：

皇甫謐云：寒食藥者，世莫知焉，或言華佗，或曰仲景（張機）。……及寒食之療者，御之至難，將之甚者，近世尚書何晏，耽好聲色，始服此藥，心加開朗，體力轉強，京師翕然，傳以相授，歷歲之困，皆不終朝而愈。衆人喜於近利者，不覩後患，晏死之後，服者彌繁，於時不輟，余亦豫焉。或暴發不常，夭害年命。是以族弟長互，舌縮入喉；東海王良夫，癰疽陷背；隴西辛長緒，脊肉爛潰；蜀郡趙公烈，中表六喪，悉寒食散之所為也。遠者數十歲，近者五六歲。余雖視息，猶溺人之笑耳。而世人之患病者，由不能以斯為戒。失節之人，多來問余，乃喟然歎曰：今之醫官，精方不及華佗，審治莫如仲景，而競服至難之藥，以招甚苦之患，其夭死者，焉可勝計哉！

按就其服法說，名寒食散；就其原料說，又名五石散。唐孫思邈千金翼方，有五石更生散之方，主要爲紫石英、白石英、赤石脂、鍾乳、石琉黃等五石。本草於鍾乳、石英、石脂，皆云：「益精益氣，補不足，令人有子，久服輕身延年。」抱朴子內篇金丹篇也言五石：「五石者：丹砂、雄黃、白礬、曾青、慈石也。」說法略異，但也說常服可長生不老，其仙藥篇云：「玉屑服之，與水餌之，俱令人不死。所以爲不及金者，令人數數發熱，似寒食散狀也。」玉石同類，作用也相似。全晉文卷二十六王羲之帖云：「服足下五石膏散，身輕行動如飛。」所言也即是此散。藝文類聚卷七十五養生條晉嵇含寒食散賦曰：

余晚有男兒，旣生十朔，得吐下積，羸困危殆，決意與寒食散，未至三旬，幾於平復。

何矜孺子之坎軻，在孩抱而嬰疾。旣正方之備陳，亦旁求於衆術。窮萬道以弗損，漸丁寧而積日。爾乃酌醴操散，商量部分，進不訪舊，旁無顧問。偉斯藥之入神，建殊功於今世，起孩孺於重困，還精爽於旣繼。

寒食散的用處雖在治病，但服食的人却爲其他的原因，主要的就是希望能如何晏般獲致神效，則雖明知爲毒藥，亦不以爲戒，反而競服成爲社會上層階級的風氣。

「散」是一種毒性很重的藥，服的時候，如果措置失當，是非常危險的，晉書卷五十一皇甫謐傳曰：

……後武帝頻下詔，敦逼不已，謐上疏自稱：又服寒食散，違錯節度，辛苦荼毒，于今七年。隆冬裸袒食冰，當暑煩煩，加以咳逆，或若溫瘧，或類傷寒，浮氣流腫，四肢酸重，於今困劣，救命呼噏，父兄見出，妻息長訣，仰迫天威，扶輿就道，所苦加焉，不任進路，委身待罪，伏枕歎息……。初服寒食散，而性與之忤，每委頓不倫，常悲恚，叩刀欲自殺，叔母諫之而止。

史傳中類此甚多，可知服散本身並不是一件舒服的事，但在魏晉，這種風氣既是這樣的普遍，而且太半爲門第子弟，則自然有它所以風行的原因所在。

不過我們要特別指出一點，卽這些門第子弟，他們羣趨於好美，好服食，這表示他們對世界有所依戀，對生活，對自己充滿了信心。美滿的人生，幸福的人生，是他們所追求的目標。換句話說，他們眞正是樂觀的一羣。

三

對於樂觀的人來說，一切都是美好的，環境再惡劣，也有它光明的一面。可是對另外一班人來說，他們對現實的一切：諸如戰爭的頻仍，皇朝的代易，人爲的因素，使得本來已够短促的人生，更加短促。生命的無常，對他們來說，是如此的敏感，而爲之痛苦哀傷。他們不像前者的具有理性，成爲政治家、哲學家，而是詩人，悲天憫人的詩人，他們把他們的感受，發爲詩篇，古詩十九首太半皆此類作品，可爲代表：

青青陵上柏，磊磊澗中石。人生天地間，忽如遠行客。斗酒相娛樂，聊厚不爲薄。

人生寄一世，奄忽若飇塵。何不策高足，先據要路津。無爲守窮賤，坎軻長苦辛。

迴車駕言邁，悠悠涉長道。四顧何茫茫，東風搖百草。所遇無故物，焉得不速老。

盛衰各有時，立身苦不早。人生非金石，豈能長壽考，奄忽隨物化，榮名以爲寶。

浩浩陰陽移，年命如朝露。人生忽如寄，壽無金石固。萬歲更相送，賢聖莫能度。

服食求神仙，多爲藥所悮，不如飲美酒，被服紈與素。

生年不滿百；常懷千歲憂。晝短苦夜長，何不秉燭遊。爲樂當及時，何能待來茲。

愚者愛惜費，但爲後世嗤。仙人王子喬，難可與等期。

十九首何人作，已難確考，然而詩意很可表現作者因生命之短促，無可奈何之灰色意念，正與漢魏同，像孔融雜詩：

人生有何常，但患年歲暮。

曹植送應氏詩：

天地無終極，人命若朝露。

又贈白馬王彪詩：

人生處一世，去若朝露晞。年在桑榆間，影響不能追。自顧非金石，咄嗟令心悲。

又云：

虛無求列仙，松子久吾欺。變故在斯須，百年誰能持。

又箜篌引：

驚風飄白日，光景馳西流。盛時不可再，百年忽我道。生在華屋處，零落歸山丘。

又薤露行：

天地無窮極，陰陽轉相從。人居一世間，忽若風吹塵。

阮籍詠懷詩尤多此類詩句：

朝為媚少年，夕暮成醜老。自非王子晉，誰能常美好。

馬見王子喬，乘雲翔鄧林。獨有延年術，可以慰我心。

人生若塵露，天道邈悠悠。齊景升丘山，涕泗紛交流。孔聖臨長川，惜逝忽若浮。

去者余不及，來者吾不留。願登太華山，上與松子遊。漁父知世患，乘流泛輕舟。

從這些詩句中，可知他們的悲觀，生命如斯短促，而神仙又不可得，向秀難嵇康養生論曰：「又云導養得理，以盡性命，上獲千餘歲，下可數百年，未盡善也。若信可然，當有得者，此人何在，目未之見。此殆影響之論，可言而不可得。」前引古詩十九首亦言「服食求神仙，多為藥所悞」長生既不可望，而人世的境遇，又使這短促的生命，更加短促，文選卷四十九干寶晉紀總論曰：

今晉之興也，功烈于百王，事捷于三代，蓋有為以為之矣。宣、景遭多難之時，務伐英雄，誅庶桀以便事，不及脩公劉、太王之仁也。受遺輔政，屢遇廢置，故齊王不明，不獲思庸於亳；高貴沖人，不得復子明辟。二祖逼禪代之期，不暇待三分八百之會也。是其創基立本，異於先代者也。

屢次殺戮，名士少有獲全者。在這種時代，這些悲觀灰色的詩人，又不能像樂觀進取的那批政治家、哲學家那樣地想得開，想得通，那樣地灑脫，那樣地積極，所以他們的處世態度是絕對相反的，他們借酒澆愁，「不如飲美酒，被服紈與素」，「斗酒相娛樂，聊厚不為薄」。像范雲贈學仙者詩云：

春釀煎松葉，秋杯浸菊花，相逢寧可醉，定不學丹砂。

當對酒詩：

對酒心自足，故人來共持。方欲羆衿解，誰念髮成絲。

後漢書卷七十孔融傳：

賓客日盈其門，常歎曰：「坐上客恆滿，尊中酒不空，吾無憂矣。」

全三國文卷八魏文帝典論酒誨云：

荊州收劉表，跨有南土，子弟驕貴，並好酒。為三爵，大曰伯雅，次曰中雅，小曰季雅。伯雅受七升，中雅受六升，季雅受五升。又設大鍼于杖端，客有醉酒寢地者，輒以劍刺之，驗其醉醒，是酷于趙敬侯以筒酒灌人也。大駕都許，使光祿大夫劉松，北鎮袁紹軍，與紹子弟，日共宴飲。松嘗以盛夏三伏之際，晝夜酣飲，極醉，至于無知，云以避一時之暑。二方化之，故南荊有三雅之爵，河朔有避暑之飲。

甚至曹操也有短歌行：

對酒當歌，人生幾何。譬如朝露，去日苦多。慨當以慷，幽思難忘。何以解憂，惟有杜康。

其子植，更嗜酒成性，三國志卷十九陳思王植傳曰：

而植任性而行，不自彫飾，飲酒不節。

植之箜篌引曰：

置酒高殿上，親友從我遊。……樂飲過三爵，緩帶傾庶羞。主稱千年壽，賓奉萬年酬。

又名都篇：

我歸宴平樂，美酒斗十千。

與吳季重書亦云：

顧舉泰山以為肉，傾東海以為酒，伐雲夢之竹以為笛，斬泗濱之梓以為箏。食若塡巨壑，飲若灌漏巵。其樂固難量，豈非大丈夫之樂哉！

到了所謂竹林七賢，沉湎於酒的情形更加深，世說任誕篇云：

陳留阮籍、譙國嵇康、河內山濤，三人年皆相比，康年少亞之。預其契者，沛國劉伶、陳留阮咸、河內向秀、琅邪王戎。七人常集于竹林之下，肆意酣暢，故世謂竹林七賢。

注引晉陽秋云：

于時風譽扇于海內，至于今詠之。

又排調篇云：

嵇、阮、山、劉在竹林酣飲，王戎後往，步兵曰：「俗物已復來敗人意。」王笑曰：「卿輩意亦復可敗邪？」

蓋因爲這些人都大半是好酒的人，三國志卷二十一王粲傳注引魏氏春秋謂阮籍曰：

聞步兵校尉缺，廚多美酒，營人善釀酒，求為校尉，遂從酒昏酣，遺落世事。

世說任誕篇注引文士亦言此事云：

後聞步兵厨中有酒三百石，忻然求為校尉。於是入厨舍，與劉伶酣飲。

又引竹林七賢論曰：

籍與伶共飲步兵厨中，並醉而死。

任誕篇復引劉伶之事曰：

劉伶病酒，渴甚，從婦求酒。婦捐酒毀器，涕泣諫曰：「君飲太過，非攝生之道，必宜斷之。」伶曰：「甚善！我不能自禁，唯當祝鬼神，自誓斷之耳。便可具酒肉。」婦曰：「敬聞命。」供酒肉於神前，請伶祝誓。伶跪而祝曰：「天生劉伶，以酒為名，一飲一斛，五斗解酲。婦人之言，愼不可聽。」便飲酒進肉，隗然已醉矣。

伶又有酒德頌：

有大人先生，以天地為一朝，萬物為須臾，日月為扃牖，八荒為庭衢。行無轍迹，居無室廬，幕天席地，縱意所如。止則操巵執觚，動則挈榼提壺，唯酒是務，焉知其餘。有貴介公子，搢紳處士，聞吾風聲，議其所以。乃奮袂攘襟，怒目切齒，陳說禮法，是非鋒起。先生於是方捧甖承槽，銜杯漱醪，奮髯踑踞，枕麴藉糟，無思無慮，其樂陶陶，兀然而醉，豁爾而醒。靜聽不聞雷霆之聲，熟視不覩泰山之形，不覺寒暑之切肌，利欲之感情。俯視萬物，擾擾焉如江漢之載浮萍，二豪侍側焉，如蜾蠃之與螟蛉。

竹林七賢，不僅沉湎於酒，且行爲放蕩，不顧禮法，文選卷二十一五君咏注引晉陽秋曰：

阮籍嫂嘗歸家，籍相見與別，或以禮譏之，籍曰：「禮豈為我設邪？」

又世說任誕篇云：

阮公鄰家婦有美色，當壚酤酒，阮與王安豐(戎)常從婦飲酒，阮醉，便眠其婦側，夫始殊疑之，伺察，終無他意。

又注引王隱晉書曰：

籍鄰家處子有才色，未嫁而卒，籍與無親，生不相識，往哭，盡哀而去。其達而無檢，皆此類也。

而最爲禮法之士所責難者，則爲居母喪而棊如故，飲食酒肉如故，御覽卷七四三引鄧粲晉紀曰：

阮籍母死，與人棊如故，既而飲酒三升，舉聲一號，吐血數升。

又卷四八七引晉書曰：

阮籍居喪骨立，幾致滅性。裴楷往弔之，籍散髮箕踞，醉而直視，楷弔哭畢，便去。或問楷：「凡弔者主哭，客乃如禮。籍既不哭，君何為哭？」楷曰：「阮方外之士，故不崇禮典；我俗中之士，故以軌儀自居。」

世說任誕篇注引文士傳曰：

籍放誕有傲世情，不樂仕宦，晉文帝親愛籍，恆與談戲，任其所欲，不迫以職事。籍常（嘗）從容曰：「平生曾游東平，樂其土風，願得為東平太守。」文帝悅，從其志，籍便騎驢徑到郡，皆壞府舍諸壁障，使內外相望，然後教令清寧，十餘日，便復騎驢去。復聞步兵厨中有酒三百石，忻然求為校尉，於是入府舍，與劉伶酣飲。

御覽卷四九八引王隱晉書曰：

魏末，阮籍有才而嗜酒荒放，露頭散髮，裸袒箕踞，作二千石不治官事，日與鈴（伶）下共飲酒歌呼。時人或以籍生在魏（晉）之交，欲佯狂避時，不知籍本性自然也。

阮咸，籍兄子，世說任誕篇注引竹林七賢論曰：

諸阮前世皆儒學，善居室。唯咸一家尚道棄事，好酒而貧。舊俗：七月七日，法當曬衣。諸阮庭中爛然錦綺，咸時總角，乃豎長竿，掛犢鼻幝也。

任誕篇又曰：

諸阮皆能飲酒，仲容至宗人閒共集，不復用常桮斟酌，以大甕盛酒，圍坐相向大酌。時有羣猪來飲，直接去上，便共飲之。

又曰：

阮仲容先幸姑家鮮卑婢。及居母喪，姑當遠移，初云：當留婢。既發，定將去。仲容借客驢，箸重服自追之，累驢而返。曰：「人種不可失。」卽遙集之母也。

注引竹林七賢論曰：

咸既追婢，於是世議紛然，自魏末沉淪閭巷，逮晉咸寧中，始登王途。

劉伶，世說任誕篇注引鄧粲晉紀曰：

客有詣伶，值其裸袒，伶笑曰：「吾以天地為宅舍，以屋宇為幝衣。諸君自不當入我幝中，又何惡乎？」其自任如此。

與阮籍大人先生傳「且汝獨不見夫虱之處于褌之中乎！匿乎壞絮，自以爲吉宅也。行不敢離縫際，動不敢出褌襠，自以爲得繩墨也。饑則嚙人，自以爲無窮食也。然炎丘火流，焦邑滅都，羣虱死於褌中，而不能出。汝君子之處區內，亦何異夫虱之處褌中乎？」意相似，皆譏刺守禮之士，故注引竹林七賢論曰：

是時竹林七賢之風雖高，而禮教尚峻。迨元康中，遂至放蕩越禮，樂廣譏之曰：

「名教中自有樂地，何至於此！」樂令之言有旨哉！謂彼非玄心，徒利其縱恣而已。

又德行篇注引王隱晉書曰：

魏末，阮籍嗜酒荒放，露頭散髮，裸程箕踞。其後貴游子弟：阮瞻、王澄、謝鯤、胡母輔之之徒，皆祖述於籍，謂得大道之本，故去巾幘，脫衣服，露醜惡，同禽獸。甚者名之為通，次者名之曰達也。

這是一羣喪失了信仰，對未來、對社會、對自己都不再抱有任何希望，他們心已經死了，還在乎些什麼呢？他們用酒痲醉自己，透過縱恣，透過破壞禮教，透過胡作非爲，來換取一絲的、一時的快感，他們是一羣適應不了現實環境的徹底失敗者，他們是眞正的可憐蟲！

漢晉變局中的中原士風是如此地多彩多姿，多少人倒下去了，多少人站立了起來。局勢固然是可悲的，依然有它光明的一面。五胡雖然占據了中原，而在南方，漢族却開展了一個新的局面。這是靠着樂觀進取的中原士族，用昂貴的代價換來的！

（原載「中國歷史學會史學集刊」五期，民六十二年五月）

三、永嘉前後吳姓與僑姓關係之轉變

宋祁在唐書卷一百九十九儒學柳沖傳中，指出開元初年（七一三年——），沖等奉詔刊定姓氏錄，後來，柳芳根據它寫爲專論，當中提到「過江則爲僑姓……東南則爲吳姓……山東則爲郡姓……關中亦號郡姓……代北則爲虜姓……」，像「僑姓」、「吳姓」等名稱，雖不一定柳沖等所造作，也當是唐朝人的說法。因爲在唐朝以前，還沒有能找到有關這種說法的記載。然而從這以後，很顯然地，已經不再把它當作是柳芳等一家之言，而視之爲本來如是的事實，像五代王溥在他所編撰的唐會要卷三十六氏族條裏，雖節引了這一段，却沒有標明它的出處，是一個最好的證明。而這些名稱，遂爲後人所共認，一直沿用到今天，沒有絲毫加以改變，也沒有人來懷疑。當然，這並不是一件很偶然的事，可能是因爲這些名稱，確乎能表現其各自的特質與精神來。

而現時我們所要討論的，則是「東南」的「吳姓」。「僑姓」和「吳姓」既然是東晉以下社會構成的兩大主流，與當時發生的各種問題，都有着極爲密切的關係。然而一般人所注意的，只是在西晉永嘉（三〇七—三一二年）之亂以後，「過江」南下的中原士族，就是被稱爲「僑姓」的。至於「東南」原有的舊家大族，就是被稱爲「吳姓」的，却很少被人談論到，或牽涉到。在如此情形下，要想眞正了解這一個時代，顯然是有問題的。而本文的目的，也就是想以有限的篇幅，來尋求中古時代，吳姓在面臨如此巨大的一個衝擊和變化下，所表現的種切。

一

今天因爲科學的極度發展，交通工具的日新月異，天然障礙的日漸消除，空間相對地縮小。可是在古代，天然障礙所帶給人類的困擾，却在人們心中投下一個難以克服的陰影。舟車的發明，雖然解決了一些問題，横亘在他們前面的，依然是困難和危險重重。多少年來，我們祖先所開創的文明，主要在於中原一帶。可是「江東」呢？雖有吳、越的建國，然而它們的興起也快，衰亡也快，談不到對這一塊土地的開發和文明的開展有多少的貢獻和助力，自然而然的，在文明程度較高的中原人看來，這些地方不過是蠻夷之邦。尙書禹貢九州之一的揚州，「厥田惟下下，厥賦下上錯」，這不是卑視，而是當時的實情如此。這是一塊地形、氣候與出產，同中原全然不同的土地。多河川湖泊丘陵，而少大平原；多雨潮濕而溫暖，而不是乾燥陰寒；多魚蝦，而少牛羊。在中原人看來，這眞是一塊奇怪的、貧瘠的、也是難於適應的土地。

在秦漢大一統的局面下，江東一帶接受中原文化的過程是緩慢的，却始終沒有中竭過。時間一天天地過去，漢文化確乎已經在這一塊土地上生了根。

我們可以從一些特定的、而足以代表漢人學術的項目，來說明這一點，隋書卷三十二經籍志，論漢魏易學的傳授說：

> 漢初，傳易者有田何，何授丁寬，寬授田王孫，王孫授沛人施讎、東海孟喜、琅邪梁丘賀，由是有施、孟、梁丘之學。又有東郡京房，自云受易於梁國焦延壽，別為京氏學，嘗立，後罷。後漢，施、孟、梁丘、京氏，凡四家並立，而傳者甚衆。漢初，又有東萊費直傳易，號為古文易，以授琅邪王璜，璜授沛人高相，相以授子康，及蘭陵毋將永，故有費氏之學行於人間，而未得立。後漢陳元，鄭衆，皆傳費氏之易，馬融又為其傳，以授鄭玄，玄作易注，荀爽又作易傳。魏代王肅、王弼，並為之注，自是費氏大興，高氏遂衰。

除易學以外，漢人對於天體的討論是很流行的，自淮南子的天文訓開始，以至劉向、揚雄、桓譚、張衡、馬融、王充、鄭玄等，皆曾著論論之。後漢書卷二十劉昭補並注天文志引蔡邕表志曰：

言天體者有三家：一曰周髀，二曰宣夜，三曰渾天。宣夜之學，絕無師法。周髀數術具存，考驗天狀，多所違失，故史官不用。唯渾天者近得其情，今史官所用候臺銅儀，則其法也。

同書卷八十九張衡傳注引名臣奏亦引邕之說。從這裏，也可以看出，除平子以外，各家天體說，大半紙上談兵，憑空想像，與其說是科學的，不如說他們是哲理的，想當然的。而江東一帶，正承襲了這一傳統。孫吳時，江東有好幾種易注出現。其一，是陸績的注京氏易傳，三國志卷五十七陸績傳曰：

績……博學多識，星曆算數，無不該覽。……作渾天圖，注易，釋玄，皆傳於世。

張惠言易義別錄云：

公紀（績字）注京氏易傳，則其易京氏學也。……今觀公紀所述，凡納甲、六親、九族、四氣、刑德生剋，無一言及之。至言六爻發揮，旁通卦爻之變，有與孟氏易相出入者。京氏自言其學卽孟氏易，公紀儻得之邪？

是張氏以其雖注京氏易傳，而京氏易所特有的，諸如納甲、六親、九族、四氣、刑德生剋等，却未見涉及，反與孟氏易相出入。太平御覽卷六百八引顏延之廷誥曰：

易首體備，能事之淵，馬、陸得其象數而失其理。

旣馬、陸並稱，其學可知。而公紀所講爲漢易家法，當然毫無問題了。其二是虞翻的易注，虞翻和陸績同時，出於家傳孟氏易的世家，三國志卷五十七虞翻傳注引翻別傳，載翻上易注奏曰：

臣高祖父，故零陵太守光，少治孟氏易；曾祖父，故平輿令成纘，述其義；至臣祖父鳳，為之最密；臣先考，故日南太守歆，受本於鳳，最有舊書，世傳其業，至臣五世。前人通講，多玩章句，雖有秘說，於經疏濶。臣生遇亂世，長於軍旅，習經於枹鼓之間，講論於戎馬之上，蒙先師之說，依經立注。

翻的篤守家法，由是可以考見。較之陸績注京氏，而出入於孟氏，可以說是其學更爲醇正。其三爲姚信易注，其書十卷，見隋書卷三十二經籍志引錄。信爲陸績外甥，張惠言易別錄輯姚氏易注序云：

其言乾坤致用，卦變旁通。九六上下，則與虞氏之注若應規矩，元直（信字）豈仲翔

（翻字）之徒歟？抑孟氏之傳在吳，元直亦得有舊聞否？

從以上三注觀之，並上承漢代孟氏易，這是一件很值得注意的事。

至於天體論，三國志卷五十七陸績傳，稱績「作渾天圖」，開元占經卷一、卷二，都載陸績的渾天儀說；又卷六七，載陸績的渾天圖。晉書卷十一天文志，載葛洪駁王充論，中有引渾天儀注語。以上大概卽陸績的渾天圖，他主張衡之渾天，而駁王充之蓋天。晉書卷十一天文志又稱說：

> 至吳時，中常侍盧江王蕃善數術，傳劉洪乾，象歷依其法（依陸績法），而制渾儀，立論考度。

云云。宋書卷二十三天文志同。劉氏主張「天體員如彈丸也」，「而陸績造渾象，其形如鳥卵」，認爲不對。且陸績自己說天形正圓，與此所說形如鳥卵，也不免矛盾。劉氏之說雖然是在糾正陸績，但主張渾天，則是一致的。王蕃，三國志卷六十五有傳，云蕃「博覽多聞，兼通術藝」，後爲孫權所殺。陸凱上疏稱蕃「知天知物」，乃是孫吳有名的天文曆算學者。他雖是盧江人，但渡江已久，仍可視爲吳人。晉志又云：「吳太常姚信造昕天論。」結論是「天行，寒依於渾，冬依於蓋」。他認爲天體南低北高，所以稱「昕天」。又太平御覽卷二一引晉陽秋曰：

吳有葛衡，字思曾，改作渾天，使地居中，以機轉之，天轉而地立。

入晉以後，江東人論天體者仍有數家，這與入晉以後，江東人在經學研究中，仍恪守漢儒家法，可以當作一件事來看。

江東學風，在經過長時間的學習以後，一遵漢傳統，而沒有稍加改易的時候，中原本身的學風，却有了一革命性的變化。這自然不是能在短暫的時間中所發生的突變，而是經過了一個很長時期的醞釀，再加上强大的外力所造成的結果。

這就是玄學與而談風起。

先是，東漢末年，董卓之亂，不過十年之間，爲漢文化中心的兩京，並皆殘破一空。推動漢家學術思想主流——經學——的兩京，既遭到如此極度的摧殘，而不是僅僅暫時性的中斷，此一變化，使天下所共仰的京師，對于地方，不再有控制、拘束、和影響力了。

而使得學術思想不得不變的第二個原因，是曹操的用人政策。他在建安八年（二〇三年）、十五年（二一〇年）、十九年（二一四年）、二十二年（二一七年）四次求才令中，明白地表示他對當時重名輕風氣的極度厭惡，輕易地破壞了數百年來人們的精神道德依托，却並沒有能拿出另外一套來代替它。在那動亂的時代，使得人們一方面是徬徨，沒有信仰，也無所依賴。另外一方面，却也解脫掉數百年來思想上的鎖鍊和羈絆，人們開始可以盡量地去想，沒有人會來干涉。前此在獨專儒術政策的陰影下，諸子之學不過是一道暗流，而今得以重見天日。學術思想自由的空氣，不僅帶給人們可以自由思想的權利，也帶給了人們自由思想、盡情思想、和創新思想的信心。

當漢魏之際，京師既因曹操重才不重德，激起了一連串名實才性的討論。而在魏都之外，却因經過長時期的變亂，經學雖仍受崇尚，已失去它的向心力，和足够維繫人心的力量。三國志卷十荀彧傳注引何劭荀粲別傳曰：

粲字奉倩，粲諸兄並以儒術論議，而粲獨好言道。常以為子貢稱夫子之言性與天道，不可得而聞，然則六籍雖存，固聖人之糠粃。粲兄俁難曰：「易亦云：『聖人立象以盡意，繫辭焉以盡言。』則則微言胡為不可得而聞見哉？」粲答曰：「蓋理之微者，非物象之所擧也。今稱『立象以盡意』，此非通于意外者也；『繫辭焉以盡言』，此非言乎繫表者也。斯則象外之意，繫表之言，固蘊而不出矣。」及當時能言者不能屈也。

荀粲可以算得上是一個傳統學術的反動者，在他看來，「六籍」不過是聖人之學的糠粃，易雖然說「立象可以盡意，繫象可以盡言」，然而對于象外之意，繫表之言，顯然是無能為力，「理之微者，非物象之所擧也」，就因為它蘊而不出，所以才需要探討，而聖人的精意，卽在於這些地方，聖人不是說過「形而上者謂之道，形而下者謂之器」麼？撇掉性與天道，專就六籍來談，永遠落於下乘，這是可以想像得到的。粲之獨好言「道」，此「道」不必是老莊道家之「道」，也許更近於事實些。而「性與天道」之「道」，如解釋它爲「性與天道」，卽人生和宇宙的問題，也就是討論天人之際的大學問。雖然對於荀粲的理論，我們知道得很少，其退出儒家經典的圈子，不僅對於篤守儒術的荀俁來說，是離經叛道；這在當時來說，可能也是聞所未聞。當他於太和初年（二二七年——）到達京師，所帶給京師學術思想界的新刺激，自也不在小了。使得京師的人，知道學問不在於儒術、經學之中，不在於現實世界所能得到印證的名實問題之中，而在性與天道之中，更在象、意之外。

何晏同王弼，在這期間，扮演了極重要的角色。這時，新的談論方式，也漸漸爲人們所普遍接受。這卽是美音制的談論，與乎論難的合流。何晏的吏部尙書的地位，使談論成爲一時的風氣。而何晏對論語，王弼對易、老子的新解釋，更使正始（二四〇——二四九年）成爲談論最盛，也是談論技術，內容到達最顚峯的時代。他們樹立了言辭簡至不煩的標準，同時採取了用道入儒的玄論。可是在保守的經師看來，何晏王弼雖然講經，然而用道入儒的這一套，完全是背棄傳統，離經叛道，三國志卷二十八鍾會傳注引孫盛批評王弼的易注說：

易之爲書，窮神知化，非天下之至精，其孰能與於此。世之注解，殆皆妄也。況弼以附會之辯，而欲籠統玄旨者乎？故其叙浮義，則麗辭溢目；造陰陽，則妙頤無間。至於六爻變化，羣象所效，日時歲月，五氣時推，弼皆擯落，多所不關，雖有可觀者焉，恐將泥失大道。

可以看出兩者之間有多大的差異。

這一時期的中原，不僅在學風方面有了革命性的變化；在社會風氣方面，也同樣地與前截然有異，此卽風俗的敗壞，世說任誕篇所引魏時諸條可以考見，故晉書卷四十七傅玄傳引玄上疏曰：

近者，魏武好法術，而天下貴刑名；魏文慕通達，而天下賤守節。其後，綱維不攝，而虛無放誕之論盈於朝野。

干寶晉紀總論亦曰：

朝寡純德之士，鄉乏不二之老，風俗淫僻，恥尚失所。學者以莊、老為宗，而黜六經；談者以虛蕩為辯，而賤名檢；行身者以放濁為通，而狹節信；進仕者以苟得為貴，而鄙居正；當官者以望空為高，而笑勤恪。是以目三公以蕭杌之稱，標上議以虛談之名。劉頌屢言治道，傅咸每糾邪正，皆謂之俗吏；其倚杖虛曠，依阿無心者，皆名重海內。

諸如此者，在吳人看來，中原實已走入邪途，中原人被稱爲「北人」，更被稱爲「傖人」。

可是，在中原人看來，這些「南人」，非但是出之於蠻夷之邦的「貉奴」，而且不論是從那方面來說，都是顯得太蔽塞落伍了，簡直可以說是早已跟不上時代了。

因此，我們可以知道，南北的差異，不僅是由於土地、氣候、出產—甚至於方言、習慣風俗的不同；而且在魏晉以後，由於中原學術思想的驟變，而造成了心靈上的隔閡。這眞可以說是一個時代的悲劇。

二

上一節，我們曾經談到過江東一帶是比較保守的，當中原學風轉變的時候，江東仍然一依漢儒家法，沒有絲毫改變。而東京自光武帝表章氣節以後，風俗特美，顧亭林日知錄卷十七兩漢風俗條特別指出這點。吳人既然保守成性，這種重視氣節的傳統自給予吳人以深遠的影響。所以在孫氏父子占有江東之初，江東人明白地表示傾向於中原。建安十三年（二〇八年），曹操既得荊州，三國志卷五十四魯肅傳曰：

會權得曹公欲東之問，與諸將議，皆勸權迎之，而肅獨不言。權起更衣，肅追於宇下。權知其意，執肅手曰：「卿欲何言？」肅對曰：「向察衆人之議，專欲誤將軍，不足與圖大事。今肅可迎操耳；如將軍，不可也。何以言之？今肅迎操，操當以肅還付鄉黨，品其名位，猶不失下曹從事，乘犢車，從吏卒，交游士林，累官不失州郡也；將軍迎操，欲安所歸？願早定大計，莫用衆人之議也。」權歎息曰：「此諸人持議，甚失孤望。今卿廓開大計，正與孤同，此天以卿賜我也。」

整個事情，似乎是由於曹操兵威，使得江東諸臣威懼失色，勸孫權迎降。可是我們看同卷周瑜傳曰：

其年九月，曹公入荊州，劉琮擧衆降，曹公得其水軍船步兵數十萬，將士聞之，皆恐懼。權延見羣下，問以計策，議者咸曰：「曹公，豺虎也，然託名漢相，挾天子以征四方，動以朝廷為辭，今日拒之，事更不順。且將軍大勢，可以拒操者，長江也，今操得荊州，奄有其地，劉表治水軍，蒙衝鬬艦，乃以千數，操悉浮以沿江，兼有步兵，水陸俱下，此為長江之險，已與我共之矣。而勢力衆寡，又不可論。愚謂大計，不如迎之。」瑜曰：「不然！操雖託名漢相，其實漢賊也。將軍以神武雄才，兼杖父兄之烈，割據江東地方數千里，兵精足用，英雄樂業，尚當橫行天下，為漢家除殘去穢。況操自送死，而可迎之邪？請為將軍籌之……。」權曰：「老賊欲廢漢自立矣，徒忌二袁、呂布、劉表與孤耳。今數雄已滅，惟孤尚存，孤與老賊勢不兩立。君言當擊，甚與孤合，此天以君授孤也。」

注引江表傳曰：

權拔刀斫前奏案曰：「諸將吏敢復有言當迎操者，與此案同！」及會罷之夜，瑜請見曰：「諸人徒見操書，言水步八十萬，而各恐懾，不復料其虛實，便開此議，甚無謂也。今以實校之，彼所將中國人，不過十五、六萬，且軍已久疲；所得表衆，亦極七、八萬耳，尚懷狐疑。夫以疲病之卒，御狐疑之衆，衆數雖多，甚未足畏，得精兵五萬，自足制之，願將軍勿慮！」權撫背曰：「公謹（周瑜）言至此，甚合孤心，子布（張昭）、文表（秦松）諸人各顧妻子，挾持私慮，深失所望，獨卿與子敬（魯肅）與孤同耳。此天以卿二人贊孤也。……」

可見關鍵不是在兩方的力量懸殊；主要的，是在曹操「託名漢相，挾天子以征四方，動以朝廷爲辭」。身爲漢臣，雖然明知有如周瑜所說「操雖託名漢相，其實漢賊也」，然而就當時起事羣雄來說，誰沒有代劉氏而有天下的私心？而在劉氏一系尚在帝位，又有誰敢公開表示出此一心意？在這種情況下，可說是沒有什麼人比「挾天子以征四方」，「動以朝廷爲辭」的曹操更能號召人心，「今日拒之，事更不順」是一個事實。所以周瑜得以爲「漢家除殘去穢」爲藉口，孫權也聲稱曹操「欲廢漢自立」，爲漢室存亡，與之勢不兩立。舉朝能爲孫權個人榮辱打算的，只有魯肅和周瑜兩人；其他的人，則以張昭、秦松爲首，主張迎曹操。秦松生平事跡但兩見於史書，三國志卷四十六孫策傳，謂策以「彭城張昭、廣陵張紘、秦松、陳端等爲謀主」，卷五十三張紘傳，亦云「初，紘與同郡秦松字文表、陳端字子正，並與紘見待於孫策，參與謀議，各早卒」，是秦松之忠於孫氏甚明。再看張昭，卷五十二昭傳評曰：

張昭受遺輔佐，功勳克舉。忠謇方直，動不為己。而以嚴見憚，以高見外。既不處宰相，又不登師保，從容閭巷，養老而已。以此明權之不及策也。

昭不僅爲孫策謀主，見受託孤之重任，本傳「策臨亡，以弟權託昭，昭率羣僚，立而輔之」注引吳歷曰：

策謂昭曰：「若仲謀不任事者，君便自取之。正復不克捷，緩步西歸，亦無所慮。」

策之所以如此，正以昭之「忠謇方直，動不爲己」。以如此一個人，却責以「但顧妻子，挾持私慮」，眞不知道是如何說起。裴注復引江表傳曰：

昭忠謇亮直，有大臣節。權敬重之，然所以不相昭者，蓋以昔駮周瑜、魯肅等議為非也。

臣松之以為張昭勸迎曹公，所存豈不遠乎。夫其楊休正色，委質孫氏，誠以厄運初遘，塗炭方始，自策及權，才略足輔，是以書誠匡弼，以成其業。上藩漢室，下保民物。鼎峙之計，本非其志也。曹公仗順而起，功以義立。冀以清一諸華，拓平荆郢。大定之機，在於此會。若使昭議獲從，則六合為一，豈有兵連禍結，遂為戰國之弊哉！雖無功於孫氏，有大當於天下矣。昔竇融歸漢，與國升降；張魯降魏，賞延于世。況權舉全吳望風順服，寵靈之厚，其可測量哉！然則昭為人謀，豈不忠且正乎！

張昭忠於孫氏，更忠於漢室。而他這種「忠謇方直，動不爲己」的作風，自不合於孫權之心意，更不能長此忠漢而小吳的風氣。孫權不是不知道張昭之可相，不是不知道張昭之比任何人都要合於拜相之資格條件，就因爲這樣，尤其看到舉朝臣子全隨着他主張迎曹操，更不能用張昭爲相了。關於這一點，注引江表傳說得非常清楚，曰：

權既卽尊位，請會百官，歸功周瑜。昭舉笏欲褒贊功德，未及言，權曰：「如張公之計，今已乞食矣！」昭大慚，伏地流汗。

如江表傳這條屬實的話，張昭也沒有錯，因爲以前漢室尙存，既爲漢臣民，自當忠於漢室，爲漢天下打算，而今漢既爲曹氏所簒，孫氏立國江東，則已爲吳臣，處境不同，不能以此責備張昭。而孫權這種做法，也是有根據的，卽仿效東漢光武帝，以鞏固孫氏在江東的政權。他要使吳人皆忠於孫氏，忠於新皇朝。所以光武所努力的表章氣節那一套，在中原雖被曹操所破壞了；在江東，孫權却更加加以發揚。對於吳人來說，對此並不陌生，多少年的浸潤，是如此的普遍而深入於人心！

孫權之稱帝建國，在曹丕篡漢而漢亡以後。張昭態度雖有轉變，原則並沒有改變，裴松之許他「忠謇方直」，江表傳亦以他「忠謇亮直」，其原因亦就在此。在吳人保守的心目中，曹氏既代漢，其爲漢賊已無庸議，孫權初雖稱臣於曹魏，終則樹敵於中原，與蜀漢成鼎足三立之勢，對孫氏可說是只有感激之意。自劉漢的臣民，一變而爲孫吳的臣民，是順理成章，再自然不過的。再加上孫權又是有心人，非但壓抑忠於漢室更勝於孫家的張昭以示儆於後來，又善於待士，養士，三國志卷五十四周瑜傳，稱建安十三年，曹操率大軍將南下，會於赤壁，黃蓋獻詐降之計，注引江表傳載蓋書曰：「蓋受孫氏厚恩，常爲將帥，見遇不薄……。」雖然只是向曹操表白自身處境，却虛中有實，叫曹操不疑，而這一點也正是導致黃蓋之所以肯犧牲的原因所在，同書卷五十五凌統傳注引孫盛曰：

觀孫權之養士也，傾心竭思，以求其死力。泣周泰之夷，殉陳武之妾，請呂蒙之命，育凌統之孤，卑曲苦志如此之勤也。是故雖令德無聞，仁澤內著，而能屈彊荆吳，僭擬年歲者，抑有由也。

陳壽亦評曰：

凡此諸將，皆江表之虎臣，孫氏之所厚待也。

而孫氏又善於用婚姻的方式，繫縛人心。凡此，皆可見孫氏之用心處。而孫吳的終於敗亡，雖說是主驕政弊，各由自取，然而要吳人接受這一個事實—從孫吳的臣民，一變而為晉室司馬氏的臣民，受中原人的統治，非但是痛苦的，也是難堪的。何況自漢末動亂，羣雄並起，大一統的局面，開始分裂。中原與江東，漸次地形成了兩個世界，各自發展。尤其在孫氏據有江東，進而立國其地，數十年的時間，更加擴大了其間的差異，這在上章，已有詳細的說明。在江東一帶的人看來，那些「北人」，偶而也稱之為「傖人」的，居然拋棄傳統的經學、儒術、美好的風俗，而走上了玄學清談，甚且敗壞了道德名敎的這條邪路。而在中原人的眼中，「南人」的評價，較之過去，似乎也大為貶低，三國志卷五十七虞翻傳曰：

翻與少府孔融書，並示以所著易注，融答書曰：「聞延陵（季札）之理樂，覩吾子之治易，乃知東南之美者，非徒會稽之竹箭也。又觀象雲物，察應寒溫，原其禍福，與神合契，可謂探賾窮通者也。」

以孔融自視之高，輕易不許人的，竟讚揚虞翻備至。對「東南」的觀感可說是一新。可是隔了才不過半個世紀，却有了三百六十度的轉變。這時的中原人，眼裏的「南人」，不論從那方面來說，都是顯得太蔽塞落伍，跟不上時代的潮流了。何況，他們還是戰敗的被征服者，這更顯示出他們南方的不如我們中原。晉書卷五十八周處傳：

及吳平，王渾登建鄴，釃酒旣酣，謂吳人曰：「諸君亡國之餘，得無感乎？」處對曰：「漢末分崩，三國鼎立，魏滅於前，吳亡於後，亡國之感，豈惟一人！」渾有慙色。

王渾鄙夷吳人，躍於言表。同樣，亦見於下引之卷五十二華譚傳，王濟之問譚，父子間同有此事，自非偶然。而當少數吳人，接受了亡國的這一個事實，被逼入洛，對於他們來說，是被逼投向一個不可知的未來，他們去到了中原政治文化中心的洛陽。當我們翻檢這一段的歷史時，可以很淸楚地感覺出來中原人在言行擧動上，莫不處處表明他們的優越感，這使得吳人感到無比的屈辱和難堪，眞是難以忍受，華譚傳曰：

華譚，字令思，廣陵人。祖融，吳左將軍，錄尚書事。父諝，吳黃門郎。譚丼歲而孤……及長，好學不倦，爽慧有口辯。……太康中，刺史嵇紹，擧譚秀才，……譚素以才學為東土所推。同郡劉頌，時為廷尉，見之歎息曰：「不悟鄉里，乃有如此才也！」博士王濟，於衆中嘲之曰（御覽四百六十引文士傳，作「會宣武搨，坐有辯者嘲南人」。）：「五府初開，羣公辟命，採英奇於仄陋，拔賢儁於巖穴。君吳楚之人，亡國之餘，有何秀異，而應斯擧？」譚答曰：「秀異固產於方外，不出於中域也。是以明珠、文貝，生於江鬱之濱；夜光之璞，出乎荊藍之下，故以人求之。文王生於東夷，大禹生於西羌，子弗聞乎？昔武王克商，遷殷頑民於洛邑，諸君非其苗裔乎？」濟曰：「夫危而不持，顛而不扶，至於君臣失位，國亡無主，凡在冠帶，將何所取哉！」答曰：「吁！存亡有運，興衰有期。天之所廢，人不能支。徐偃修仁義而失國，仲尼逐魯而逼齊，段干偃息而成名，諒否泰有時，曷人力之所能哉！」

斠注引世說蔡洪赴洛事，以爲「與此略同」，然稱其穿鑿，並以御覽四百六十四亦作華譚證之。按此或當時吳人流行之對答辭句，以塞洛中人士之口，是以或作華譚，或作蔡洪，固不必定於某一人。世說言語篇除引此事外，又曰：

陸機詣王武子，武子前置數斛羊酪，指以示陸曰：「卿江東何以敵此？」陸云：「有千里蓴羹，未下鹽豉耳！」

晉書卷五十四陸機傳同。言語篇又曰：

滿奮畏風，在晉武帝坐。北窗作琉璃屏風，實密似疏，奮有難色。帝笑之，奮答曰：「臣猶吳牛，見月而喘！」

注曰：

今之水牛，唯生江、淮間，故謂之吳牛也。南土多暑，而此牛畏熱，見月疑是日，所以見月則喘。

蔡洪、陸機事，固然可以看作洛中人士鄙夷江南的好例證。而滿奮以「吳牛」自喻，「見月則喘」，同樣地可以視之爲洛中人士以吳地保守、落後、愚昧、無知，「見月疑是日」，貽笑於大方。在這種情況之下，當孫吳覆亡後，去到洛中的，雖然很有些南士的舊家大族子弟，像前引蔡洪、陸機等極負時譽的，固然亦受到少數一些人的讚譽專敬，有如晉書卷五十四陸機傳所云：

至太康末，與弟雲俱入洛，造太常張華，華素重其名，如舊相識，曰：「伐吳之役，利獲二俊。」

然而能像張華那樣有着開濶胸襟的，畢竟太少了，大半是像王濟（武子）之流，對於南士，絲毫不加禮遇，世說方正篇曰：

盧志於衆坐，問陸士衡：「陸遜、陸機，是君何物？」答曰：「如卿於盧毓、盧珽。」士龍失色，旣出戶，謂兄曰：「何至於此！彼容不相知也。」士衡正色曰：「我父祖名播海內，寧有不知，鬼子敢爾！」

御覽卷三百八十八郭子、晉書卷五十四陸機傳並引其事。又簡傲篇：

陸士衡初入洛，咨張公所宜詣，劉道真是其一。陸旣往，劉尚在哀制中，性嗜酒，禮畢，初無它言，唯問：「東吳有長柄壺盧，卿得種來不？」陸兄弟殊失望，乃悔往。

這是洛中人士故意羞辱，還是洛中風氣輕蕩不重，我們很難分別。可能兩種成份都有，而前者的比例更大。

而當入洛吳人，像陸機者，靠了本身才力─攀登了高位之後，所引起的反應卻是強烈的，晉書卷五十四陸機傳云：

太安初（三〇二─三〇三年），（成都王）穎與河間王顒，起兵討長沙王乂，假機後將軍、河北大都督，督北中郎將王粹、冠軍將軍牽秀等諸軍二十餘萬人。機以三世為將，道家所忌，又羇旅入宦，頓為羣士之右，而王粹、牽秀等皆有怨心。固辭都督，穎不許。

而御覽四百二十三十國春秋亦曰：

機吳人，而在寵族之上，人多惡之。

話都說得非常明白。以一個他們所最看不起的被征服者的吳人，來做他們的統帥，所引起的怨恨心理，是可以想像到的。而成都王雖用了陸機，然而對於他忠貞的信心，卻並不強。在這種情形下，衆將不聽號令，而成都王在衆小包圍下，對他既不支持，又不諒解，反輕信讒詐之言，以他爲有異志，「遂遇害於軍中，時年四十三。二子：蔚、夏，亦同被害。既死非其罪，士卒痛之，莫不流涕」。其弟陸雲、陸耽，亦同時被害，同卷雲傳曰：

大將軍參軍孫惠，與淮南內史朱誕書曰：「不意三陸相攜闇朝，一旦湮滅，道業淪喪，痛酷之深，荼毒難言，國喪儁望，悲豈一人！」其為州里所痛悼如此。

三國志卷五十八陸機傳注曰：

機天才綺練，文藻之美，獨冠於時。雲亦善屬文，清新不及機，而口辯持論過之。于時，朝廷多故，機、雲並自結於成都王穎……以機行後將軍，督王粹、牽秀等諸軍二十萬……機吳人，羈旅單宦，頓居羣士之右，多不厭服。機屢戰失利，死散過半。初，宦人孟玖，穎所嬖幸，乘寵豫權，雲數言其短，穎不能納，玖又從而毀之。是役也，玖弟超亦領衆配機，不奉軍令，機繩之以法，超宣言曰：「陸機將反。」及牽秀等譖機於穎，以為持兩端，玖又搆之於內，穎信之，遣收機，並收雲及弟耽，並伏法。機兄弟旣江南之秀，亦著名諸夏，並以無罪夷滅，天下痛惜之。……初，抗之克步闡也，誅及嬰孩，識道者尤之曰：「後世必受其殃！」及機之誅，三族無遺。孫惠與朱誕書曰：「馬援擇君，凡人所聞。不意三陸相攜暴朝，殺身傷名，可為悼歎。」

陸氏旣三吳著姓，父祖名播海內，人所共仰，而一旦無罪盡誅，洛中人士固為之大快，吳人又將如何？孫惠與朱誕書，甚且以「晉」為「闇朝」「暴朝」，否則，如以稱成都王穎，不會加一「朝」字。而書中所云，「痛酷之深」，「悲豈一人」。而且像三陸同樣際遇的，還多的是，周處就是一個例子。本來，吳人對於中原就無多大好感，晉書卷四十六劉頌傳，稱頌在淮南上疏曰：

> 夫吳越剽輕，庸蜀險絕，此故變釁之所出，易生風塵之地。且自吳平以來，東南六州將士，更守江表，此時之至患也。又內兵外守，吳人有不自信之心，宜得壯主以鎮撫之，使內外各守其舊。又孫氏為國，文武衆職，數擬天朝，一旦堙替，同于編戶，不識所蒙更生之恩，而災困逼身，自謂失地，用懷不靖。……

既言「吳人有不自信之心」，復言「自謂失地，用懷不靖」，晉書卷五十二華譚傳，亦提到武帝策問何以「吳人輕銳難安易動」，今則更加此事，怨讎更深。然而晉室既有天下，人衆兵强，吳人雖有所不滿，亦無可奈何。及八王亂起，羯胡禍生，琅邪王睿得王導之敎，出鎮江東，問題遂出現，同書卷六十五王導傳曰：

> 時元帝為琅邪王，與導素相親善，導知天下已亂，遂傾心推奉。……帝之在洛陽也，導每勸令之國，會帝出鎮下邳，請導為安東司馬，軍謀密策，知無不為。及徙鎮建康，吳人不附，月餘，士庶莫有至者。

吳人與琅邪王本無恩怨之可言，他們之所以在琅邪王至建康後月餘而士庶未有至者，純然是出諸瑯邪王是北人之故，「吳人不附」一句，道盡吳人痛恨北人之心。而世說言語篇曰：

元帝始過江，謂顧驃騎（榮）曰：「寄人國土，心常懷慚。」

「吳土」今已爲「晉」有三十餘年，而元帝居然說出「寄人國土」的話來，從這也可以見到南北隔閡之深，同書又曰：

過江諸人，每至暇日，輒相要出新亭，藉卉飲宴。周侯（顗）中坐而歎曰：「風景不殊，擧目有江河之異。」皆相視流淚。

南人固然不附，不以北人爲同胞，同樣，北人亦不以吳土爲己土，雖被逼而遷此，終有寄人籬下之感。「江河之異」，卽此一念，北人已明白表示不願立國江東，然而事實上又被迫而處此，故問題遂轉而成爲「吳人」是否願接受他們。這才是晉室之能否立國江東，另起爐竈，苟延殘喘的關鍵所在。

三

在晉室渡江以前，在晉人亡吳以後，這一段時間裏，歷史告訴我們，只有少數吳人入洛，數目雖然不多，却是三吳最具名望的舊家大族子弟，最具名望的豪傑之士，是「二俊」也好，「三俊」「三傑」也好，是「二陸三張」也好，然而入洛以後，待遇之冷淡，譏刺鄙視多而禮遇少。經過一段時間，雖有顯達如陸氏兄弟者，而動輒得咎，災禍隨之；顧榮能保身全身者，唯「終日昏酣」，晉書卷六十八顧榮傳曰：

> 吳平，與陸機兄弟同入洛，時人號為三俊。例拜為郎中，歷尚書郎，太子舍人，廷尉正，恆縱酒酣暢，謂友人張翰曰：「惟酒可以忘憂，但無如作病何耳！」……齊王冏召為大司馬主簿，冏擅權驕恣，榮懼及禍，終日昏酣，不綜府事，以情告友人長樂馮熊。熊謂冏長史葛旟曰：「以顧榮為主簿，所以甄拔才望，委以事機，不復計南北親疎，欲平海內之心也。今府大事殷，非酒客之政。」旟曰：「榮，江南之望士，且居職日淺，不宜輕代易之。」熊曰：「可轉為中書侍郎，不失清顯，而府更收實才。」旟然之，白冏，以為中書侍郎。在職不復飲酒，人或問之曰：「何前醉而後醒邪？」榮懼罪，乃復更飲，與州里楊彥明書曰：「吾為齊王主簿，恆慮禍及，見刀與繩，每欲自殺，但人不知耳！」……榮數踐危亡之際，恆以恭遜自勉。

在亂世，顧榮即使不是南人，也可能同樣不免於禍，然而由於榮是南人，身處中原羣士之中，動輒得咎，可能性當更增加。而他們之有這種地位，與其說是中原執政者「不復計南北親疎，欲平海內之心也」，不如說他們在某些方面，遠超過他們的中原同僚。他們的能力，他們的忠誠可靠，在在說明了這點。而這些南方俊彥，當中原亂起，他們之能脫身逃歸，也不是一件容易的事，榮傳又曰：

至徐州，聞亂日甚，將不行。會刺史裴盾，得東海王越書，若榮等顧望，以軍禮發遣。乃與榮及陸玩等，各解船棄車，一日一夜行三百里，得還揚州。

書鈔一百三十八引王隱晉書曰：

顧榮、紀瞻被徵，見王路塞絕，遇之下邳，解舫為單舸而歸之。

御覽七百七十引王隱晉書亦謂榮等：

一日一夜行五、六百里，遂得免。

在如此情況下逃歸，要說他們對晉室毫無怨恨之心，也是不能想像的。

而今，琅邪王帶着他的部屬來到了南方，而這時的南人，正在痛恨北人的顛峯時代，不僅是陸機兄弟子姪的被害，也由於三吳的舊家大族子弟這些年來的際遇。從另一方面來說，南人具有的兩漢經學舊傳統舊風氣，與而今北人的新學風，新的談論風氣，甚至於新的處世態度，新的道德標準，是如此的不同，而今也正面地發生了接觸和衝突。琅邪王睿要在如此一個惡劣環境和氣氛下，被南人接受，該是何等的艱難。而如此一個難題，琅邪王却能在王導的指導和輔助下，輕而易舉地解決了，這眞可說是一個奇蹟，晉書卷六十五王導傳曰：

……後參東海王越軍事，時元帝為琅邪王，與導素相親善。導知天下已亂，遂傾心推奉，潛有興復之志，帝亦雅相器重，契同友執。帝之在洛陽也，導每勸令之國，會帝出鎮下邳，請導為安東司馬，軍謀密策，知無不為。（斠注引御覽二百四十八晉中興書曰：「軍國之事，無不諮訪。」）及徙鎮建康，吳人不附，居月餘，士庶莫有至者，導患之。會敦來朝，導謂之曰：「琅邪王仁德雖厚，而名論猶輕。兄威風已振，宜有以匡濟者。」會三月上巳，帝親觀禊，乘肩轝，具威儀，敦、導及諸名勝，皆騎從。吳人紀瞻、顧榮，皆江南之望，竊覘之，見其如此，咸驚懼，乃相率拜於道左。（斠注引類聚四晉中興書曰：「王導謂從兄敦曰：『王仁德未著，而名位猶輕。兄威名已振，宜有以共相匡舉。』三月三日，中宗出禊，乘肩轝，敦、導並騎從。紀瞻使人覘之，既聞敦、導騎從，乃大驚，自出拜於道左。」）導因進計曰：「古之王者，莫不賓禮故老，存問風俗，虛己傾心，以招俊乂，況天下喪亂，九州分裂，大業草創，急於得人者乎！顧榮、賀循，此土之望，未若引之，以結人心。二子既至，則無不來矣。」帝乃使導躬造循，榮，二人皆應命而至。由是，吳會風靡，百姓歸心焉。自此之後，漸相崇奉，君臣之禮始定。俄而洛京傾覆，中州士女避難江左者十六七，導勸帝收其賢人君子，與之圖事。時荊揚晏安，戶口殷實，導為政，務在清靜。（斠注引御覽二百四十八晉中興書曰：「導忠於事上，達於從政，以百六之弊，寄寓江左，爲治之本，務在清靜。」）每勸帝剋己勵節，匡主寧邦，於是尤見委杖，情好日隆，朝野傾心，號為仲父。帝嘗從容謂導曰：

「卿，吾之蕭何也。」對曰：「……豈區區國臣所可擬議。願深弘神慮，廣擇良能。顧榮、賀循、紀瞻、周玘，皆南土之秀，願盡優禮，則天下安矣。」帝納焉。

我們引錄這一段，爲的是要說明當時琅邪王的處境，與王導何以要如此做。在中原人來說，這完全是不得已的，既因「百六之弊，寄寓江左」，如不能「寄寓江左」，則一切都是空的，而要「寄寓江左」，則首先要優禮這些「南土之秀」，否則天下何以能「安」？尤其江東的吳人，他們的心情，在長時期中，强烈的自卑感，却已被一種更爲强烈的屈辱所掩蓋。他們對中原統治者既無可奈何地接受他們的統治，然而却絲毫不加掩飾地表示了他們對中原人的不滿。中原人在他們擁有天下時，對這可以視若無睹，可是而今琅邪王要用江東作爲新的據點時，却不能不加考慮了。王導的策略，是用三吳的舊家大姓子弟，來誘使吳人接受他們，這遠比用武力來壓制，以取得一時之功，更爲有效，何況這時的琅邪王，也實在沒有這强大得足以壓制吳人的力量，遂而不得不採用這和平的手段。從這裏，也可以看出導傳所說的紀瞻、顧榮，覘敦、導騎從護衞琅邪王，驚懼出拜道左的不一定是事實。雖然這可以說明此輩猶熱衷於此，作爲下文的伏筆，却不需要王導採用羈縻安撫吳人的手段了，雖然也可以解釋說，王導先威之以威，再加之以恩，恩威並濟，則事無不成。晉書卷六元帝紀曰：

永嘉初（三〇七年——），用王導計，始領建鄴，以顧榮為軍司馬，賀循為參佐，王敦、王導、周顗、刁協，竝為腹心股肱，賓禮名賢，存問風俗，江左歸心焉。

導傳稱導進「計」，元紀亦稱用王導「計」，用此「計」，始能領建鄴，江左始歸心。元帝採取的所有對吳人的政策，都是出之於王導之「計」，類聚十三引晉中興書曰：

禮接名賢，設官分職，隱恤士庶，百姓歸心焉。

其中尤其重要的，是用吳以制吳，晉書卷六十八顧榮傳：

元帝鎮江東，以榮為軍司，加散騎常侍，凡所謀畫，皆以諮焉。榮旣南州望士，躬處右職，朝野甚推敬之。（斠注：初學記十二王隱晉書曰：「當時後進，盡相推謝，稱榮有大才令望。」書鈔六十三晉中興書、吳郡顧錄曰：「於是朝野皆服，中興基此焉。」）……時南士之士（書鈔六十三引晉中興書、吳郡顧錄作「南土諸士」），未盡才用，榮又言：「陸士光貞正清貴，金玉其質；甘季思忠款盡誠，膽幹殊快；殷慶元質略有明規，文武可施用；榮族兄公讓，明亮守節，困不易操；會稽楊彥明、謝行言，皆服膺儒教，足為公望；賀生沉潛青雲之士；陶恭兄弟，才幹雖少，實事極佳。凡此諸人，皆南金也。」書奏，皆納之。

或說「賓禮名賢」，或說「禮接名賢」，或說「盡優禮」，「收其賢人君子」，「皆納之」，既為我用，再「凡所謀畫，皆以諮焉」，不成問題的，江東為我所有了。又同卷紀瞻傳：

元帝為安東將軍，引為軍諮祭酒，轉鎮東長史，帝親幸瞻宅，與之同乘而歸。（斠

注：御覽七百七十四晉中興書曰：「紀瞻爲鎭東王左長史，丹陽、宣城、新安三郡中正，王常幸其家，同乘還府，瞻甚見禮遇，鄉郡榮之。」案鎭東王卽元帝，其時以琅邪王爲鎭東將軍也。三郡中正，本傳失載。）

又同卷賀循傳：

建武初，爲中書令，加散騎常侍。……朝廷疑滯，皆諮之於循，循輒依經禮而對，爲當世儒宗。……俄以循行太子太傅，太常如故，循自以枕疾廢頓……累表固讓，帝……不許，命皇太子親往拜馬。循有羸疾，而恭於接對，詔斷賓客，其崇遇如此。疾漸篤，表乞骸骨，上還印綬，改綬左光祿大夫，開府儀同三司，帝親臨軒，遣使持節加印綬。循雖口不能言，指麾左右，推去章服。車駕親幸，執手流涕，太子親臨者三焉，往還皆拜，儒者以爲榮。太興二年卒，時年六十，帝素服舉哀，哭之甚慟。……將葬，帝又出臨其柩，哭之盡哀，遣兼侍御史持節監護，皇太子追送近塗，望船流涕。

我們從這些記載，可以看出琅邪王確乎已接受了王導所敎的一套羈縻吳人的辦法，給予他們很高的位置，給予他們禮遇，使得這些吳人中的領導份子，有一種知遇之感，認爲他們是遇到了明主，不僅一變原先「徙鎭建康，吳人不附，居月餘，士庶莫有至者」的狼狽情況，反使顧榮輩爲他們謀畫，更反過來安慰他們，世說言語篇曰：

元帝始過江，謂顧驃騎曰：「寄人國土，心常懷慙。」榮跪對曰：「臣聞王者以天下為家，是以耿、亳無定處，九鼎遷洛邑，願陛下勿以遷都為念。」

楊勇校箋曰：

元帝之鎮建鄴，于時天下雖亂，而朝廷猶存。而榮卒於永嘉六年（三一二年），後此七年（大興元年，三一八年），元帝方為天子，於云遷都，殆見安東時也。陳寅恪曰：「國土，指孫吳之國土。人，即顧榮代表江東士族之諸人。」

世說文字、內容固與史實不盡相同，多有可議處。然而這種吳人對中原人觀念上的改變，中原人與吳人關係的改善，是可以相信的。而紀瞻且為元帝勸進之主要人物，此亦為王導之計謀乎？或真發自內心？是一件最值得我們研究的事。晉書卷六十八紀瞻傳：

尋遷丞相軍諮祭酒。論討陳敏功，封臨湘縣侯。西臺除侍中，不就。及長安不守，與王導俱入勸進，帝不許。瞻曰：「陛下性與天道，猶復役機神於史籍，覩古人之成敗。今世事舉目可知，不為難見。二帝失御，宗廟虛廢，神器去晉，于今二載，梓宮未殯，人神失御。陛下膺籙受圖，特天所授。使六合革面，遐荒來庭。宗廟既達，神主復安。億兆向風，殊俗畢至。若列宿之綰北極，百川之歸巨海。猶欲守匹夫之謙，非所以闡七廟，隆中興也。但國賊宜誅，為以此屈已謝天下耳。而欲逆天時，違人事，失地利，三者一去，雖復傾匡於將來，豈得救祖宗之危急哉！適時之宜萬端，其可綱維大業者，惟理與當。晉祚屯否，理盡於今。促之則得，可以隆中興之祚；縱之則失，所以資姦寇之權，此所謂理也。陛下身當厄運，纂承帝緒，顧望宗室，誰復與讓？當承大位，此所謂當也。四祖廓開宇宙，大業如此。今五都燔爇，宗廟無主，劉載竊弄神器於西北，陛下方欲高讓於東南，此所謂揖讓而救火也。臣等區區，尚所不許，況大人與天地合德，日月並明，而可以失機後時哉！」帝猶不許，使殿中將軍韓績徹去御坐（書鈔一百三十二引晉中興書，作「帝使殿中將軍韓績，徹去便殿所御牀帳」。），瞻叱績曰：「帝坐上應星宿，敢有動者，斬！」帝為之動容。及帝踐位，拜侍中，轉尚書。

這眞是一件令人驚奇的事。

可是，我們要知道，這種觀念的改變，關係的改善，不是一蹴可至的，是有一段艱苦曲折的過程的。這關係晉室的延續，琅邪王的稱帝，中原人能在五胡亂華，中原板蕩的局面下，尚能在江東找到一立足點。當然，所有這些，並不是可以廉價取得的，他們得去掉他們保持已久的優越感，並得付出相當的代價，來換取所有的這些。

照一般來說，南北地理環境不同，人物互異，世說言語篇曰：

王武子（濟，太原晉陽人）、孫子荊（楚，太原中都人），各言其土地人物之美。王云：「其地坦而平，其水淡而清，其人廉且貞。」孫云：「其山崔嵬以嵯峨，其水沖渫而揚波，共人磊砢而英多。」（注曰：「案：三秦記、語林，載蜀人伊籍稱吳土地人物，與此語同。」）先天的不同，加上後天的差異，再加上征服者的強烈優越感，與被征服者被壓抑鄙視，而不得不屈服，無可奈何的心境，使南北的鴻溝日益加深，南北的隔閡日益增加。却陰錯陽差地，驅使北人南來，並求生存空間，北人既已喪失其所憑藉，但求南人之能接納他們，以尋求立國之地，復國之機。而北人所能付出的代價，卽政權—包含某些重要職位，和數量上幅度的增加—的開放。不是說在西晉吳亡後，南人沒有仕宦者，而是說那些南人所擔任的職位和數量，到晉室南渡後，都有了相當的改善。

從萬斯同晉將相大臣年表及東晉將相大臣年表、晉及東晉方鎮年表，秦錫圭補晉執政表及補晉方鎮年表，吳廷燮晉及東晉方鎮年表等參酌來看，我們可以看得出，在西晉與東晉兩個時期，吳姓在仕宦中，形成一個如何強烈的對照來。雖然東晉的朝廷重要職位中，包括所謂將相大臣及方鎮，南方的舊家大族所佔的比例，遠不如中原人。甚至於在東晉的末年，有很多年幾乎可說是空白的；而在另外很多年，也不過聊聊一二人。然而就東晉的初期、中期來看，比之於西晉吳亡以後的那一段時間，情況的改善，是很顯然的。

一般來說，東晉時期，政治職位對吳人是開放的，至少，對三吳的舊家大族是開放的。政治待遇與政治地位的得到普遍改善，是如此的顯著，吳人的身份，不再是像西晉時多以諸侯王幕僚的姿態出現，而擔當的是朝廷的淸官和重臣。這豈是中原人心甘情願如此做的，只是情勢所逼不得不如此罷了。

四

從以上看來，「吳姓」政治上的待遇和地位的改善，確乎是一個事實。而這種政治待遇同地位的改變，對于「吳姓」同「僑姓」之間的關係，產生了如何的影響，是我們接着要討論的。

從「僑姓」對「吳姓」來說，這種「改變」是不得已的，只是爲了要達到能在南方立足，以尋求復國之機，不得不採納王導的「計」，而付出的代價。爲了這樣，才不得不「賓禮名賢」、「禮接名豪」、「盡優禮」，以「收其賢人君子」，儘可能地表現出與對「僑姓」一視同仁的態度，世說雅量篇曰：

許侍中（璪，注引晉百官名曰：「許璪，字思文，義興陽羨人。」）、顧司空（和）俱作丞相從事。爾時已被遇，游宴集聚，略無不同。嘗夜至丞相許戲，二人歡極。丞相便命使入已帳眠。顧至曉迴轉，不得快熟；許上牀，使自咍臺大鼾。丞相戲謂諸客曰：「此中亦是難得眠處！」

「游宴集聚，略無不同」，「二人歡極」，然而這畢竟是一種表面上的，兩姓間潛意識中始終有一種隔閡，而不能全然坦誠地相處，顧和之所以「至曉迴轉，不從快熟」，未嘗不可以此點來解釋。又雅量篇云：

謝安南（奉，注引晉百官名曰：「謝奉，字弘道，會稽山陰人。」）免吏部尚書還東，謝太傅（安）赴桓公司馬（溫）出西，相遇於破岡。既當遠別，遂停三日共語。太傅欲慰其失官，安南輒引以他端，雖信宿中塗，竟不言及此事。太傅深恨在心未盡，謂同舟曰：「謝奉故是奇士！」

實際上，謝奉不是「奇士」，而是「吳姓」，致使「僑姓」的謝安有有心竟無法相通之恨。這種中間「隔」了一層，在「吳姓」與「吳姓」相處時，是沒有的，排調篇云：

魏長齊（顗，注引魏氏譜曰：「顗，字長齊，會稽人。」）雅有體量，而才學非所經。初宦當出，虞存嘲之曰：「與卿約法三章：談者死，文筆者刑，商略抵罪。」魏怡然而笑，無忤於色。

這種「隔」與「不隔」，是很微妙的一件事，「吳姓」在心理上，始終不能把「僑姓」看作同「吳姓」一樣，反之亦然。這或者是由於「僑姓」的優越感，和「吳姓」的自卑感；也或者是由於不同的環境和文化的背景所造成的吧！晉書卷八十王獻之傳：

嘗經吳郡，聞顧辟疆有名園，先不相識，乘平肩輿，徑入。時辟疆方集賓友，而獻之游歷既畢，傍若無人。辟疆勃然，數之曰：「傲主人，非禮也；以貴驕士，非道也。失是二者，不足齒之傖耳！」便驅出門，獻之傲如也，不以屑意。

事亦見世說簡傲篇。而言語篇曰：

顧司空（和）未知名，詣王丞相（導）。丞相小極，對之疲睡。顧思所以叩會之，因謂同坐曰：「昔每聞元公（顧榮）道公協贊中宗，保全江表。體小不安，令人喘息。」

而文學篇亦云：

中朝時，有懷道之流，有詣王夷甫諮疑者。值王昨已語多，小極，不復相酬答。乃謂客曰：「身今少惡，裴逸民亦近在此，君可往問。」

雖云「疲睡」，究有輕視之意，否則通宵酬答，亦有其例。而王獻之之傲，顧君孝之諂，成一極端之對照。又方正篇：

張玄與王建武（忱）先不相識，後遇於范豫章（寧）許，范令二人共語。張因正坐斂衽，王熟視良久，不對。張大失望，便去。范苦譬留之，遂不肯住。范是王之舅，乃讓王曰：「張玄，吳士之秀，亦見遇於時。而使至於此，深不可解。」王笑曰：「張祖希若欲相識，自應見詣。」范馳報張，張便束帶造之。遂舉觴對語，賓主無愧色。

「吳姓」對「僑姓」，同「吳姓」對「吳姓」，有一個根本意識上的差異，這也是我們前面所講的，前者「隔」而後者「不隔」。他們雖嚮往「僑姓」，潛意識上的自卑感却又往往使從他們不是過份的諂媚，就是過份的矜持，前者如顧君孝，而後者則有陸士瑤。在東晉的初期，僑姓居首的琅邪王氏，在羈縻懷柔的政策下，曾請婚陸氏，以結好吳姓，居然被拒絕。而且不是加以婉拒，是明白地表示出他們的立場和態度，世說方正篇曰：

王丞相（導）初在江左，欲結援吳人，請婚陸太尉（玩）。對曰：「培塿無松柏，薰蕕不同器。玩雖不才，義不為亂倫之始。」

晉書卷七十七陸曄附弟玩傳亦著錄其事，惟改「初在江左，欲結援吳人」句，作「初至江左，思結人情」。以此來看，當亦是王導羈縻吳人之「計」，對王導來說，這已是很够委屈了，怎麽也想不到會遭到被拒的命運。陸玩忝爲王導同僚，屬下。陸玩的拒絕王導的請婚，不是自卑感太重，不敢高攀，而是潛意識裏就無「僑」「吳」通婚的一念，甚至於將之比擬爲「亂倫」，其嚴重可知，而「吳姓」的保守也由是可知。

然而經過長時間的交往，長時間的共處，其影響也是深遠的。原先南北之間的隔閡，征服者的優越感，而今已爲渡江投靠所帶來寄人國土的心情所沖淡；被征服者受人鄙視的屈辱，亦爲羈縻政策下特殊的禮遇所了解。最關重要的，即學術思想及文化觀念上的不同，亦在南人努力學習下，也許在如此一種環境中無形的薰染，南人不僅接受了中原的玄學和談論，甚且漸而能相抗衡，進而出人頭地了。晉書卷五十四陸雲傳曰：

初，雲嘗行逗宿故人家，夜暗迷路，莫知所從，忽望草中有大光，於是趣之，至一家便寄宿，見一年少，美風姿，共談老子，辭致深遠，向曉辭去，行十許里，至故人家，云：「數十里中無人居」雲意始悟，却尋昨宿處，乃王弼冢。雲本無玄學，自此談老殊進。

斠注：

水經穀水注袁氏王陸詩序曰：「機初入洛，次河南之偃師，忽結陰，望道左若民居者，因往逗宿，見一少年，姿神端逸，與機言玄。機服其能，而無以酬折，前致一辯。機題緯古今，綜檢名實，此少年不甚欣解。將曉去，税駕逆旅，嫗曰：『君何宿而來，自東數十里無村落，止有山陽王家墓。』機乃怪悵，還睇昨路，空野霾雲，攢木蔽日，知所遇者，乃王弼也。」（御覽六百十七、八百八十四兩引異苑，均作「陸機」，文與此略異。又引一條，則作陸雲事。）案此事或屬諸「機」，或屬諸「雲」，豈二陸同入洛事耶，不能臆斷也。

事雖不必爲眞，然而可以說明二陸入洛前，南北學風迴異：北方「言玄」；而南方與荀粲到京邑前，京邑講名實才性相同，爲「題緯古今，綜檢名實」，兩者是全然相異的。然而到了東晉，情況已有轉變，卽江東學風雖仍重漢傳統之經學與天體論，已受到王導等人南下後所帶來中原談玄風氣的影響，世說夙慧篇：

司空顧和，與時賢共淸言。張玄之、顧敷，是中外孫，年並七歲，在牀邊戲。于時聞語，神情如不相屬。瞑，於燈下，二小兒共敘客主之言，都無遺失。顧公越席而提其耳曰：「不意衰宗，復生此寶！」

又言語篇：

張玄之、顧敷，是顧和中外孫，皆少而聰惠，和並知之，而常謂顧勝，親重偏至，張頗不壓。于時，張年九歲，顧年七歲。和與俱至寺中，見佛般泥洹像，弟子有泣者，有不泣者。和以問二孫，玄之謂：「彼親故泣，彼不親故不泣。」敷曰：「不然！當由忘情故不泣，不能忘情故泣。」

顧和自稱「衰宗」，當由於是「吳姓」而有着多少的自卑感之故。而今中外孫竟能仿效淸言，從而得到極大的滿足，因如此一來，前途有望，是以用「寶」稱之，爲家門、祖宗爭光不少。有此長上，乃有此童稚，其受到鼓勵，是必然的。而童稚之能如此，寧不可畏。尤其顧敷以「情」之「忘」「不忘」立論，宛然王、何。又文學篇：

張憑（引注宋明帝文章志曰：「憑字長宗，吳郡人。」）舉孝廉出都，負其才氣，謂必參時彥，欲詣劉尹（惔，字眞長），鄉里及同擧者共笑之。張遂詣劉，劉洗濯料事，處之下坐，唯通寒暑，神志不接。張欲自發，無端。頃之，長史（王胡之，字修齡）及諸賢來清言，客主有不通處，張乃遙於末坐判之，言約旨遠，足暢彼我之懷，一坐皆驚。眞長延之上坐，清言彌日，因留宿。至曉，張退，劉曰：「卿且去，正當取卿共詣撫軍（簡文帝）。」張還船，同侶問何處宿，張笑而不答。須臾，眞長遣傳教覓張孝廉船，同侶惋愕，卽同載詣撫軍。至門，劉前進謂撫軍曰：「下官今日為公得一太常博士妙選！」旣前，撫軍與之話言，咨嗟稱善，曰：「張憑勃窣為理窟！」卽用為太常博士。

事亦見御覽六百十七引郭子，又二百二十九引郭子，及晉書卷七十五張憑傳。南北同風，至此完成，晉書卷七十七陸曄傳謂曄數番請辭，重復自陳曰：

臣實凡短，風操不立，階緣嘉會，便蕃榮顯，遂總括憲臺，豫聞政道，竟不能敷融玄風，清一朝序，咎責之來，於臣已重。

「不能敷融玄風」，其爲罪，猶同漢時之不能「調理陰陽」，其所代表的意義，是泯除南北文化上的隔閡；其內在的精神，是南北意識上的調和與統一。

（原載「國立政治大學學報」二十六期，民六十一年十二月）

四、中古南方門第——吳郡朱張顧陸四姓之比較研究

一

當我從事中古南方門第—吳姓的研究時，曾深一層了地，透過思想史，以理解其與僑姓之間的差異，用以說明兩晉的吳姓，在遭遇亡國，與永嘉之亂後，僑姓南下的現實衝擊和變化，他們所表現的，正反映出他們內心中所想的。由此完成了「永嘉前後吳姓與僑姓關係之轉變」一文。這固然解釋了一些事實，却不能說就因此而了解了這個時代，那是不够的。遂選擇了中古南方最大的，也最具代表性的吳郡朱張顧陸四姓，來進行一次比較的研究，亦因是而發現了南方社會對這整個事件的觀感和評估。相信這對於我們之了解門第的本質，以及門第社會地位建立的標準，將有所助益。

中古南方門第，指的是吳姓，吳舊姓，那些南方的舊家大族而言的；指的是那些在南方，不論是土著，抑或是外來的，至少在中古開始時，已經是定居了相當時日，著籍南方，且被世人目爲南方人者。「吳四姓」可說是最具有代表性的了。因爲從現有的材料來看，吳郡吳縣的朱、張、顧、陸四姓中，土著的，像顧姓，世說德行篇注引文士傳曰：

其先，越王勾踐之支庶，封於顧邑，子孫遂氏焉，世為吳著姓。

唐林寶元和姓纂去聲十一暮顧姓：

顧伯，夏、殷侯國也，子孫以國氏焉。顧氏譜云：「越王勾踐七代孫閩君搖，漢封東甌，搖別封其子為顧余侯，因氏焉。漢初居會稽。」

岑仲勉氏元和姓纂四校記卷八云：

此洪氏（洪瑩，今本姓纂即其所校）據（謝枋得）秘笈新書所增者。……又秘笈所引「漢封東甌」下，漏「王」字。

唐書卷七十四宰相世系表：

顧氏，出自己姓。顧伯，夏、商侯國也。子孫以國為氏，初居會稽。

近人王素存姓錄採其說，以爲顧氏「系出己姓，詩所謂『韋顧旣伐，昆吾夏桀』也」。而宋章定名賢氏族言行類稿顧姓、明顧炎武顧氏譜系考則並引顧氏譜以爲說。從以上所引來看，關於顧氏的來源：

> 元和姓纂以顧伯，夏、商侯國也，子孫以國為氏。唐書宰相世系表，更稱其出自己姓。
>
> 文士傳以其為越王勾踐之支庶，封於顧邑，子孫以為氏。
>
> 顧氏譜以其為越王勾踐七世孫閩君搖別封其子為顧余侯，因以為氏。

後兩說系出同源，顧氏譜的說法更爲後人普遍採用。而顧姓歷史自見於歷史記載時，似已著籍南方了。

至其他三姓，情形則與顧姓顯然不同。

陸氏，唐書卷七十三宰相世系表云：

> 陸氏出自嬀姓，田完裔稱齊宣王少子通，字季達，封於平陽般縣陸鄉，卽陸終故地，因以氏焉。通謚曰元侯。生恭侯發，為齊上大夫。發二子：萬、皐。皐生邕，邕生漢太中大夫賈。萬生烈，字伯元，吳令，豫章都尉，旣卒，吳人思之，迎其喪，葬于胥屏亭，子孫遂為吳郡吳縣人。

岑仲勉氏元和姓纂四校記卷十陸姓：

> 漢太中大夫陸賈子孫過江，依新表，發二子：萬、皐。皐生邕，邕生賈；萬官於

吳，子孫為吳人，則非賈之子孫也。疑陸賈下有奪文。

王素存姓錄引陳留風俗通云：

春秋時陸渾國後。

陸氏之先，一稱居於陸終故地，一則謂陸渾國後，不知誰是。世人似多用前說。如前說可信，則西京初期，陸氏子孫已爲吳郡吳縣人。

朱氏，唐書卷七十四宰相世系表未有提及吳郡朱氏之一支，元和姓纂上平聲十虞朱姓條則云：

顓頊之後。周封曹挾于邾，為楚所滅，子孫去邑以為氏。一云：舜臣朱虎之後，齊有朱毛。漢：中邑侯朱進，鄢陵侯朱濞。吳郡：漢功臣，有都昌侯朱軫，軫至買臣，會稽太守。

是朱氏亦早於西京初年，卽有定居於吳郡者。

張氏，風俗通云：

張、王、李、趙，黃帝賜姓。

元和姓纂下平聲十陽張姓：

黃帝第五子青陽，生揮，為弓正，觀孤星，始創弓矢，主祀張星（岑仲勉四校記卷五云：「類稿引作張星，是也。否則張字無所出。」），因姓張氏。

唐書卷七十二宰相世系表則云：

張氏，出自姬姓。黃帝子少昊，青陽氏第五子揮，為弓正，始制弓矢，子孫賜姓張氏。周宣王時，有卿士張仲，其後裔，事晉為大夫。張侯生老，老生趯，趯生骼。至三卿分晉，張氏至韓，韓相張開地，生平，凡相五君。平生良，字子房，漢留文成侯。良生不疑，不疑生典，典生默，默生大司馬金，金生陽陵公乘千秋，字萬雅，千秋生嵩，嵩五子壯，讚、彭、睦、述。

吳郡張氏，本出嵩第四子睦，字選公，後漢蜀郡太守，始居吳郡。

吳郡張氏為張良之後，其說早見於宋書卷五十三張茂度傳曰：

張茂度，吳郡吳人，張良後也。名與高帝諱同，故稱字。良七世孫為長沙太守，始遷於吳。

照這些族姓產生的傳說來看，吳四姓之所自出：

顧　　己姓

陸　　媯姓

朱　　曹姓

其中己姓、曹姓，是傳說中祝融八姓中的兩姓（註一）。我們似乎可以不必追究下去了，因爲直到今天，對於古代諸姓及其地區，以及後來的衍變，尚停留在假設、猜想的階段（註二），很難得到一個比較一致，爲大家所接受的看法。

然而由前引，可以知道顧姓以外的其他三姓，不是南方的土著，而是外來的。陸氏朱氏在漢初，張氏在東京，從北方遷於吳郡，從此遂爲吳郡人。至於當時是否已定居於吳郡之吳縣，已無資料可資查考了。

二

吳地舊姓（註三）雖多，殆集中於吳郡，特別是吳郡之吳縣。文選卷二十八陸士衡樂府吳趨行云（註四）：

大皇自富春，矯手頓世羅。邦彥應運興，粲若春林葩。屬城咸有士，吳邑最為多。八族未足侈，四姓實名家。文德熙淳懿，武功侔山河。禮讓何濟濟，流化自滂沱。淑美難窮紀，商榷為此歌。

注引張勃吳錄曰：

八族：陳、桓、呂、竇、公孫、司馬、徐、傅也。

四姓：朱、張、顧、陸也。

則三國之時，孫吳所領，以迄兩晉，吳郡最號多士，最爲人文薈萃之區。而吳郡之吳縣四姓，尤爲名家。這不是因爲陸機是吳四姓之一，而是事實如此。吳四姓盛極一時，人才輩出，吳趨行所言，確乎是當時的眞實寫照。至少，他沒有誇張，世說賞譽篇注引吳錄士林曰：

吳郡的顧、陸、朱、張，為四姓。三國之間，四姓盛焉。

日本方面的學者，以孫氏所以遷都秣陵，卽源於受不了吳姓的壓力(註五)。而吳大族之中，四姓爲首，故我們有理由相信，如日本學者的這種說法能成立的話，則此種壓力，主要卽來自吳四姓。這雖然只是猜測假想之辭，亦不爲無理。因爲這時吳四姓的宗人繁衍，在地方上形成了一股極大的力量，三國志卷五十六朱治傳曰：

(孫權)常歎(朱)治憂勤王事。性儉約，雖在富貴，車服唯供事。權優異之，自令督軍御史典屬城文書，治領四郡租稅而已。然公族子弟及吳四姓多出仕郡，郡吏常以千數。治率數年一遣詣王府，所遣數百人。每歲時獻御，權答報過厚。

傳意不很明白，然而可以知道的，是當時「吳四姓」已與「公族子弟」並擧，其地位可知。

而所出仕郡者，郡吏常以千數，朱治率數年一遣詣王府，所遣數百人，其盛也可知。然而要注意的是，這裡所說的「四姓」，包括了所有「吳四姓」的宗人（註六）而言。在宗族的組織中，某些支特別發展，人才輩出，成爲這一宗族的核心、重心，其人數都是有限的。「吳四姓」在江東一帶之所以有深厚的勢力和潛力，固然靠其有如許宗人深入而普遍地分布於各「郡」，然而他們的能够據有他們的歷史地位，左右政局，而建立起社會普遍的聲譽，則是藉我們前面所說的這些宗族中核心的一或數支，少數幾個傑出的宗人而已。而他們更靠與宗族、宗人間緊密的結合，相互之間，是不可分的，結成一體的，休戚患亂與共的。我們可擧一個例子來看看，後漢書卷六十一陸康傳：

陸康，字季寧，吳郡吳人也。……獻帝卽位，天下大亂，康蒙險遣孝廉、計吏奉貢朝廷，詔書策勞，加忠義將軍，秩中二千石。時袁術屯兵壽春，部曲飢餓，遣使求委輸兵甲，康以其叛逆，閉門不通，內修戰備，將以禦之。術大怒，遣其將孫策攻康，圍城數重，康固守。吏士有先受休假者，皆遁伏還赴，暮夜緣城而入受敵。二年，城陷。月餘，發病卒，年七十，宗族百餘人遭難，飢戹死者，將半。

這種宗族死難，是出於自發的。有如此的精神，還有什麼人敢去輕侮，而自取其辱？世說規箴篇：

孫皓問丞相陸凱曰：「卿一宗在朝有幾人？」陸答曰：「二相、五侯、將軍十餘人。」皓曰：「盛哉！」陸曰：「君賢臣忠，國之盛也；父慈子孝，家之盛也。今政荒民弊，覆亡是懼，臣何敢言盛。」

注引吳錄曰：

凱字敬風，吳人，丞相遜族子也。忠鯁有大節，篤志好學。初為建忠校尉，雖有軍事，手不釋卷。累遷左丞相。時後主暴虐，凱正直彊諫，以其宗族彊盛，故不敢加誅也。

陸氏一門之中，一時之間，在朝者，居然有二相，五侯，將軍十餘人，其宗族之疆盛，可想而知。朝廷不懼其人，而懼其宗族，則當時個人、宗族之關係，亦可想而知。

然而四姓大小盛衰不同，功業名譽互異。不同的個性，互異的門風，我們可先就陸氏來看。在吳四姓中，陸氏人才最盛，入傳者也最多，且早在東京年間，已有著聲譽者。試就吳四姓入後漢書，三國志諸列傳者爲一表如左：

正史＼吳四姓	朱	張	顧	陸
後漢書 一百三十卷 列傳 八十計八十八卷				卷六十一、列傳三十一（列傳十、附傳一）陸康傳 卷一百十一、列傳七十一、獨行傳（列傳二十四）陸續傳

三國志	
六十五卷 吳書二十卷	卷五十、吳書五、妃嬪傳（列傳十一、附傳三）孫休朱夫人傳 卷五十六、吳書十一（列傳四、附傳三）朱桓（子異）傳 卷五十七、吳書十二（列傳七、附傳六）朱據傳
	卷五十七、吳書十二（列傳七、附傳六）張溫傳
	卷五十二、吳書七（列傳四、附傳八）顧雍（子邵、邵子譚、承）傳
	卷五十七、吳書十二（列傳七、附傳六）陸績（子宏、叡）傳、陸瑁傳 卷五十八、吳書十二（列傳一、附傳一）陸遜（子抗）傳 卷六十一、吳書十六（列傳二、附傳一）陸凱（弟胤）傳

而陸氏，所以能如此，與其門風有極大關係，此卽文武兼修。三國志卷五十八陸遜傳，赤烏七年，遜代顧雍爲丞相，詔曰：

夫有超世之功者，必膺光大之寵；懷文武之才者，必荷社稷之重。

處此列國爭雄之時代，非文武全才，不足以出將入相，立大功勳，爲社稷之臣。傳又曰：

遜以為子弟苟有才，不憂不用。不宜私出，以要榮利。若其不佳，終為取禍。

唯其有此卓識，不憂不用，但懼無才，故陸姓子弟，皆能兼擅文武。三國志卷五十七陸績傳曰：

績容貌雄壯，博學多識，星曆算數，無不該覽。……出為鬱林太守，加偏將軍，給兵二千人。績既有躄疾，又意在儒雅，非其志也。雖有軍事，著述不廢。作渾天圖，注易，釋玄，皆傳於世。

同書卷五十八陸遜傳，稱遜受命禦劉備，謂諸將曰：

僕雖書生，受命主上國家。

以「書生」自許。前引吳錄，亦謂陸凱「篤志好學。……雖有軍事，手不釋卷」。機、雲之文采風流，更無論矣，而晉書卷五十四陸機傳曰：

機以三世為將，道家所忌。

三世，指遜、抗、機。陸氏一門，除文武兼修外，忠誠爲國，上起陸康，下有遜、抗，凱亦「忠鯁有大節」，以此觀之，陸氏之盛，不爲無故。

然而在時人的心目中，陸氏子弟的評價，似不如顧姓，晉書卷六十八顧榮傳斠注引御覽二百四十六晉中興書曰：

時吳朝士人入洛者，唯陸機、陸雲、及榮三人。而機，雲雖有才藻，清望不及榮也。

這種「清望」，代表社會給予他的評價和地位，由許多因素集合而成。這也是何以在孫邵卒後，孫權不用張昭，而拜顧雍爲相之故。也許其中另有隱情（註七），然顧氏自有他的所長在，三國志卷五十二顧雍傳：

雍為人，不飲酒，寡言語，舉動時當。權嘗歎曰：「顧君不言，言必有中。」至飲宴歡樂之際，左右恐有酒失，而雍必見之，是以不敢肆情，權亦曰：「顧公在坐，使人不樂。」其見憚如此。……代孫劭為丞相，平尚書事。其所選用，文武將吏，各隨能所任，心無適莫。時訪逮民間，及政職所宜，輒密以聞。若見納用，則歸之於上；不用，終不宣泄，權以此重之。

故陳壽評曰：

顧雍依杖素業，而將之智局，故能究極榮位。

雍能「爲相十九年」者亦由此故，而雍所以敎兒孫者亦一唯此，本傳注引江表傳曰：

權嫁從女，女顧氏甥，故請雍父子及孫譚。譚時為選曹尚書，見任貴重。是日，權極歡。譚醉酒，三起舞，舞不知止，雍內怒之。明日，召譚訶責之曰：「君王以含垢為德，臣下以恭敬為節。昔蕭何、吳漢，並有大功。何每見高帝，似不能言；漢奉光武，亦信恪勤。汝之於國，寧有汗馬之勞，可書之事邪？但階門戶之資，遂見寵任耳！何有舞不復知止，雖為酒後，亦由恃恩忘敬，謙虛不足。損吾家者，必爾也。」因背向壁臥，譚立過一時，乃見遣。

在責己深，待人厚，侍君忠，爲主分憂，而不見己功的門風下，顧氏子弟有一種特殊的風格，適當的收斂，非但仁，而且智，雍子劭，本傳曰：

劭字孝則，博覽書傳，好樂人倫，少與舅陸績齊名，而陸遜、張敦、卜靜等皆亞馬。自州郡庶幾，及四方人士，往來相見，或言議而去，或結厚而別，風聲流聞，遠近稱之。

世說品藻篇曰：

龐士元至吳，吳人並友之。見陸績，顧劭，全琮，而為之目曰：「陸子，所謂駑馬，有逸足之用；顧子，所謂駑牛，可以負重致遠。」或問：「如所目，陸為勝邪？」曰：「駑馬雖精速，能致一人耳；駑牛一日行百里，所致豈一人哉！」吳人無以難。

龐統，三國志卷三十七本傳稱其「性好人倫」，以其所見，陸氏誠不如顧氏。陸氏功業雖盛，所謂「駑馬」，雖「有逸足之用」，然炫耀人目，往往遭忌易敗；而「駑牛」之用，久則見之。觀二姓傳記，可以得到證明。然而二姓之優劣，亦難以立判，各有所長，各有所用，同延譽於東吳。就書傳所載，當時人往往「顧」「陸」並舉相稱，亦足以證之。文選卷四十四陳孔璋檄吳將校部曲文曰：

丞相深惟江東舊德名臣，多在載籍。近魏叔英秀山高峙，著名海內。……及吳諸顧、陸，舊族長者，世有高位。

呂向注曰：

言顧、陸，並吳之著姓。

同書卷五左太沖吳都賦云：

其居則高門鼎貴，魁岸豪傑，虞、魏之昆，顧、陸之裔，岐嶷繼體，老成奕世，躍馬疊跡，朱輪累轍，陳兵而歸。

劉淵林注曰：

旌吳之舊貴也。

張銑注亦曰：

皆吳之貴姓也。

因是而導致顧、陸二姓宗族之强橫，世說政事篇曰：

賀太傅（邵，會稽山陰人）作吳郡，初不出門，吳中諸強族輕之，乃題府門云：「會稽雞，不能啼。」賀聞，故出行，至門反顧，索筆足之曰：「不可啼，殺吳兒。」於是，至諸屯邸，撿校諸顧、陸役使官兵，及藏逋亡，悉以事言上，罪者甚衆。陸抗時為江陵都督，故下請孫皓，然後得釋。

相形之下，朱、張自大形遜色。朱氏如桓、異父子，三國志卷五十六本傳評曰：

朱然、朱桓以勇烈著聞，呂據、朱異、施績咸有將領之才，克紹堂構。

又有朱據，卷五十七本傳亦稱其「有姿貌膂力，又能論難。……張溫以為據才兼文武」，雖才兼文武，朱氏要以「勇烈」著聞。至於張氏，同卷張溫傳評曰：「張溫才藻俊茂」方其使蜀陳辭，不負使命，而聲名大盛，「二弟祗、白亦有才名」，則張氏以文辭見長。故世說賞譽篇曰：

吳四姓、舊目云：「張文、朱武、陸忠、顧厚。」

的是實錄。而同篇注引吳錄士林曰：

吳郡有顧、陸、朱、張，為四姓。

其排名先後，亦符當時之實情，舊目不過顚倒言之耳。

四姓雖大小盛衰不同，功業名譽互異，然同爲江東大族，相互之間，交情不異，三國志卷五十六朱異傳注引文士傳曰：

張惇子純，與張儼、及異，俱童少，往見驃騎將軍朱據。

非僅爲通家之好，且又互通婚姻，同書卷五十七陸績傳注云：

績於鬱林所生女，名曰鬱生，適溫弟白。姚信集有表稱之曰：「……臣竊見故鬱林太守陸績女子鬱生……年始十三，適同郡張白。……」

又張溫傳注引文士傳曰：

溫姊妹三人，皆有節行，為溫事，已嫁者，皆見錄奪。其中妹，先適顧承，官以許嫁丁氏，成婚有日，遂飲藥而死，吳朝嘉歎，為之贊頌云。

又卷五十二顧劭傳：

劭字孝則，博覽書傳，好樂人倫，與舅陸績齊名。

盧弼集解曰：

績亦吳郡吳人。……邵為績甥，則其母為陸康之女也。

同卷顧承傳：

承字子直，嘉禾中，與舅陸瑁，俱以禮徵。

又卷五十八陸遜傳：

遜外生顧譚、顧承、姚信，並以親附太子，枉見流徙。

盧弼集解曰：

瑁，遜弟也。通鑑：「太常顧譚，遜之甥也。」

四姓非但相互通婚姻，且多與孫氏通婚姻，三國志卷五十二顧雍傳注引江表傳曰：

權嫁從女，女顧氏甥，故請雍父子及孫譚。

同卷顧劭傳：

權妻以策女。

又卷五十七朱據傳：

黃龍六年，權遷都建業，徵據尚公主。

盧弼集解曰：

據尚公主，即魯育，字小虎。據死後，公主改配劉纂。

又卷五十妃嬪傳：

孫休朱夫人，朱據女，休姊公主所生也。赤烏末，權為休納以為妃。

又卷五十八陸遜傳：

拜定威校尉，軍屯利浦，權以兄策女配遜，數訪世務。

同卷陸抗傳：

抗字幼節，孫策外孫也。……卒，子晏嗣，晏及弟景、玄、機、雲，分領抗兵。……景字士仁，以尚公主，拜騎都尉，封毗陵侯。……景妻，孫皓適妹，與景俱張承外孫也。

盧弼集解曰：

張昭傳：「張承生女，孫權為子和納之。」孫和張夫人，見妃嬪傳，又見孫和傳。孫和、陸抗，皆張承之婿，故孫皓、陸景，皆為張承外孫也。

此爲孫氏婚姻政策所造成的一個複雜局面。然則吳四姓旣人多勢衆，據諸高位，出將入相，又復盤根錯節，其力量之疆大，可以想像得到了。

三

孫吳的覆亡，帶來了晉的統一，使兩個不同的文化，不同的社會，甚至於可說是兩個不同的世界，撤去了中間的藩籬，發生了正面的接觸。我在「永嘉前後吳姓與僑姓關係之轉變」文中，曾就南北的差異，南北的交惡，一直談到吳姓地位的轉變，對這整個事件的前因後果，作了個詳細的分析，當有助於了解此一時代。

在這一時期中，顧榮扮演了一極重要的角色，他成爲晉在喪失中原後，尙能在南方找到一立足點—王導「計」中的主角，晉書卷六十八顧榮傳：

元帝鎭江東，以榮為軍司，加散騎常侍，凡所謀畫，皆以諮焉。榮旣南州望士，躬處右職，朝野甚推敬之。（斠注：初學記十二王隱晉書曰：「當時後進，盡相推謝，稱榮有大才令望。」書鈔六十三晉中興書、吳郡顧錄曰：「於是朝野皆服，中興基此焉。」）

又卷六元帝紀曰：

永嘉初，用王導計，始領建鄴，以顧榮為軍司，賀循為參佐，王敦、王導、周顗、刁協，並爲腹心股肱，賀禮名賢，存問風俗，江左歸心焉。

不僅全力爲元帝謀畫，更安慰他們，世說言語篇曰：

元帝始過江，謂顧驃騎曰：「寄人國土，心常懷慙。」榮跪對曰：「臣聞王者以天下爲家，是以耿、亳無定處，九鼎遷洛邑，願陛下勿以遷都爲念。」

王導「計」之成功，由此可見。雖由王導之「計」，亦由顧榮之有此心意，始克臻此。而顧氏子孫之熱衷宦途，不僅忘却國仇家恨，且進而奴顏婢膝，逢迎左右，醜態百出，世說言語篇曰：

顧司空（和）未知名，詣王丞相（導）。丞相小極，對之疲睡。顧思所以叩會之，因謂同坐曰：「昔每聞元公（顧榮）道公協贊中宗，保全江表。體小不安，令人喘息。」丞相因覺，謂顧曰：「此子珪璋特達，機警有鋒。」

又雅量篇：

許侍中（璪）、顧司空（和），俱作丞相從事。爾時已被遇，遊宴集聚，略無不同。嘗夜至丞相許戲，二人歡極。丞相便命使入己帳眠。顧至曉迴轉，不得快熟；許上牀，便自咍臺大鼾。丞相戲謂諸客曰：「此中亦是難得眠處！」

又夙慧篇：

司空顧和，與時賢共清言。張玄之，顧敷，是中外孫，年並七歲，在牀邊戲。于時聞語，神情如不相屬。暝，於燈下，二小兒共敘客主之言，都無遺失。顧公越席而提其耳曰：「不意衰宗，復生此寶！」

顧氏子孫雖仍得處高位，而舊時門風，固已喪失殆盡。

在西晉，顧榮的處境雖壞，畢竟逃回了江東。或許由於處人，處世的作風不同吧！陸姓遭到了艱難。陸遜、陸抗這一支下來的子孫，陸機、陸雲、陸耽，以及陸機的兩個兒子陸蔚、陸夏，同時被害。舊目「陸忠」，孫吳亡於晉，而機、雲入洛。機、雲、耽等無辜見殺，天下痛惜，州里痛悼，而另一支的陸曄、陸玩，似無所動心，依然故我，宦途得意。以此較之顧氏，更下一等。晉書卷七十七陸曄傳：

曄少有雅望，從兄機每稱之曰：「我家世不乏公矣。」……元帝初鎮江左，辟為祭酒。尋補振威將軍，義興太守，以疾不拜。預討華軼功，封平望亭侯。累遷散騎常侍，本郡大中正。太興元年，遷太子詹事。時帝以侍中皆北士，宜兼用南人，曄以清貞著稱，遂拜侍中。徙尚書，領州大中正。明帝即位，轉光祿勳，遷太常，代紀瞻為尚書左僕射，領太子少傅，尋加金紫光祿大夫，代卞壼為領軍將軍，以平錢鳳功，進爵江陵伯。帝不豫，曄與王導、卞壼、庾亮、溫嶠、郗鑒並受顧命，輔皇太子，更入殿，將兵直宿，遺詔曰：「曄清操忠貞，歷職顯允，且其兄弟，事君如父，憂國如家，歲寒不凋，體自門風。既委以六軍，可錄尚書事，加散騎常侍。」成帝踐阼，拜左光祿大夫，開府儀同三司，給親兵百人，常侍如故。蘇峻之難，曄隨帝在石頭，擧動方正，不以凶威變節，峻以曄吳士之望，不敢加害，使守留臺。匡術以苑城歸順時，共推曄督宮城軍事。峻平，加衞將軍，給千兵百騎，以勳進爵為公。

陸士光之一生，但以吳士之「望」，遂得一路青雲直上。他如是，他的弟弟陸玩，又何嘗不是，同卷玩傳曰：

及蘇峻反，遣玩與兄曄俱守宮城，玩潛說匡術歸順，以功封興平伯，轉尚書令。……尋而王導、郗鑒、庾亮相繼而薨，朝野咸以為三良既沒，國家殄瘁，以玩有德望，乃遷侍中，司空，給羽林四十人。玩既拜，有人詣之，索盃酒，瀉置柱梁之間，呪曰：「當今乏才，以爾為柱石，莫傾人梁棟邪！」玩笑曰：「戢卿良箴。」既而嘆息，謂賓客曰：「以我為三公，是天下為無人。」談者以為知言。

此事亦見世說規箴篇，極可玩味，亦可證玩之至此，亦以吳人之故。然而陸士瑤能自知，亦屬難得。他雖熱衷宦途，亦自有他的風骨在，傳又曰：

王導初至江左，思結人情（世說方正篇作「欲結援吳人」），請婚於玩，玩對曰：「培塿無杉柏，薰蕕不同器。玩雖不才，義不能為亂倫之始。」導乃止。玩嘗詣導，食酪，因而得疾，與導牋曰：「僕雖吳人，幾為傖鬼。」其輕易權貴如此。

陸氏之處世如此，故常遭遇困厄，曄、玩兄弟，如不處於僑姓正需吳人助力之時，其不敗者幾希。

張氏情形又復不同，自三國，以至兩晉，雖史不絕書，除張溫外，似乎沒有什麼太傑出的人才，有着特殊的表現，而據有重要地位的。張氏在孫吳時，比之顧陸，己自不如。入晉，似更爲衰微。然而有一點是很有意思的，就是張姓與顧陸間的交往與婚姻頻繁，關係頗爲密切。我們已談到孫吳的情形，再看兩晉，晉書卷五十四陸雲傳云：

雲愛才好士，多所貢達，移書太常府，薦同郡張贍曰：「……伏見衛將軍舍人，同郡張贍，茂德清粹，器思深通。初慕聖門，棲心重仞。啓塗及階，遂升樞奧，抽靈匱於秘宮，披金縢於玄夏。思樂百氏，博採其珍。辭邁翰林，言敷其藻。探微集逸，思心洞神。論道屬書，篇章光觀。含奇宰府，婆娑公門。棲靜隱寶，淪虛藏器。聚裳襲錦，緇衣被玉，曾泉改路，懸車將邁。考盤下位，歲聿屢遷。搢紳之士，具懷憾恨。方今太清闢宇，四門啓籥，玄綱括地，天網廣羅，慶雲興以招龍，和風起而儀鳳，誠巖穴耀穎之秋，河津託乘之日也。而贍沈淪下位，羣望悼心，若得端委太學；錯綜先典，委纓玉階，論道紫宮，誠帝室之瑰寶，清廟之偉器。廣樂九奏，必登昊天之庭；韶夏六變，必饗上帝之祀矣。」

似此，張瞻之才亦屬普通，而陸士龍如此推薦，其交情也可知。又卷六十八顧榮傳：

……榮素好琴，及卒，家人常置琴於靈座。吳郡張翰哭之慟，旣而上牀，鼓琴數曲，撫琴而歎曰：「顧彥先復能賞此不？」因又慟哭，不弔喪主而去。

恆縱酒酣暢，謂友人張翰曰：「惟酒，可以忘憂，但無如作病何耳。」……榮素好琴，

事亦見世說傷逝篇。卷九十二張翰傳稱之曰：

張翰字季鷹，吳郡吳人也。……齊王冏辟為大司馬東曹掾，冏時執權，翰謂同郡顧榮曰：「天下紛紛，禍難未已。夫有四海之名者，求退良難。吾本山間人，無望於時。子善以明防前，以智慮後。」榮執其手愴然曰：「吾亦與子，採南山蕨，飲三江水耳。」翰因見秋風起，乃思吳中菰菜蓴羹鱸魚膾曰：「人生貴得適志，何能羈宦數千里，以要名爵乎！」遂命駕而歸。

則其人其事，與顧彥先之交情，亦並可考見。而張瞻、張翰，亦皆淡泊不求聞達。

至張氏與顧陸之婚姻，晉書卷九十六列女傳張茂妻陸氏傳曰：

張茂妻陸氏，吳郡人也。茂為吳郡太守，被沈充所害。陸氏傾家產，率部曲，為先

登，以討充。充敗，陸詣闕上書，為茂謝不剋之責，詔曰：「茂夫妻忠誠，舉門義烈，宜追贈茂太僕。」

世說文學篇：

謝太傅問主簿陸退：「張憑何以作母誄，而不作父誄？」退答曰：「故當是丈夫之德，表於事行；婦人之美，非誄不顯。」

注引陸氏譜曰：

退，張憑婿也。

又言語篇曰：

張玄之，顧敷，是顧和中外孫。

事亦見夙慧篇。除此以外，張氏子孫並努力學習中原以一切，世說二文學篇云：

張憑舉孝廉出都，負其才氣，謂必參時彥。欲詣劉尹，鄉里及同舉者共笑之。張遂詣劉，劉洗濯料事，處之下坐，唯通寒暑，神意不接。張欲發無端，頃之，長史、諸賢來清言，客主有不通處，張乃遙於末坐判之，言約旨遠，足暢彼我之懷，一坐皆驚，真長延之上坐，清言彌日，因留宿至晚。

舊目「張文」，張氏一門，本以文采勝，稍加學習，便成偉器，又夙慧篇：

司空顧和，與時賢共清言。張玄之、顧敷，是中外孫，年並七歲，在牀邊戲。于時聞語，神情如不屬。瞑，於燈下，二小兒共叙客主之言，都無遺失。

又言語篇曰：

張玄之、顧敷，是顧和中外孫，皆少而聰惠，和並知之，而常謂顧勝，親重偏至，張頗不懕。于時，張年九歲，顧年七歲。和與俱至寺中，見佛般泥洹像，弟子有泣者，有不泣者。和以問二孫，玄之謂：「彼親故泣，往不親故不泣。」敷曰：「不然！當由忘情故不泣，不能忘情故泣。」

故張氏拔起於劉宋以後，本非偶然。南史且以張裕、張邵兄弟，各爲一傳，並以其子孫附之(註八)，其盛且過於顧陸，卷三十一裕傳論曰：

張裕，有宋之初，早參霸政，出內所歷，莫非清顯，諸子並荷崇構，克舉家聲，其美譽所歸，豈徒然也。

卷三十二邵傳論曰：

有晉自宅淮海，張氏無乏賢良，及宋、齊之間，雅道彌盛，其前則云敷、演、鏡、暢，蓋其尤著者也。

觀此，亦可以知張氏所以光大的理所由在，不僅在有佳子弟，且多有心人。

而朱氏自晉以後，即從歷史舞臺的前臺消失無踪，沒有扮演過任何角色（註九），試觀兩晉南朝，吳郡四姓入正史列傳者，有如左表：

正史＼吳四姓	朱	張	顧	陸
晉書 一百三十卷 列傳七十卷		卷七十五、列傳四十五（列傳六、附傳十六）張憑傳 卷八十九、列傳五十九、忠義傳（列傳二十五、附傳二）張禕傳 卷九十二、列傳六十二、文苑傳（列傳十七）張翰傳	卷六十八、列傳三十八（列傳四、附傳一）顧榮傳 卷七十六、列傳四十六（列傳六、附傳五）顧衆傳 卷八十三、列傳五十三（列傳六、附傳九）顧和傳	卷五十四、列傳二十四（列傳二、附傳三）陸機、陸雲（弟耽、從父兄喜）傳 卷七十七、列傳四十七（列傳六、附傳四）陸曄（弟玩、玩子納）傳 卷九十六、列傳六十六、列女傳（列傳三十六）張茂妻陸氏傳
宋書 一百卷 列傳六十		卷四十六、列傳六（列傳四）張邵傳 卷五十三、列傳十三（列傳四、附傳二）張茂度（子永）傳 卷五十九、列傳十九（列傳四、附傳三）張暢傳 卷六十二、列傳二十二（列傳三）張敷傳	卷八十一、列傳四十一（列傳三）顧琛、顧覬之傳	卷九十二、列傳五十二、良吏傳（列傳七）陸徽傳
南齊書 五十九卷 列傳四十		卷二十四、列傳五（列傳二）張瓌傳 卷三十二、列傳十三（列傳六）張岱傳 卷三十三、列傳十四（列傳二）張緒傳	卷四十六、列傳二十七（列傳五、附傳一）（顧憲之）傳	卷三十九、列傳二十（列傳二、附傳一）陸澄傳 卷四十六、列傳二十七（列傳五、附傳一）陸慧曉傳 卷五十二、列傳三十三、文學傳（列傳十）陸厥傳

	朱	張	顧	陸
[南齊書]		卷四十一、列傳二十二（列傳二）張融傳 卷四十九、列傳三十（列傳二、附傳一）張沖傳		卷五十五、列傳三十六、孝義傳（列傳十六）陸絳傳
梁書 五十六卷 列傳五十卷		卷十六、列傳十（列傳三）張稷傳 卷二十一、列傳十五（列傳十、附傳三）張充傳 卷三十三、列傳二十七（列傳四）張率傳 卷四十三、列傳三十七（列傳五、附傳二）張嵊傳	卷三十、列傳二十四（列傳四）顧協傳 卷五十二、列傳四十六、止足傳（列傳三）顧憲之傳	卷二十六、列傳二十（列傳四、附傳一）陸杲傳 卷二十七、列傳二十一（列傳五）陸倕、陸襄傳 卷五十、列傳四十四、文學傳（列傳十四）陸雲公傳
陳書 三十六卷 列傳三十卷		卷二十一、列傳十五（列傳七、附傳一）張種傳 卷三十二、列傳二十六、孝行傳（列傳四、附傳一）張昭傳	卷三十、列傳二十四（列傳四、附傳二）顧野王傳	卷十八、列傳十二（列傳六、附傳一）陸山才傳 卷二十二、列傳十六（列傳三）陸子隆傳 卷二十三、列傳十七（列傳三）陸繕傳 卷三十、列傳二十四（列傳四、附傳二）陸瓊（子從典）傳 卷三十三、列傳二十七、儒林傳（列傳九、附傳四）（陸詡）傳 卷三十四、列傳二十八、文學傳（列傳十三、附傳三）陸琰（弟瑜、瑜從父玠、從父弟琛）傳
[南史]		卷三十一、列傳二十一（列傳一、附傳十一）張裕（子永、岱、岱兄子緒、緒子充、永子瓌、瓌子率、率弟盾、瓌弟稷、稷	卷三十五、列傳二十五（列傳四、附傳五）顧琛、顧覬之（孫憲之）傳 卷六十二、列傳五十二（列	卷四十八、列傳三十八（列傳三、附傳十四）陸澄、陸慧曉（子倕、孫繕、兄子閑、閑子絳、絳弟厥、厥弟襄、襄兄子雲公、雲

		子嵊、稷從子種）傳	傳六、附傳九）顧協傳	公子瓊、瓊子從典、瓊從弟琰、琰弟瑜、瑜從兄玠、從弟琛）陸杲（子罩）傳
南史 卷八十 列傳七十		卷三十二、列傳二十二（列傳一、附傳七）張邵（子敷、孫沖、兄子暢、暢子融、融弟寶積）傳 卷七十四、列傳六十四、孝義傳（列傳十七、附傳九）張昭（弟乾）傳	卷六十九、列傳五十九（列傳五、附傳三）顧野王傳	卷六十七、列傳五十七（列傳十八、附傳五）陸子隆傳 卷六十八、列傳五十八（列傳十、附傳一）陸山才傳 卷七十七、列傳六十七、恩倖傳（列傳十四、附傳三）陸驗傳 卷七十一、列傳六十一、儒林傳（列傳十九、附傳十）陸詡（陸慶）傳

一直要到隋大業中，才有朱大奢其人的出現，就書傳的記載來看，當爲吳郡吳人的朱氏子弟，舊唐書卷一百八十九儒學朱子奢傳：

朱子奢，蘇州吳人也。少從鄉人顧彪習春秋左氏傳，後博觀子史，善屬文。隋大業中，直秘書學士。及天下大亂，辭職歸鄉里。尋附于杜伏威，武德四年，隨伏威入朝，授國子助教。貞觀初，高麗，百濟同伐新羅，連兵數年不解，新羅遣使告急，乃假子奢員外散騎侍郎，充使喻，可以釋三國之憾，雅有儀觀，東夷大欽敬之。三國王皆上表謝罪，賜遣甚厚。初，子奢之出使也，太宗謂曰：「海夷頗重學問，卿為大國使，必勿藉其束修，為之講說，使還稱旨，當以中書舍人待卿。」子奢至其國，欲悅夷虜之情，遂為發春秋左傳題，又納其美女之贈，使還，太宗責其違旨，猶惜其才，不至深譴，令散官直國子學，轉諫議大夫，弘文館學士，遷國子司業，仍為學士。子奢風流縕籍，頗滑稽，又輔之以文義，由是數蒙宴遇，或使論難於前，十五年卒。

宋祁唐書卷一百九十八儒林傳亦著錄其事，而更加詳。這可說是僅有的特例，此後更不復見。唐書卷七十四宰相世系表朱姓條，亦未及吳郡朱氏之一支。則朱氏比較之他三姓的繁衍滋盛，著在史書，眞不可以道里計了。

四

吳四姓幾百年來的發展，前面已作了一個概括的叙述和比較分析。從這裏，我們也許可以了解到四姓的起伏，至少在表面看來，它們的際遇和表現，說明了四姓的盛衰。然而這還不够，它最多闡述了四姓的政治地位，而門第的高低，却代表了一種社會地位，「士大夫故非天子所命」（註十），本文最主要的目的，是要去探討和「永嘉前後吳姓與僑姓關係之轉變」不同的，也是更深一層的吳人精神領域，由普遍的意識觀念，所造成的社會層次面。因之，前面的叙述，只不過是爲了方便我們的解說，說明吳姓問題的根本癥結所在的手段而已。

宋祁在唐書卷一百九十九儒學柳沖傳中，指出開元初年，沖等奉詔刊定姓氏錄，後來，柳芳根據它寫爲專論，將天下姓氏區分五類，其中：

東南則為吳姓，朱、張、顧、陸為大。

柳氏所說的「吳姓」中最大的四姓，就是我們前面所談到的吳郡吳人的「吳四姓」，而這種「朱、張、顧、陸」的排名順序，却是後來演變成的形態，並不是一開始就如此的。這裏牽涉到一個問題，卽凡此有關吳四姓之排列，加以引錄於下，世說賞譽篇曰：

吳四姓，舊目云：「張文、朱武、陸忠、顧厚」。

注引吳錄士林曰：

吳郡有顧、陸、朱、張，為四姓。三國之間，四姓盛焉。

隋書卷三十三經籍志史部正史夾注曰：「晉有張勃吳錄三十卷，亡。」兩唐志並歸入雜史類，當卽指此。章宗源隋書經籍志考證卷十一云：「士林二字未詳，或其列傳標目。」然文選卷二十八陸士衡樂府吳趨行注引張勃吳錄則曰：

四姓，朱、張、顧、陸也。

以上諸家，按成書年時加以排列，可以考見吳郡四姓之排列先後順序，因年時的早晚，而有所不同：

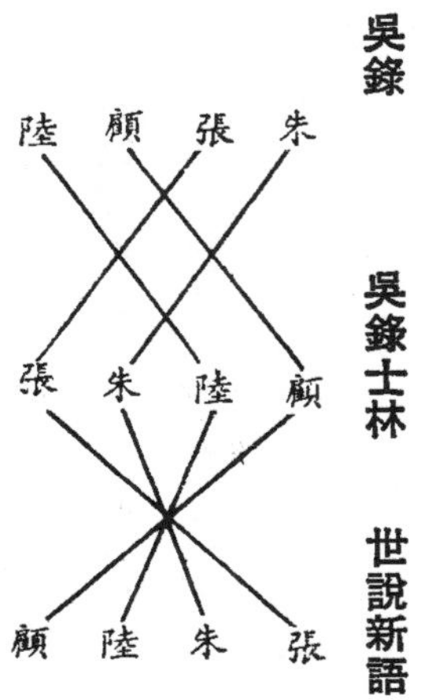

此表雖照成書年時加以排列，然與實在出現的年時中間尚有一段距離，值得商榷的，有以下數點：

一、張勃吳錄雖成於晉，然原書既亡，此條但爲唐李善注文選時引錄之文，似乎受唐人觀念之影響，不必爲原來的說法，故應該移後，視同後出之文。

二、吳錄士林「顧、陸、朱、張」的排列順序，確與孫吳時四姓之表現，與當時社會所給予之評價相吻合，故可視之爲較早之資料，而未經後人加以竄改者。

三、世說賞譽篇引吳四姓舊目，應屬較早的資料，「張文、朱武、陸忠、顧厚」初看似應自上而下，然而也未嘗不可從下而上的順序來看，我們在前面固已提到孫吳之時，顧、陸遠比朱、張大，可爲明證。如此則顧、陸、朱、張，與吳錄士林說法相同。如自上而下，亦可解釋爲自顧、陸、朱、張，轉變而爲朱、張、顧、陸的中間過渡排列形態。我們可以用圖甲、圖乙來說明這兩種變化：

（圖甲）吳錄士林　世說引舊目　文選注引吳錄

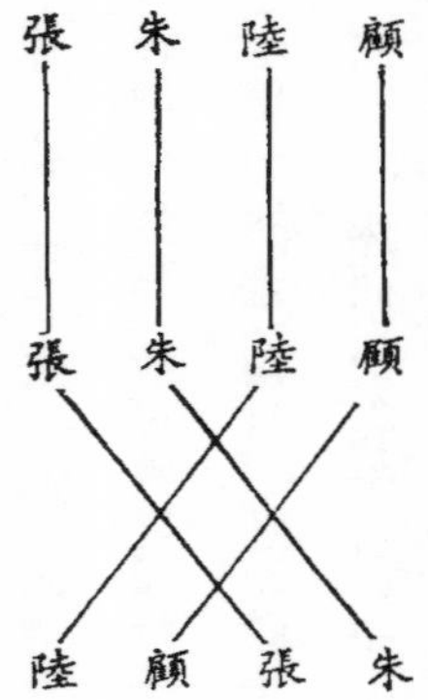

（圖乙）吳錄士林　世說引舊目　文選注引吳錄

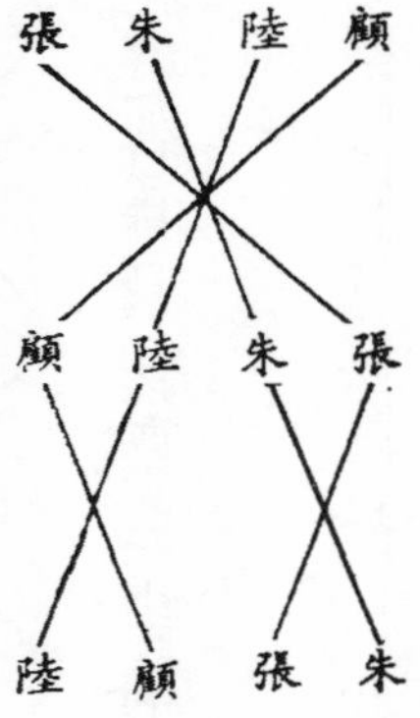

從前表，我們可以知道：

一、三國之時，四姓之排列順序為「顧、陸、朱、張」。

二、三國以後，唐以前，為轉變的過渡期。此一時期，更可縮小範圍，由張勃吳錄士林成書以後，宋臨川王義慶撰世說之前。

而至此以後，四姓之排列，定於「朱、張、顧、陸」，爲世人所共認的一種講法，我們有很多證據來支持這點。

就現存的所有唐代有關吳四姓的資料，其排名順序皆作「朱、張、顧、陸」，與文選卷二十八陸士衡樂府吳趨行注引張勃吳錄的四姓順序相符合。其中包括北平藏敦煌貞觀氏族志殘卷、倫敦藏敦煌發見新集天下姓望氏族譜殘卷等唐士大夫私修譜（註十一）；以及代表詔修譜的，見於宋祁唐書卷一百九十九儒學柳沖傳節引柳芳論著（註十二）、唐會要（註十三）。甚且下及有宋太平寰宇記、廣韻，亦採用此一排名順序（註十四）。

吳四姓排列順序的先後，由前面看來，可見並非一開始卽以「朱、張、顧、陸」形態出現的，而係演變的結果。我們亦會提到過，四姓的排列順序先後，並不是偶然的，而是當時的實情，當時人，當時社會一般的看法和認識，對於四姓所作的一種評價高低。可是，奇怪的是，當我們討論孫吳時代的吳四姓，他們的成就，和政治、社會地位，誠如吳錄士林所顯示的「顧、陸、朱、張」的形勢。然而至晉以後，顧、陸兩姓，才人輩出，盛況如前，而張姓仍微，朱姓甚且不見踪影，可是我們看當時的排名順序，却漸轉變，向着「朱、張、顧、陸」的路上走去。朱姓在孫吳覆亡以後，非但不見於諸正史的任何紀傳表志中，且亦不見於任何載籍中，唐雖有朱子奢其人，然是否吳郡四姓中朱姓的一支，還成問題，則朱姓該是衰微得退出歷史圈外了，然而在吳姓的排名上，却反而占據了第一位。南史卷八十侯景傳曰：

又請娶於王、謝，（武）帝曰：「王、謝門高非偶，可於朱、張以下訪之。」

可見至梁初，朱、張已在顧、陸之上（註十五）。這是一件事實，然而我們如何來解釋它呢？如何來解釋孫吳覆亡以後吳四姓排列順序何以同現實的一切正好相反呢？

現暫就有關的文獻中，探索其所以有如此演變的原因所在，以解釋此一現象：

一、所謂「吳四姓」本「吳」之社會加于「顧、陸、朱、張」者，四姓社會地位的高低，固然與四姓的事功有關，與四姓的政治地位，人才多寡有關，然既爲當時之社會所賦予之地位，自然亦可不必與之有關，全視當時社會對他們作爲的觀感和評價，而定其社會地位的高低上下。

二、孫吳之時，四姓社會地位，與四姓之事功，形成正比，證明當時社會，對孫吳政權的承認和尊重，而四姓子弟對本土的貢獻大小，決定他們排名順序的先後。

三、南北之間，先天的不同，加上後天學術思想的差異。三國之間的數十年鼎峙，政治的分野，加上吳亡以後，北人對南人的輕侮（註十六）。在在均加深了兩方的隔閡和鴻溝。晉室雖徵召了一些南士，對於南士，却未加以任何同情安撫的努力。兩方的隔閡和鴻溝，亦由是而愈來愈深，這爲未來發展演變的根本原因所在。

四、數百年中，顧、陸所以極盛，與他們子弟教養有關。他們文武兼修，而熱衷名利，這是他們的優點，亦是他們的缺點。文選卷四十四陳孔璋檄吳將校部曲文有云：「及吳諸顧、陸，舊族長者，世有高位，當報漢德，顯祖揚名。」此與顧、陸子孫後日仕於孫吳，兩事並不衝突（註十七），舊目且以爲「陸忠、顧厚」。而孫吳之對顧、陸，亦可謂至矣。然等到孫吳覆亡以後，二陸一顧相偕入洛，雖已在太康之末，距吳亡已十年；又受逼王命（註十八）。然對吳人來說，畢竟不易得到諒解，這與他們過去既忠於漢又忠於吳完全不是一件事。而這也不必說。等到顧、陸入洛後，又參預了八王之亂（註十九），結果三陸終以被誣事敗而枉見殺害，顧榮亦僅以身免。吳人對顧、陸之事，所引起的對中原反感，可從晉書王導傳，稱導勸琅邪王睿之國，「及徙鎮建康，吳人不附，士庶莫有至者」一事中，得到了一個證明。

五、琅邪王採王導之「計」，請出顧榮，用爲軍司，南人在不得不接受的情況下，算是接受了中原人。而晉始能立國江東，付出的代價，是開放了部分政權給南士，然只限於少數南士，在開始的幾年中，擔任了較高的職位，然到東晉末年，又復用稀（註二十）。至於其他吳人，甚至於吳士來說，却喪失了不少，而一無所得。晉書卷五十八周玘傳曰：「玘三定江南，開復王略，帝嘉其勳，以玘行建威將軍，吳興太守，封烏程縣侯。……玘宗族彊盛，人情所歸，帝疑憚之。于時，中州人士，佐佑王業，而玘自以爲不得調，內懷怨望，復爲刁協輕之，恥恚愈甚。時鎭東將軍，祭酒，東萊王恢，亦爲周顗所侮，乃與玘陰謀誅諸執政，推玘及戴若思，與諸南士，共奉帝，以經緯世事。……玘忿於廻易，又知其謀泄，遂憂憤發背而卒，時年五十六。將卒，謂子勰曰：『殺我者，諸傖子！能復之，乃吾子也。』吳人謂中州人曰傖，故云耳。」同卷勰傳：「常緘父言，時中國亡官失守之士避難來者，多居顯位，駕御吳人，吳人頗怨，勰因之欲起兵。……元帝以周氏奕世豪望，吳人所宗，故不窮治，撫之如舊。」南齊書卷五十二文學丘靈鞠傳曰：「丘靈鞠，吳興烏程人也。少好學，善屬文。……世祖卽位，轉通直常侍，尋領東觀祭酒，靈鞠曰：『人居官，願數遷，使我終身爲祭酒，不恨也。』永明二年，領驍騎將軍，靈鞠不樂武位，謂人曰：『我應還東，掘顧榮塚。江南地方數千里，士子風流，皆出此中。顧榮忽引諸傖渡，妨我輩塗轍，死有餘罪。』」三傳所言，雖皆吳人不得志憤激之言，亦可見北人之治江東，對南人之待遇，終不如北人遠甚，而內懷怨望者，當不在少數。吳士如此，一般吳人當更甚。故顧、陸愈盛，其社會地位反因此而愈下。

六、張姓之盛，在南朝以後，而四姓排列順序之變，主要在晉宋間，故張氏社會地位，反因晉世時之不顯，而高於顧、陸。

七、朱姓在孫吳，不過出將，舊目所謂「朱武」者。三國志卷五十六朱桓傳：「子異嗣；太平二年……爲孫綝所枉害。」評曰：「朱桓以勇烈著聞；……朱異……有將領之才，克紹堂構。若……桓之越隘，得以吉終；至於……異，無此之尤，而反罹殃者，所遇之時殊也。」又卷五十七朱據傳：「中書令孫弘譖潤據，因權寢疾，弘爲詔書，追賜死。……孫亮時，二子熊、損，各復領兵，爲全公主所譖，皆死。」評曰：「朱據遭罹屯蹇，以正喪身，悲夫！」故朱氏在孫吳之時，際遇甚慘。然至吳亡以後，却退出了歷史舞臺，晉書卷五十四陸喜傳曰：「有較論格品篇曰：『或問予薛瑩，最是國士之第一者乎？答曰：以理推之，在乎四、五之間。問者愕然請問，答曰：夫孫皓無道，肆其暴虐，若龍蛇其身，沈默其體，潛而勿用，趣不可測，此第一人也。避尊居卑，祿代耕養，玄靜守約，沖退澹然，此第二人也。侃然體國思治，心不辭貴，以方見憚，執政不懼，此第三人也。斟酌時宜，在亂猶顯，意不忘忠，時獻微益，此第四人也。溫恭修慎，不爲諂首，無所云補，從容保寵，此第五人也。過此以往，不足復數。故第二已上，多淪沒而遠悔吝；第三已下，有聲位而近咎累。是以深識君子，晦其明而履柔順也。問者曰：始聞高論，終年啓寤矣！』」朱姓之於三國以後，所以居四姓之首者，豈以不以忠目而實忠於孫吳，能「龍蛇其身，沈默其體，潛而勿用，趣不可測」乎！他姓之排名，亦可以此說而覘之。

八、因而我們可以知道，其根本在吳人痛恨傖人，陳寅恪氏東晉南朝之吳語一文中，指出「東晉南朝官吏接士人則用北語，庶人則用吳語。是士人皆北語階級，而庶人皆吳語階級」（註二十一），此所以愈與傖人交往合作之吳人，雖功業愈盛，其受吳人鄙夷亦愈甚，而社會地位自亦愈卑；反之，則愈高。故晉宋以後，四姓之排名，漸次轉變而成「朱、張、顧、陸」的順序了。

（註 一）按史記卷四十楚世家：「其長，一曰昆吾，二曰參胡，三曰彭祖，四曰會人，五曰曹姓，六曰季連，芈姓，楚其後也。」又國語鄭語：「祝融亦能昭顯天地之光明，以生柔嘉材者也。其後八姓，於周未有侯伯。佐制物於前代者，昆吾為夏伯矣，大彭，豕韋為商伯矣，當周未有。己姓：昆吾、蘇、顧、溫、董。董姓：鬷夷、豢龍，則夏滅之矣。彭姓：彭祖、豕韋、諸稽，則商滅之矣。禿姓：舟人，則周滅之矣。妘姓：鄔、鄶、路、偪陽。曹姓：鄒、莒，皆為采衛，或在王室，或在夷翟，莫之數也，而又無令聞，必不興矣。斟姓無後。融之興者，其在芈姓乎！」又帝繫：「顓頊娶于滕奔氏，滕奔氏之子謂之女祿氏，產老童。老童娶于竭水氏，竭水氏之子謂之高緺氏，產重黎及吳回。吳回氏產陸終。陸終氏娶于鬼方氏。鬼方氏之妹，謂之女隤氏，產六子，孕而不粥，三年，啓其左脇，六人出焉。其一曰樊，是為昆吾；其二曰惠連，是為參胡；其三曰籛，是為彭祖；其四曰萊言，是為云鄶人；其五曰安，是為曹姓；其六曰季連，是為芈姓。……昆吾者，衛氏也；參胡者，韓氏也；彭祖者，彭氏也；云鄶人者，鄭氏也；曹姓者，邾氏也；季連者，楚氏也。」參見李玄伯師中國古代社會史（一）頁一六—二五。

（註　二）如劉節氏中國古代宗族移殖史論，李玄伯師中國古代社會史，各自發揮其獨特之見解，以解釋古史者皆是。

（註　三）世說賞譽篇曰：「有問秀才，吳舊姓何如？……」「舊姓」者，舊有門第也。

（註　四）崔豹古今註卷中、蘇鶚蘇氏演義卷上並謂「吳趨曲，吳人歌其地也」。姜亮夫陸平原年譜，定此為入洛後所成，然不能確知年時，並曰：「初入洛時，見輕中原，乃為此以自況也。」見年譜頁九七。

（註　五）宮川尚志氏云：「丹陽郡は吳、會稽と並び所謂三吳の地であるが，吳代では人物あまり盛んでない。吳代では三吳よりも吳會の連稱の方が目立つ。孫權が秣陵に都を移したのは吳の大族の干涉を避け新天地を求めたものと解しうる。（岡崎文夫魏晉南北朝通史）故鄣の朱治（一一）、句容の何遂（同四孫和何姬父）が列傳に見える外，紀陟（三）、刁玄（三）がある。」見宮川氏六朝史研究政治、社會篇頁二四三。按三吳大姓，吳四姓居首。如岡崎、宮川兩氏此說能成立，當與吳四姓有着極密切的關係。

（註　六）這裏所說的「宗人」，如世說任誕篇所謂「諸阮皆能飲酒，仲容（阮咸）至宗人間共集，不復用常盃斟酌，以大甕盛酒，圍坐相向大酌」之「宗人」。

（註　七）此謂前此張昭主迎曹操事，見三國志卷五十二張昭傳，永嘉前後吳姓與僑姓關係之轉變有詳細的分析說明。

（註　八）李延壽南史，合宋、齊、梁、陳書而為一，中經裁削，體例亦異。或以為南史書法之失，有傳一人，而其子孫皆附傳內，此雖本史記世家之例，然列傳各因其人之可傳而傳之，自不必及其後裔，間有父子祖孫各可傳者，則牽連書之。南史則傳一人，而牽連其子孫，並及子孫之仕於列朝者。故王鳴盛十七史商榷譏其以家為斷限，而不必以代為斷限，此撰家乘，而非修國史也。參考楊家駱師廿五史述要頁一三七—八。

（註　九）毛漢光氏兩晉南北朝士族政治之研究上冊頁三八—四一亦提出此點，然引證，說明有值得討論之處甚多。

（註　十）南史卷三十六江斆傳語。

（註十一）參考毛漢光氏敦煌唐代氏族譜殘卷之商榷，中央研究院歷史語言研究所集刊第四十三本第二分頁二五九—二七六。

（註十二）柳沖傳曰：「初，太宗命諸儒譔氏族志，甄差群姓。其後門胄興替不常，沖請改修其書。帝詔魏元忠、張錫、蕭至忠、岑義、崔湜、徐堅、劉憲、吳兢及沖共取德功時望國籍之家，等而次之，夷蕃酋長，襲冠帶者，析諸別品。會元忠等繼物故，至先天時，復詔沖及堅、兢，與魏知古、陸象先、劉子玄等討綴，書乃成，號姓系錄。……開元初，詔沖與與薛南金復加改竄，乃定。後柳芳著論甚詳。」足證芳論實代表詔修譜。

（註十三）唐會要卷三十六氏族條，節引柳芳論著的說法，未加改易，是仍屬此一系統。

（註十四）參考池田溫氏唐代の郡望表—九、十世紀の敦煌寫本を中心として，東洋學報第四二卷第三、四號。

（註十五）毛漢光氏以為「梁武帝語中，朱張與王謝相對稱，王謝既明顯是僑姓的第一二位大士族，極易推想朱張為吳姓的前二位大士族」，頗懷疑其真實性，不知當日朱張社會地位已在顧與陸之上，見毛氏兩晉南北朝士族政治之研究上冊頁四十夾註。

（註十六）參見拙文永嘉前後吳姓與僑姓關係之轉變。

（註十七）參見拙文永嘉前後吳姓與僑姓關係之轉變。

（註十八）參考姜亮夫陸平原年譜。

（註十九）參見晉書卷五十四陸機及陸雲傳、卷六十八顧榮傳暨斠注，並參考姜亮夫陸平原年譜。

（註二十）參考萬斯同東晉將相大臣年表、東晉方鎮年表，秦錫圭補晉執政表、補晉方鎮年表，諸表並收入二十五史補編中。

（註二十一）此文原刊中央研究院歷史語言研究所集刊第七本頁一—四，今收入陳寅恪先生論集頁三五〇—三五三。

（原載「國立政治大學學報」二十七期，民國六十二年五月）

五、南朝的門第

爲了敍述方便起見，這裏所謂的「南朝」是廣義的，除了宋、齊、梁、陳外，還包括東晉在內，（註一）自紀元四世紀至六世紀，近三百年的時間。而我們所要談的「門第」，却是狹義的，僅就中原渡江南下的門第，唐人稱之爲「僑姓」（註二）的來說，並不包括南方舊有的門第——「吳姓」（註三）然就此已所及甚廣，難以詳細言說，只能就其發展的大概趨勢作一簡略的介紹。

今天因爲科學的極度發展，交通工具的日新月異，天然障礙的日漸消除，空間相對地縮小。可是，在古代，天然障礙所帶給人類的困擾，却在人們心中投下一個難以克服的陰影。舟車的發明，雖然解決了一些問題，橫亙在他們前面的，依然是困難和危險重重。多少年來，我們祖先所開創的文明，主要在於中原一帶。可是江東呢？吳、越的興起也快，衰亡也快，談不到對文化有多少的貢獻和助力可言。就文化的比較上來看，是落後中原太多。自然而然的，在文明程度高出很多的中原人看來，這些地方不過是蠻夷之邦。尙書禹貢九州之一的揚州，「厥田惟下下，厥賦下上錯」，這不能說是卑視，而是實情如此。這是一塊地形、氣候與出產，同中原全然不同的土地，多河川湖泊丘陵，而少大平原；多雨潮濕而溫暖，而不是乾燥陰寒；多魚蝦，而少牛羊。在那些中原人看來，這眞是一塊奇怪的、貧瘠的，也是難於適應的土地。

在秦、漢大一統的局面下，江東一帶接受中原文化的過程是緩慢的，却始終沒有中竭過，時間一天天地過去，漢文化確已經在這一塊土地上生了根。

我們可以從一些特定的，而足以代表漢人的學術項目，來說明這一點。這就是易學。而除易學之外，漢人對于天體的討論也是很流行的。自淮南子的天文訓開始，以至劉向、揚雄、桓譚、張衡、王充、鄭玄等，皆曾著論論之。除張衡外，各家天體說，大半紙上談兵，憑空想像，與其說是科學的，不如說他們是哲理的，想當然的。

而江東一帶，正承襲了這一傳統。

孫吳時，江東有好幾家易注出現，像陸績的注京氏易傳，虞翻的易注，及陸績外甥姚信的易注，從張惠言易義別錄的分析，指出此三家易注皆上承漢孟氏易。至于天體論，陸績有渾天圖。其他如吳王蕃、劉洪乾、葛衡，並主渾天；姚信也有昕天論。（註四）而入晉以後，江東人論天體者仍有數家，這與入晉以後，江東人在經學研究中，仍恪守漢儒家法，可以當作一件事來看。（註五）

江東學風，在經過長時間的學習以後，一遵漢儒傳統，而沒有稍加改易的時候，中原本身的學風，却有了一革命性的變化，這自然不是在短暫的時間中所發生的特變，而是經過了一個很長時間的醞釀，再加上强大外力所造成的結果，這就是玄學與而談風起。

先是，東漢末年，董卓之亂，不過十年之間，爲漢文化中心的兩京，並皆一空。推動漢家學術思想主流——經學的兩京，既遭受到如此極度的破壞和摧殘，而不是暫時性的中斷，此一變化，使天下所共仰的京師，對于地方，不再有控制、拘束和影響力了。

而促使學術思想不得不變的第二個原因，是曹操的用人政策。不尙德行，而重進取。他在建安八年（二〇三）、十五年（二一〇）、十九年（二一四）、二十二年（二一七）四次求才令中，明白地表示他對當時重名輕能風氣的極度厭惡。而數百年來人們的精神依托，於今被曹操破壞了。他却並沒有能拿出另一套來代替它，這是最重要的。在這動亂的時代，使得人們一方面是徬徨，沒有信仰，也無所依賴；另外一方面，却也解脫掉數百年來思想上的鎖鍊和羈絆，人們開始可以盡情地去想，沒有人會來干涉。前此在獨尊儒術政策的陰影下，諸子之學不過是一道暗流，而今得以重見天日。學術思想自由的空氣，不僅帶給人們可以自由思想的權利，也帶給了人們自由思想、盡情思想、和創新思想的信心。

當漢魏之際，京師既因重才不重德，激起了一連串關于名實才性的討論。而在魏都之外，却因經過長時期的變亂，經學雖仍受崇尚，已失去它的向心力，和足够維繫人心的力量。荀粲可以算是一個對傳統學術思想反動的代表人物，在他看來，六經不過是聖人之學的糠粃，他的離經叛道思想，因他太和初年（二二七）的入京，使京師之人，受到了極大的刺激。知道學問不在於儒術經學之中，不在現實世界所能得到印證的名實問題之中，而在性與天道之中，更在象、意之外。

何晏同王弼，在這期間，扮演了極重要的角色。這時，新的談論方式，也漸漸爲人們所普遍接受。這卽是美音制的談論，與乎論難的合流。何晏以吏部尙書的地位，使談論成爲一時的風氣。而何晏對論語、王弼對易、老子的新解釋，更使正始（二四〇——二四九）成爲談風最盛，也是談論技巧，內容達到最顚峯的時代。他們樹立了言辭簡至不煩的標準，同時採取了用道入儒的言論。（註六）

這一時期的中原，不僅在學風方面有了革命性的變化。在社會風氣方面，也同樣地與前截然有異，此卽風俗的敗壞。（註七）既無傳統的無形拘束，亦無法律的明文制裁，對天下，對自己既感絕望，對人生、對未來亦失去了信心，擺脫名教，而自命通達，形成風氣。諸如此者，在吳人看來，中原實已走上邪途，中原人被稱爲「傖人」(註八)，不無輕視之意。可是，在中原人看來，南人不論從那方面來說，都是顯得太蔽塞落伍了，簡直可以說是早已跟不上時代了。因此，我們知道，南北的差異，不僅是由於土地、氣候、出產，甚至於方言、習俗的不同，而且在魏晉以後，由於中原學術思想的驟變，更造成了心靈上的隔閡，這眞可說是一個時代的悲劇。何況，在中原人看來，事實上也說明了吳人是戰敗者，被征服者，更顯示出南方之不如中原。這使得中原人在言行舉動上，處處表明了他們的優越點，這也是使吳人感到受不了的。在孫吳覆亡後，去到洛中的，很有些南士的舊家大族，極負時譽的，像蔡洪、顧榮、陸機、陸雲兄弟等，都受到中原人士的故意羞辱。(註九)而當陸機兄弟等由於本身才力，攀登高位以後，自然地引起了中原人强烈的反應，而機、雲兄弟子姪且因此受害。(註十)吳人對中原本無多大好感，「自謂失地，用懷不靖」(註十一)，更加受辱，受害，怨讎更深。然而晉室既有天下，人衆兵强，吳人雖有所不滿，亦無可奈何。而這種南北的隔閡和交惡，隨時日而增長，當北方亂象已萌，王導勸琅邪王睿「徙鎭建康，吳人不附，月餘，士庶莫有至者」(註十二)，吳人與琅邪王本無恩怨之可言，只因他是北人之故，「吳人不附」一句，道盡吳人痛恨北人之心。而琅邪王自己亦有「寄人國土」之感慨(註十三)，吳土早爲晉有，在中原人的心目中，却視同異國。而今，琅邪王却帶着他的部屬，來到了南方。而這時的吳人，正在痛恨北人的顚峯時代，不僅是陸機兄弟子姪的被殺，也由於三吳舊家大族子弟這些年來的際遇，更是由於孫吳覆亡以後，吳人的身受亡國之痛。從另外一方面來說，南人具有的兩漢經學舊傳統舊風氣，與而今北人的新學風、新的談論風氣，甚至於新的處世態度、新的道德標準，是如此的不同，而今，也正面地發生了接觸和衝突。

門第，雖然一般學者主張東漢時已漸形成，然而就現有的材料來看，魏晉門第仍屬一種早期的形態，數目不會很多。雖然在九品中正制度中，享受了不少特權，得到了一些實利，却爲衞瓘、劉毅輩所攻擊。（註十四）從門第在一般人心目中的地位來說，他們是得不償失的。何況，在這期間，他們沒有什麼表現可言，故其歷史地位亦不顯著。可是當五胡亂起，面臨國家民族存亡的關頭時，這些門第的表現，却令人耳目一新，刮目相看，他們拋棄了多少年來，多少世代所建設經營的家園，少者一人，多者連同宗族鄉黨，奔向南方。南方在他們的觀念之中，無疑另一國土。其水土，其出產，他們難相適應；其人民，其文化，更非他們平夙所尊重者，然而到此關頭，「永嘉流人」却毫不考慮地投向這不可知的未來，毫不猶豫地接受可能到來的一切際遇，而不願接受異族的統治。對于抱觀望態度者，則受到整個僑姓社會的鄙視，像楊佺期，系出弘農華陰楊氏，卽以「晚過江」，受到排抑。（註十五）「晚過江」是決定楊佺期社會地位高下的最重要因素；而王，謝之所以門高，亦與兩家在東晉時期之表現有關。

王導在此一大變局中，擔當一舉足輕重的地位。他很早就看出中原的危機，而勸琅邪王睿移鎭，這是開後日晉室中興的關鍵。我們已講過，這時正是南北交惡的顚峯，北人何嘗願立國江東，然而事實又被迫而處此，故問題遂轉而爲吳人是否願接受他們，這才是重要的一點。而如此一個難題，琅邪王睿却能在王導的指導和輔助下，輕而易舉地解決了，這眞可說是一個奇蹟。王導的「計」(註十六)是恩威並用，用「吳」制「吳」(註十七)，而中原人所付出的代價，則爲政權的開放，與吳人共享。王導雖然解決了使中原人能在中原既已喪失，尙能在江東立足的一個難題，接着而來的問題，是如何解決南渡的這些中原人物質與精神上的需要，使他們能安定下來。這批中原門第，成爲永嘉流人的中堅，他們所代表的，不僅是人口的流動，且是象徵着中原文化的向南遷移。他們爲了不願受異族之統治，投向這不可知的異土時，其內心之惶恐不安，遠非吾人之所能想像。王導既居丞相之位，肩負責任之重，亦是難以想像的。王導除了招納吳人，使吳人願意接受南下江東的這羣中原人之外，更得對中原人作一安排，使他們能在最短時間內安頓下來，這不僅需要物質上的，更需要心靈上的、精神上的妥善安排。我們眞正難以想到有比王導拿得出更好的辦法來的！

東晉開始設置僑州郡，以安置這批渡江南下，寄寓江左的「僑人」，史傳雖沒有明確地指出它的時間，和倡議的人，不過從晉書地理志的記載（註十八）看來，可能也是王導的傑作。從這開始，計先後僑立之郡，可考者爲八十一，僑置之縣，可考者二百三十六。（註十九）他們占山占水，却不須納正常之賦稅，服正常的傜役，對編戶的土著來說，他們是一羣特權的階級。王導爲政，一方面「務在清靜」（註二十）；另一方面，却率先領導，重開談坐。（註二十一）使南渡的中原人士，完全忘却身在異國，身心皆安頓下來。王導之功，是爲中興第一（註二十二），沒有人會否認的。

而當時北方，已成五胡天下。經過五、六十年的混亂，氐人苻堅，總算是統一了北方。然而他仍感覺不厭心，遂於王猛死後，在東晉孝武帝太元八年（三八三），起兵南下，宣言「以吾之衆，投鞭於江，足斷其流」（註二十三），以苻堅八十多萬之兵力，挾統一北方之餘威，自可大言。而當時晉兵却不足八十萬，陳郡謝安時爲相，安弟石爲大都督，兄奕之子玄爲前鋒都督，安子琰爲將以禦之。在兵力如此懸殊的局面下，人心自是惶惶，謝安爲了安定人心，外表故作鎭定。（註二十四）沒想到淝水一戰，晉人居然大勝。漢人遂能在中原盡喪之後，在南方尚有立足之地，以此，陳郡謝氏遂得與琅邪王氏同爲江東僑姓門第之首。而我們從王、謝之崛起，與楊佺期之被排抑，永嘉流人之南下等事合而觀之，則知門第自有他的內在精神在。門第既為社會之產物，其地位之高下，全視社會所給予之評價，而社會所給予評價之高下，則全視門第對國家民族之貢獻而定。

故東晉之所以能立國，可說是全靠門第，這自然得付出相當的代價。只是這時為門第社會，而非封建社會，故東晉立國與東周不異，而結果稍異，即君權下移於門第，而非諸侯。所以東晉的門第，享有的特權，比之渡江以前的西晉為更多。他們可以自由地占山封水，僑人不編戶，不但隨附他們而來的部曲宗黨，蒙其庇護，藉以逃避課役，且後至流民，逋逃人犯，亦多寄居大姓為客。他們既無需繳納正常之賦稅，服正常之徭役，只需任意捐納一些，也就可以了。由於這些不編戶的僑人數目龐大，自影響到朝廷的收入。朝廷屢次下令土斷，即是想把他們納入編戶，自不為僑人所歡迎，而從朝廷的三令五申，也可以考見土斷的成效為如何了。土斷既不能順利地推行，朝廷自然而然地既無錢又無兵，一旦有事，還得求這些門第出錢出兵。經濟上此，而政治上呢？九品中正制既保障了他們出仕的優遇，實際上，政權本來就操縱在他們手裏，在東晉的一百年，門第中人相繼秉政，把持朝廷，不僅出將入相而已。天子名義上有天下，而這些門第才是實際上的主宰，不是說晉室願意如此，而是情勢如此，主客易位，以前臣民靠君主，而今君主靠臣民，這是一個顯明的事實。在元、明時代（三一七—三二五），王導、王敦在位，「時王氏彊盛，有專天下之心」（註二十五），

「時人爲之語曰：『王與馬，共天下。』」（註二十六）到了成，康時代（三二六—三四四），又有庾亮、庾冰，不僅專擅朝政，且左右康帝之繼位（註二十七）。到穆帝以後，直到簡文帝時代（三四五—三七二），桓溫且被修晉書之唐史臣諷以爲「政由桓氏，祭則寡人」（註二十八）。孝武帝時代（三七三—三九六）則有謝安眞「兼將相於中外，系存亡於社稷」。（註二十九）至安帝初年（三九七），桓玄「自謂三分有二，知勢運所歸，屢上禎祥，以爲己瑞」（註三十）

百年以來，政權不出琅邪臨沂王氏、潁川鄢陵庾氏、譙國龍亢桓氏、陳郡陽夏謝氏四家之外，政出私門，權去公家，京兆韋華對姚興說：「晉主雖有南面之尊，無總御之實。宰輔執政，政出多門。權去公家，遂成習俗。」（註三十一）沈約亦稱「晉自社廟南遷，祿去王室。朝權國命，遞歸臺輔。君道雖存，主威久謝」。（註三十二）

門第固然取得了諸方面的特權，然而「朝權國命」豈是易把持的麼？在如此一個時代，如此的一個局面的環境，隨着特權來的，是責任！無比的責任！國家和民族的維繫於不墮，眞是談何容易。誠如前面所說：「兼將相於中外，系存亡於社稷。」權利和義務是不可分的，當我們條擧門第所享有的特權時，也該想想他們肩任之重，他們並不是不勞而獲的。

而劉宋是一個轉捩點。大門第在東晉雖然把持了朝政，在政、軍、經幾方面，享有特權，然而自有他們的貢獻，洪邁認爲東晉將相權重爲能自保之理。（註三十三）實際上，沒有這些大門第，司馬氏能否尚有其江山，保有其江山，甚至於漢族之能否在五胡雲擾之餘，保有一席之地，維繫其生機而不墮，眞是有問題的。可是等到劉裕代晉而有天下，以一寒人，自雅不願門第之仍握有兵權，以脅至尊。是以非但不欲門第出守重鎭，且進而遞奪其兵權。(註三十四)然而除此之外，其他的特權却不受影響。門第因兵權之被奪，遂而也同時擺脫對國家民族之責任心，而渡其逍遙的歲月了。

談到宋、齊、梁、陳四朝，我們可以給予一種粗泛的背景說明：第一、是政局不穩。試加以考察，宋八主六十年，齊七主二十四年，梁四主五十六年，陳五主三十三年，合計四朝，不過一百七十三年，朝代更迭如許快速，政局之不穩可見。第二，是君主荒淫。別的不說，就四期之廢帝來看，宋二，齊三，陳一，他們之被廢，主要原因就是荒淫無道，從四朝正史諸帝紀中很淸晰的描敍說明他們確是咎由自取。第三，是政治腐敗。當時不僅君主多荒淫之輩，大臣亦不理實務，權力往往落在典籤等小人之手(註三十五)，在如此情形之下，政治之腐敗而不上軌道，自爲當然之理。

我適才也提到過，這時的門第，已喪失了他們所保有的兵權，同時，也喪失了他們對國家民族的責任心。在此國家民族多難的時代中，他們把他們生活的目標，從國家民族轉到了家族門戶，從大我轉到了小我。他們不再講忠，他們講孝悌，講崇祖，這些德目雖然從漢晉下來一直爲當政者所崇尙，然而却不會像而今之特別强調標明。他們要維護他們尙有的特權，他們要保持家族門戶生命財產的完全，將之擴充，延續下去。如果這也算是一種理想的話，那就是此一時代門第中人所追求嚮往的理想。

他們重的是敦厚退讓，戒輕薄，父兄誡子弟，莫以萬石家風相激勵。（註三十六）他們不得罪當道，在這朝代更迭，篡弑頻仍，公卿大臣皆無殉國之情，只有保家之念。由於他們此一念，故與新朝合作無間。因此，改朝換代的結果，是使他們更上層樓，藉機升遷。（註三十七）褚炤譏之，以爲朝代更易，門第中人職司授璽，無異將一家物與一家，亦復何謂。（註三十八）馬仙琕且自謂如失主犬，後主飼之，便復爲用。（註三十九）偶而有一二耆舊，不忍遽背故君者，卽已嘖嘖人口，謂之忠臣，（註四十）此卽當時門第「保妻子，愛性命」（註四十一）之道。

南朝門第，到梁侯景之亂時，遭遇到一次嚴重的打擊。多少年來，南朝門第一直在順境中，敗象早成，只是沒有顯現罷了。經此一亂，加速了門第的衰微。昔日，門第中人引爲自豪的，爲社會所着重的，是他們有敎養，是他們忠於國家民族而不計犧牲小我的精神。可是而今呢？「梁朝全盛之時，貴游子弟，多無學術」，「明經求第，則僱人答策；三九公讌，則假手賦詩」。（註四十二）此與兩晉之時，門第子弟之學養，成一極端之對照。而「貴仕素資，皆由門慶，平流進取，坐至公卿」（註四十三）的結果，「所謂高門大族者，不過雍容令僕，裙屐相高，求如王導，謝安柱石國家者，不一二數也」，（註四十四）上者如此之不同，下者亦然。而且「梁世士大夫，皆尚褒衣博帶，大冠高屐，出則車輿，入則扶持，郊郭之內，無乘馬者，及侯景之亂，膚脆骨柔，不堪行步，體羸氣弱，不耐寒暑，坐死倉猝者，往往而然」（註四十五），如此嬌生慣養，遇到兵荒馬亂之時，自然難以避免了。以上所說，固然可以說明門第之衰微，所來有自。而在外來的打擊來到時，顯示出他本身的脆弱，經不起考驗。物先自腐，而後蟲生。然而我覺得南朝門第之所以衰微的最重要原因，是門第精神的喪失。門第之有他們的地位，是受社會的公認，是經過長時間的特出表現而獲致的，這是一種社會地位。這些士族，除了有着良好的教養學識，有着良好的家世外，更有他們獨特的精神，卽忠於國家民族，爲國家民族貢獻其一己之力量，以此，門第始有其存在的價值，始爲社會大衆所尊重。然而到劉宋以後，這些門第，除了有一個良好的家世，保有政治和經濟上的一些特權，用婚姻和交往，維持一個門第的空架子外，一無所有了，談不到學識能力，談不到貢獻一己於國家民族及社會，反而出賣故主，以謀個人之騰達，家族之興旺，如此做法，除了換取社會之輕視鄙夷外，還能有些什麼呢？門第既爲社會所加予而取得了它的地位，社會能重之亦能輕之，則被社會所輕視鄙夷的結果，門第自不復成爲門第了，這才是南朝門第之所以衰微的關鍵所在。

（註一）這一段時期，近人有稱之為「五朝」的，參見毛漢光五朝軍權轉移及其對政局之影響，清華學報，新八卷第一二期合刊頁二四八。

（註二）「僑姓」之名，最早見於柳芳之論姓氏，宋祁唐書卷一百九十九儒學柳沖傳。故可視之為唐朝人的說法。

（註三）關于「吳姓」，作者另有專文討論。

（註四）參考唐長孺讀抱朴子推論南北學風的異同，魏晉南北朝史論叢頁三六四，及拙著魏晉思想與談風頁一八五—一八九。

（註五）可參看晉書卷十一天文志、卷九十四隱逸魯勝傳，又卷六十八賀循傳、楊方傳、卷七十八孔坦傳、卷八十二謝沈傳、卷九十一儒林虞喜傳，及各傳有關之斠注。

（註六）以上討論玄學興而談風起的一段，取材於拙著魏晉思想與談風「二　漢魏思想之變因」、「三　談論之早期發展」、「四　正始談風」三章。

（註七）參考世說任誕第二十三。又劉大杰魏晉思想論頁一三〇—一三七、頁二〇七—二一二、頁二一八—二二〇，及拙著竹林七賢研究、魏晉思想與談風均有所論及，並可參看。

（註八）吳人以中州人為「傖人」，雜見世說等書。世說雅量篇楊勇校箋曰：「傖，鄙夷之稱，亦曰傖人，傖父。余嘉錫釋傖楚：『傖楚之名，大要起於魏晉之間，蓋南朝大夫鄙夷江淮以北之人，而為之目者也。』」見頁二七六。

(註　九)可參看世說言語、方正、簡傲諸篇，又晉書諸人傳。

(註　十)晉書卷五十四陸機、陸雲傳，亦見於三國志卷五十八陸抗傳注。

(註十一)晉書卷四十六劉頌傳引頌在淮南上疏疏中語。

(註十二)見晉書卷六十五王導傳。

(註十三)見世說言語篇。

(註十四)見晉書卷三十六瓘傳、卷四十五毅傳。

(註十五)見晉書卷八十四楊佺期傳。

(註十六)晉書卷六元帝紀卽言「永嘉初，用王導計，始鎮建鄴。以顧榮為軍司，賀循為參佐，王敦、王導、周顗、刁協並為腹心股肱，賓禮名賢，存問風俗，江左歸心焉」，明言王導之「計」。又參見註十七。

(註十七)晉書卷六十五王導傳曰：「及徙鎮建康，吳人不附，居月餘，士庶莫有至者，導患之。會敦來朝，導謂之曰：『琅邪王仁德雖厚，而名論猶輕。兄威風已振，宜有以匡濟。』會三月上巳，帝親觀禊。乘肩轝，具威儀，敦、導及諸名勝皆騎從。吳人紀瞻、顧榮，皆江南之望，竊覘之，見其如此，咸驚懼，乃相率拜於道左。導因進計曰：『古之王者，莫不賓禮故老，存問風俗，虛己傾心，以招俊乂。況天下喪亂，九州分裂，大業草創，急於得人者乎！顧榮、賀循，此土之望，未若引之，以結人心，二子旣至，則無不來矣！』帝乃使導躬造循、榮，二人皆應命而至。由是吳會風靡，百姓歸心焉。自此之後，漸相崇奉，君臣之禮始定。」對王導恩威並用，用計之前後，有很清楚的描敘，與註十六引卷六元帝紀可參看，相互發明。

(註　十八)晉書卷十五地理志曰：「自中原亂離，遺黎南渡，並僑置牧司。」顯然開始設置於南渡之初。

(註　十九)程發軔，中國歷史地理兩晉篇，中國歷史地理頁二四—二五。

(註　二十)晉書卷六十五王導傳語。

(註二十一)見世說文學篇。

(註二十二)同註二十。

(註二十三)晉書卷一百十四苻堅載記中語。

(註二十四)參見世說雅量篇，及注引續晉陽秋。

(註二十五)晉書卷六十五王導傳語。

(註二十六)晉書卷九十八王敦傳語。

(註二十七)晉書卷七成帝紀、康帝紀、又卷七十三庾亮傳、六十五王導傳。

(註二十八)晉書卷九太宗簡文帝紀史臣語。

(註二十九)晉書卷七十九謝安傳史臣語。

(註　三十)晉書卷九十九桓玄傳語。

(註三十一)見晉書卷一百十七姚興載記。

(註三十二)見宋書卷三武帝紀史臣語。

(註三十三)見洪氏容齋隨筆卷八東晉將相條。

(註三十四)可參閱宋書卷六十八南郡王義宣傳、卷七十八劉延孫傳，又毛漢光五朝軍權轉移及其對政局之影響，清華學報新八卷第一、二期合刊頁二七四。

（註三十五）參看趙翼廿二史劄記卷十二齊制典籤之權太重條。

（註三十六）參看錢穆師略論魏晉南北朝學術文化與當時門第之關係，新亞學報五卷二期頁四六，頁五四—五六。

（註三十七）趙翼廿二史劄紀卷十二江左世族無功臣條、陔餘叢考卷十七六朝忠臣無殉節者條並可參看。

（註三十八）見南史卷二十八褚炤傳。

（註三十九）見梁書卷十七馬仙琕傳。

（註　四十）陔餘叢考卷十七六朝忠臣無殉節者條語。

（註四十一）南史卷二十八褚彥回傳語。

（註四十二）顏氏家訓勉學篇語。

（註四十三）南齊書卷二十三褚淵王儉列傳（蕭子顯）論語。

（註四十四）廿二史劄記卷十二江左世族無功臣條語。

（註四十五）顏氏家訓涉務篇語。

（原載「食貨月刊」復刊三卷五期，民六十二年八月）

六、南朝門第經濟之研究

構成東晉以下南方上層社會的兩大主流，是江東原有的舊家大族——吳姓，與永嘉之亂以後，渡江南下的中原士族——僑姓。這種事實，自來已爲大家所熟知。雖然，對於兩姓的種切，一般人只存有一種含混的印象，一種可說是似是而非的印象。過去數年中，我曾經透過對這一時期思想史的理解，來了解兩姓的處境與地位。以及其間關係的轉變（註一），而今，則願就兩姓的經濟，來了解他們的另一面。

一

自東漢末年黃巾亂起，羣雄割據，吳地因僻處東南，遠離戰爭的區域，中原南來避禍的不少。孫氏既有江東，立國其間，它的土地、人民，漸受到世人的注目。吳地的舊家大族，吳人所謂的「舊姓」(註二)，唐人稱它爲「吳姓」(註三)的，固然不必都是土著，不過至少在這時，已經定居著籍吳地很多年，世人視之，他們亦自視爲「吳人」的了(註四)。因時際會，遂以興起，文選卷二十八陸士衡樂府吳趨行云：

太皇自富春，矯手頓世羅。邦彥應運興，粲若春林葩。屬城咸有士，吳邑最為多。八族未足侈，四姓實名家。文德熙淳懿，武功侔山河。禮讓何濟濟，流化自滂沱。淑美難窮紀，商榷為此歌。

注引張勃吳錄曰：

八族：陳、桓、呂、竇、公孫、司馬、徐、傅也。

四姓：朱、張、顧、陸也。

可見三國之時，孫吳所屬，吳郡最號多士，最爲人文薈萃之區，日本學者且以爲孫氏之所以遷都秣陵，卽源於想避開吳姓的壓力(註五)。而吳郡之中，吳四姓爲尤盛，這不是由於陸士衡爲四姓之一，而是吳四姓確乎盛極一時，世說賞譽篇注引吳錄士林曰：

吳郡有顧、陸、朱、張為四姓。三國之間，四姓盛焉。

如日本學者前說能成立的話，則此種壓力，主要是來自吳四姓，亦爲當然之理。蓋這時吳四姓宗人繁衍，偏布地方，三國志卷五十六朱治傳曰：

（孫權）常歎（朱）治憂勤王事。性儉約，雖在富貴，車服唯供事。權優異之，自令督軍御史典屬城文書，治領四郡租稅而已。然公族子弟及吳四姓多出仕郡，郡吏常以千數。治率數年一遣詣王府，所遣數百人，每歲時獻御，權答報過厚。

傳意晦而不明，然可以知道的，是當時的「吳四姓」，已與「公族子弟」並舉，其地位可知。而所出仕郡者，郡吏常以千數，朱治率數年一遣詣王府，所遣數百人，其盛也可知。然而這裏所說的「吳四姓」，實際上已包括了它的「宗人」（註六）。所謂「宗族」，經過一段時間以後，系分多支，各支盛衰不同。有的宗支特出，人物超卓，漸成為這一宗族的核心。「吳四姓」之於江東，所以「尤為名家」者，固然由於有如許宗人之偏布州郡，更在於其中人物輩出，表現特異。至其能形成一不可侮的强大力量，則在宗人間始終能團結，生死與共。「吳四姓」之「盛」實在不是偶然的，而是「必然」的。後漢書卷六十一陸康傳：

陸康，字季寧，吳郡吳人也。……拜康盧江太守。……獻帝卽位，天下大亂，康蒙險遣孝廉、計吏奉貢朝廷，詔書策勞，加忠義將軍，秩中二千石。時袁術屯兵壽春，部曲飢餓，遣使求委輸兵甲，康以其叛逆，閉門不通，內修戰備，將以禦之。術大怒，遣其將孫策攻康，圍城數重，康固守。吏士有先受休假者，皆遁伏還赴，暮夜緣城而入受敵。二年，城陷。月餘，發病卒，年七十，宗族百餘人遭難，飢厄死者，將半。

宗族死難，非有人脅之，而從容就義，有此精神，尚有何人敢侮之。世說規箴篇曰：

孫皓問丞相陸凱曰：「卿一門在朝者有幾人？」陸答曰：「二相、五侯、將軍十餘人。」皓曰：「盛哉！」

注引吳錄曰：

凱字敬風，吳人，丞相遜族子也。忠鯁有大節，篤志好學。初為建中校尉，雖有軍事，手不釋卷。累遷左丞相。時後主暴虐，凱正直彊諫，以其宗族彊盛，故不敢加誅也。

陸氏一門，一時之間，有二相、五侯、將軍十餘人，其宗族可說是「盛」；朝廷不懼其人，而懼其宗族，然後可說是「彊」。則當時吳四姓之所以「彊盛」，自是「必然」而非「偶然」的了。

四姓的「彊」，一方面固由於「宗族」，另一方面，尚有其他的原因，即世有其「兵」。這在江東，似乎是一普遍的現象（註七），三國志卷二十八鄧艾傳曰：

諸葛恪圍合肥、新城，不克，退歸，艾言景王曰：「孫權已沒，大臣未附，吳名宗大族，皆有部曲，阻兵仗勢，足以建命（集解曰：「通鑑作『違命』，官本考證曰：『建疑作違』。」）。恪新秉國政，而內無其主……。」

從鄧艾所說，才能了解同書卷五十八陸抗傳謂抗既卒，何以「子晏嗣。晏及弟景、玄、機、雲分領抗兵」；才能了解四姓子弟何以文武兼修而並擅（註八）；才能了解文選卷五左太沖吳都賦曰：「其居則有（善本無「有」字）高門鼎貴，魁岸豪傑，虞、魏之昆，顧、陸之裔，岐嶷繼體，老成奕世，躍馬疊跡，朱輪累轍，陳兵而歸，蘭錡內設，冠蓋雲蔭，閭閻闐噎。」張銑注云：「言躍馬朱輪之人，皆出入陳兵也。」

更何況四姓之間，交情不異，互通婚姻，更多與孫氏通婚姻，盤根錯節，其彊盛，可以想像得到了（註九）。

按說，吳姓以吳郡朱張顧陸四姓爲大（註十），四姓之彊盛又如前所說，不僅人多勢衆，據諸高位，出將入相，又復盤根錯節（註十一）。文選卷五左太沖吳都賦所稱之「累葉百疊，而富彊相繼」眞可以轉移過來形容他們（註十二），抱朴子吳失篇云：

> 吳之晚世，尤劇之病。賢者不用，滓穢充序。紀綱弛紊，吞舟多漏。貢歲以厚貨者在前，官人以黨強者為右。匪富匪勢，窮年無冀。德清行高者，懷英逸而抑淪；有才有力者，躡雲物以官躋。主昏於上，臣欺於下。不黨不得，不競不進。……秉維之佐，牧民之吏，非母后之親，則阿諂之人也。進無補過拾遺之忠，退無聽訟之幹。虛談則口吐冰霜，行己則濁於泥潦。莫媿尸祿之刺，莫畏致戎之禍。以毀譽為蠶織，以威福代稼

穡。車服則光可以鑒，豐屋則羣鳥爰止。叱吒疾於雷霆，禍福速於鬼神。勢利傾於邦君，儲積富乎公室。出飾翟黃之衞從，入遊王根之藻梲。僮僕成軍，閉門為市。牛羊掩原隰，田池布千里。有魚滄濯裘之儉，以竊趙宣平仲之名。內崇陶侃文信之訾，實有安昌董鄧之汙。雖造賓不沐嘉旨之俟，飢士不蒙升合之救，而金玉滿堂，妓妾溢房，商販千艘，腐穀萬庾，園囿擬上林，館第僭太極，粱肉餘於犬馬，積珍陷於帑藏。其接士也，無葭莩之薄；其自奉也，有盡理之厚。……

然而我們要特別注意的，是這些舊家大族雖有他們自己的「部曲」，他們相互倚賴的「宗人」，却「彊」而不「富」，我們可以肯定地說，抱朴子吳失篇所描敍的，是另外一批導致吳亡的敗類，因爲如果舊家大族，尤其吳四姓是如此的話，早已喪失他們的社會地位，還有什麼「淸望」可言，三國志卷五十八陸遜傳，赤烏七年，遜代顧雍爲丞相，詔曰：

夫有超世之功者，必膺光大之寵；懷文武之才者，必荷社稷之重。

事實上，這也就是四姓子弟所追求嚮往的，爲國家立大功勳，求爲社稷之臣，故傳曰：

遜以為子弟苟有才，不憂不用。不宜私出，以要榮利。若其不佳，終為取禍。

不亟亟於「要榮利」，故雖位極人臣，及遜之卒，「時年六十三，家無餘財」。至於晉書卷六十九戴若思傳所云：

若思，廣陵人也。祖烈，吳左將軍。父昌，會稽太守。若思有風儀，性閑爽，少好遊俠，不拘操行。遇陸機赴洛，船裝甚盛，遂與其徒掠之。若思登岸，據胡床指麾同旅。皆得其宜。機察見之，知非常人，在舫屋上遙謂之曰：「卿才器如此，乃復作劫邪？」若思感悟，因流涕，投劍就之。機與言，深加賞異，遂與定交焉。

世說自新篇亦云之，然以之爲戴淵事，曰：

戴淵少時，遊俠不治行檢，常在江、淮間攻掠商旅。陸機赴假還洛，輜重甚盛，淵使少年掠劫。淵在岸上，據胡床，指麾左右，皆得其宜。……

以此兩條來看，似乎陸機甚爲富有，然世說賞譽篇又云：

蔡司徒在洛，見陸機兄弟住參佐廨中，三間瓦屋，士龍住東頭，士衡住西頭。士龍爲人，文弱可愛；士衡長七尺餘，聲作鐘聲，言多慷慨。

可證機雲兄弟初入洛之不富，及「赴假還洛」時，則「輜重甚盛」。然不以財富爲念，乃陸氏子弟之本色。再看顧氏，晉書卷六十八顧榮傳斠注引御覽二百四十六晉中興書曰：

時吳朝士人入洛者，唯陸機、陸雲、及榮三人。而機、雲雖有才藻，清望不及榮也。

此「淸望」之獲得，亦非財富之所致。因爲在漢末三國的時候，南方雖已接受了漢的傳統，然而在土地的開發和利用上，遠不如中原，是可斷言的。尤其江南一帶，多湖泊河流，多丘陵，在當時來說，是不太適合農耕的。因之，我們在書籍中，很少能找到南方關於土地和農業的紀錄。文選卷五左太沖吳都賦裏，有很多商業的記載，可以看出當時南方商業的開展和發達。也有漁采和其他生業的記載。而這些才是「富」的所以形成關鍵，三國志卷四十八孫休傳注引襄陽記曰：

(李)衡每欲治家，妻輒不聽。後密遣客十人，於武陵隆揚汎洲上作宅，種甘橘千株。臨死，勅兒曰：「汝母惡吾治家，故窮如是。然吾州里，有千頭木奴，不責汝衣食，歲上一匹絹，亦可足用耳。」衡亡後，二十餘日，兒以白母，母曰：「此當是種甘橘也。汝家失十戶客來七八年，必汝父遣為宅。汝父恆稱太史公言：『江陵千樹橘，當封君家。』吾答曰：『且人患無德義，不患不富，若貴而能貧方好耳，用此何為？』」吳末，衡甘橘成，歲得絹數千匹，家道殷足。

治生業然後可富。蓋以當時江南之農業，孫吳之俸祿，循此不足以言富。然後知漢末三國之時的吳舊家大姓，其經濟情況未必很好，維生固沒有問題，富裕是談不到的。

二

司馬炎以魏陳留王咸熙二年（二六四）十二月（二六五）篡魏，是爲晉武帝。太康元年三月（二八〇）南下滅吳，天下復歸一統。然統一的基礎並不穩定（註十三），君臣的豪奢，風氣的敗壞，加上惠帝的低能，賈后的專擅，而八王之亂起。在此內亂亟亟，互爲水火，五胡遂得籍機以坐大，晉書卷六元帝紀曰：

元皇帝諱睿，字景文，宣帝曾孫，琅邪恭王覲之子也。……年十五嗣位。琅邪王幼有令問，及惠皇之際，王室多故，帝每恭儉退讓，以免於禍。沈敏有度量，不顯灼然之迹，故時人未之識焉。……元康二年，拜員外散騎常侍，累遷左將軍，從討成都王。……東海王越之收兵下邳也，假帝輔國將軍，尋加平東將軍，監徐州諸軍事，鎮下邳。俄遷安東將軍，都督揚州諸軍事。越西迎大駕，留帝居守。永嘉初，用王導計，始鎮建鄴。以顧榮為軍司馬，賀循為參佐，王敦、王導、周顗、刁協為腹心股肱，賓禮名賢，存問風俗，江東歸心焉。

蘄注引類聚十三晉中興書曰：

禮接名賢，設官分職，隱恤士庶，百姓歸心焉。

元帝之所以能立國江東，開有晉中興之局，主其議，成其事的，實爲王導，晉書卷六十五導傳曰：

王導字茂弘，光祿大夫覽之孫也，父裁，鎮軍司馬。初襲祖爵卽丘子。司空劉寔尋引為東閤祭酒，遷秘書郎，太子舍人，尚書郎，並不行。後參東海王越軍事，時元帝為琅邪王，與導素相親善，導知天下已亂，遂傾心推奉，潛有興復之志。帝亦雅相器重，契同友執。帝之在洛陽也，導每勸令之國。會帝出鎮下邳，請導為安東司馬，軍謀密策，知無不為。及徙鎮建康，吳人不附，居月餘，士庶莫有至者，導患之。會敦來朝，導謂之曰：「琅邪王仁德雖厚，而名論猶輕，兄威風已振，宜有以匡濟者。」會三月上巳，帝親觀禊，乘肩轝，具威儀，敦、導及諸名勝皆騎從。吳人紀瞻、顧榮，皆江南之望，竊覘之，見其如此，咸驚懼，乃相率拜於道左。導因進計曰：「古之王者，莫不賓禮故老，存問風俗，虛己傾心，以招俊乂。況天下喪亂，九州分裂，大業草創，急於得人者乎！顧榮、賀循，此土之望，未若引之以結人心，二子旣至，則無不來矣。」帝乃使導躬造循、榮，二人皆應命而至，由是吳會風靡，百姓歸心焉。自此之後，漸相崇奉，君臣之禮始定。俄而洛京傾覆，中州士女，避難江左者十六七，導勸帝收其賢人君子，與之圖事。時荊、揚晏安，戶口殷實，王導為政，務在清靜。

此所以世說言語篇注引鄧粲晉紀曰：

晉中興之功，導實居其首。

王導不僅用計，開放政權，使吳人願意接受他們（註十四），更使永嘉以後，自中原南下避亂的所謂「永嘉流人」，能在視同異國的南方（註十五），安定下來。

在永嘉以後，八王之亂雖漸趨於尾聲，而胡禍方亟，中原人爲了逃避戰亂，不願在異族統治下生存，紛紛放棄了已有的家園，南下渡江，世說言語篇曰：

衛洗馬（玠）初欲渡江，形神慘悴，語左右曰：「見此芒芒，不覺百端交集，苟未免有情，亦復誰能遣此！」

又政事篇注引名士傳曰：

王承字安期，太原晉陽人。……避亂渡江，是時道路寇盜，人懷憂懼，承每遇艱險，處之怡然。

又任誕篇曰：

祖車騎（逖）過江時，公私儉薄，無好服玩。

注引晉陽秋曰：

永嘉中，流民以萬數，揚土大饑，賓客攻剽。

在如此的一個局面之下，爲政務在清靜，確是必要的。王導在這方面，兼顧了精神和物質，他在江南，重開談坐，首爲倡導，激起江左談論的極盛，如此一來，不僅南渡之士，覺得在這一新生的土地上，無殊於中原，而能生存下去；同樣的，也給予吳地之人一新的教育（註十六）。

而在這時前後，又於江南，爲安置這批「流人」，而僑置郡縣，通典卷五食貨典賦稅條云：

自東晉寓居江左，百姓南奔者，並謂之僑人。往往散居，無有土著。

隋書卷二十四食貨志亦云：

晉自中原喪亂，元帝寓居江左，百姓之自拔南奔者，並謂之僑人。皆取舊壤之名，僑立郡縣。往往散居，無有土著。

僑置郡縣，以安置僑人，是隨時添置，非出於一時，宋書卷三十五州郡志：

自夷狄亂華，司、冀、雍、涼、青、并、兗、豫、幽、平諸州，一時淪沒。遺民南渡，並僑置牧司，非舊土也。

晉書卷十五地理志云：

自中原亂離，遺黎南渡，並僑置牧司，在廣陵、丹徒、南城，非舊土也。及胡寇南侵，淮南百姓皆渡江。成帝初，蘇峻、祖約，為亂於江、淮，胡寇又大至，百姓南渡者轉多，乃於江南僑立淮南郡及諸縣，又於尋陽僑置松滋郡，遙隸揚州。咸康四年（三三八〕，僑置魏郡、廣川、高陽、堂邑等諸郡，幷所統縣，並寄居京邑，改陵陽為廣陽。

孝武寧康二年（三七四），又分……。

僑郡縣雖代有添置，早期之設置，恐仍與王導有某些關係，雖然史書沒有記載，其可能性極大。程發軔氏曰：

自劉石稱兵，懷、愍被執，元帝旣卽位建鄴，官民遂相率南渡，于時司、冀、幷、雍、平、幽、青、兗諸州，先後淪陷。涼州雖世奉晉代正朔，以遠在河西，音問時有阻隔。江左偏安一隅，僅有揚、荆、江、湖、交、廣、寧七州。其梁、益二州為李氏所割據。徐州則有過半，豫州祇譙城、弋陽二三郡而已。官民旣多南渡，乃於大江南北各地，僑立州郡，設置牧司，為之撫輯治理。計先後僑立之郡，可考者為八十一；僑置之縣，可考者為二百三十六。本無實地，僅僑置其名，初則一郡而僑兩郡之民，繼則一城而居數州之官。如京兆郡，而有東京兆、西京兆之僑置；如義陽郡，而有東義陽、南義陽之僑置。濟陰也，而有南北兩濟陰；陰平也，而有南北兩陰平，此郡名之易於混淆也。同一弘農郡，而有尋陽、上明之東西流寓；同一上黨郡，而有淮陽、蕪湖之南北寄居；同一松滋縣，而有上明、尋陽之兩地僑置，此居地之易於混淆也。錢大昕所謂：「建業也，而有高陽、廣川；襄陽也，而有扶風、京兆；廣陵也，而有鴈門、遼西，旣以客戶而雜主。壽春也，而稱為睢陽；合肥也，而稱為汝陰；沙羨也，而稱為汝南，更以假號而奪真。」（註十七）此僑名之易於混淆也（註十八）。

這些僑置郡縣，雖然本無實地，僅僑置其名，然而影響極大，因爲這些「僑人」，不爲「編戶」，而黃白分籍，待遇不同。通典卷五食貨典賦稅條云：

自東晉寓居江左，百姓南奔者，並謂之僑人。往往散居，無有土著。而江南之俗，火耕水耨，土地卑濕，無有蓄積之資。諸蠻陬俚洞，霑沐王化者，各隨輕重，收取財物，以裨國用。又嶺外酋帥，因生口翡翠，明珠犀象之饒，雄於鄉曲者，朝廷多因而署之，以收其利。歷宋、齊、梁、陳，皆因而不改。其軍國所須雜物，隨土所出，臨時折課市取，乃無恆法定令。列州郡縣，制其任土所出，以為徵賦。其無貫之人，不樂州縣編者，謂之浮浪人，樂輸亦無定數任量，惟所輸終優於正課焉。都下人多為諸王公、貴人左右佃客、典計、衣食客之類，皆無課役。官品第一、第二，佃客無過四十戶，每品減五戶，至第九品五戶，其佃穀皆與大家量分。其典計，官品第一、第二置三人，第三、第四置二人，第五、第六及公府參軍、殿中監、監軍、長史、司馬、部曲督、關外侯、材官、議郎以上一人，皆通在佃客數中。官品第六以上，并得衣食客三人，第七、第八二人，第九品、擧輦、跡禽、前驅、強弩司馬、羽林郎、殿中虎賁、持雄斧、武騎虎賁、持鈒、冗從虎賁、命中武騎一人，其客皆注家籍。其課，丁男：調布絹各二丈，絲三兩，綿八兩，祿絹八尺，祿綿三兩二分，租米五石。丁女並半之。男年十六，亦半課。年十八，正課。六十六，免課。其男丁，每歲役不過二十日，其田畝，稅米二升。

蓋大率如此。

東晉渡江之初期，當時南方的開發尚屬有限。除王公、貴人、文武的官外，有以下諸色人等：

州郡縣：任土所出，以為徵賦。

編戶：有課役。

浮浪人：樂輸無定數任量。

諸蠻陬俚洞霑沐王化者：各隨輕里，收取財物。

嶺外酋帥：署而收其利。

都下：

諸王公、貴人左右佃客、典計、衣食客之類：

無課役。

僑人。

僑人的待遇，史無明文，相信是享有特權的。世人多以為其卽浮浪人（註十九），是不對的。

通典明明指出「其無貫之人，不樂州縣編者，謂之浮浪人」（註二十），與僑人根本拉不上關係。然從通典這條看來，則有課役的，只是列州郡縣的「編戶」。換句話說，就是部分的守法吳人，負擔了絕大部分的軍國所需，不僅是出錢，也要出力。宋書卷二武帝紀曰：

晉自中興以來，治綱大弛，權門兼併，強弱相凌，百姓流離，不能保其產業。

又曰：

山湖川澤，皆為豪族所奪，小民薪採漁釣，皆責稅直。

同書卷四十二劉穆之傳：

晉綱寬弛，威禁不行，盛族豪右，負勢凌縱，小民窮蹙，自立無所。

同卷王弘傳史臣（沈約）曰：

晉綱弛紊……編戶之命竭於豪門，王府之蓄變為私藏。

「編戶」一方面「課役」極重，另一方面受迫於「豪門」。而「朝廷」呢？面臨北方影鄰胡寇之壓境，需兵孔亟，需財也孔亟，而「兵源」「財源」所由來的「編戶」日削，「編戶」的負擔愈重，逃亡的愈衆，由是而負擔更重，形成一惡性循環，朝廷的窘迫也可想而知了。

就財政來說，晉書卷二十六食貨志云：

元后渡江，軍事草創，蠻陬賧布，不有恆準，中府所儲，數四千匹。于時，石勒勇銳，挺亂江南，帝懼其侵逼，甚患之。乃詔方鎮云：「有斬石勒首者，賞布千匹。」

又卷六十五王導傳云：

時帑藏空竭，庫中唯有練數千端，鬻之不售。而國用不洽，王導患之，乃與朝賢俱制練布單衣，於是士人翕然競服之，練遂踊貴，乃令主者出賣，端至一金。

又卷八十一劉胤傳：

是時，朝廷空罄，百官無祿。

又卷六十九劉波傳引其上疏曰：

今政煩役殷，所在凋弊，倉廩空虛，國用傾竭，下民侵削，流亡相屬。

從帝紀亦可看到，卷七成帝紀咸和六年（三三一）正月戊午，「以運漕不繼，發王公以下千餘丁，各運米六斛。」又卷八穆帝紀升平三年（三五九）春三月甲辰詔：「以比年出軍，糧運不繼，王公以下，十三戶借一人，一年助運。」

至於軍隊，晉書卷六元帝紀太興四年（三二一）五月庚申詔曰：

昔漢二祖，及魏武，皆免良人。武帝時，涼州覆敗，諸為奴婢，亦皆復籍。此累代成規也。其免中州良人遭難為揚州諸郡僮客者，以備征役。

文獻通考卷一百五十一兵制：

元帝南渡，調兵不出三吳，大發毋過三萬，每議出討，多取奴兵。

晉書卷六十九刁協傳云：

以奴為兵，取將吏客，使轉進，皆協所建也（註二十一）。

又卷七十二庾翼傳稱康帝卽位，翼遂率衆北伐：

於是，並發六州奴，及車牛驢馬，百姓嗟怨。

又卷六十四會稽王道子傳：

（元顯）發東土諸郡免奴為客者，以充兵役。東土囂然，人不堪命。

這些全由於「編戶」日減而所致。而「編戶」之所以日減，因由於課役日重，不得不逃亡，成爲「浮浪人」，也有歸於豪族，成爲「私附」的，晉書卷四十三山遐傳：

山遐為餘姚令。時江左初基，法禁寬弛，豪族多挾藏戶口，以為私附。遐繩以峻法，到縣八旬，出口萬餘。……諸豪強莫不切齒於遐……竟坐免官。

卷七十三庾翼傳亦言其事：

山遐作餘姚，半年而為官出二千戶，而羣共驅，不得安席。

又卷七十一陳頵傳云頵爲督郵：

檢獲隱匿者三千人。

又卷七十三庾冰傳稱冰既輔政：

隱實戶口，料出無名萬餘人，以充軍實。

然而這些都是治標的辦法，占江南人口很大比例的僑人享有特殊待遇一天存在，朝廷兵源與財源永遠有問題，這才是根本的癥結所在，這也是東晉所以要推行「土斷」的主要原因。晉書卷八哀帝紀興寧二年（三六四）：

三月庚戌朔，大閱戶口，嚴法禁，稱為庚戌制。

資治通鑑卷一百一晉哀帝紀興寧二年：

三月庚戌朔，大閱戶口，令所在土斷，嚴其法制，謂之庚戌制。

通典卷三食貨典鄉黨（土斷，版籍並附）條云：

東晉哀帝崇和元年（三六二）三月庚戌，天下所在土斷。孝武時（三七三——三九六），范寧陳時政曰：「昔中原喪亂，流寓江左，庶有旋反之期，故許其挾注本籍。自爾漸久，人安其業。邱壠墳柏，皆以成行。無本邦之名，而有安土之實。今宜正其封彊，土斷人戶，明考課之科，修閭伍之法。難者必曰：人各有桑土之懷，下役之慮，斯成弁兼之所執，而非通理之篤論也。古者，失地之君，猶臣所寓之主；列國之臣，亦有違適之理。隨會仕秦，致稱春秋；樂毅適燕，見褒良史。且今普天之人，原其氏出，皆隨代移遷，何於今而獨不可。」帝善之。安帝義熙九年（四一三），宋公劉裕，緣人居土，上表曰：「臣聞先王制理，九土攸序，分境劃野，各安其居。故井田之制，三代以崇，秦革其政，漢遂不改，富強兼幷，於是為弊。在漢西京，大遷田景之族，以實關中，卽以三輔為鄉閭，不復係之於齊楚，九服不擾，所託成舊。自永嘉（三〇七——三一二）播越，爰託淮海，朝運匡復之算，人懷思本之心，經略之圖，日不暇給，是以寧人綏理，猶有未遑。及至大司馬桓溫，以人無定本，傷理為深，庚戌土斷，以一其業。於時，財阜國豐，實由於此。自茲迄今，彌歷年載，畫一之制，漸用頹弛，雜居流寓，閭伍不修，王化所以未純，人瘼所以猶在，自非改調，無以濟理。夫人情滯常，難與慮始。謂父母之邦，以為桑梓者，誠以生焉，敬愛所託。請依庚戌土斷之科，庶存其本。稍與事著，然後率之以仁義，鼓之以威聲，超大江而跨黃河，撫九州而復舊土。則戀本之志，乃速中於當年。在始暫勤，要終必易。」於是，依界土斷，唯徐、兗、青三州人居晉陵者，不在斷限，諸流寓郡縣，多被併省。

事亦見晉書卷七十五范寧傳、宋書卷二武帝紀。「土斷」的政策，對於朝廷來說，是必需的；對於編戶來說，是公平合理的，也是減輕負擔的；可是，對於僑人來說，或浮浪人來說，是取消了他們長久已來的特權，重新擔負起課役的義務，自不爲他們所歡迎。「土斷」

的推行，遂遭遇了極大的困難，不能貫澈終始。因之，在南朝，幾次三番地重申「土斷」之令，至陳文帝天嘉元年（五六〇）七月乙卯，猶詔「不問僑舊，悉令著籍，同土斷之例」（註二十二），距始立庚戌制之晉哀帝興寧二年（三六四），已經兩百年了。

「僑人」在南渡後，它的地位是特殊的，有異於「吳人」；它的待遇是特殊的，有異於「吳人」。他們之間，不僅黃白分籍，而且關係課役的有無。而「僑人」中的大姓，所謂「僑姓」，更是統治階層。司馬氏能在北方淪陷之後，延續其政權於南方，靠的是他們；領導少數的軍隊，抵禦胡寇的，也是靠他們。司馬氏雖然保有君位，却變成了虛位，政權掌握在「僑姓」手中。他們爲了能在南方立足，也開放部分政權給南方原有的舊家大族——「吳姓」。（註二十三）在政治上，他們掌握朝政；在軍事上，他們擁重兵，據方鎭；在選擧上，他們藉九品官人，平流進取，坐致公卿。而在經濟上呢？他們眞是像宋書卷二武帝紀所說：

晉自中興以來，治綱大弛，權門兼併，強弱相凌，百姓流離，不能保其產業。

又曰：

山湖川澤，皆為豪族所奪，小民薪採漁釣，皆責稅直。

同書卷四十二劉穆之傳：

晉綱寬弛，威禁不行，盛族豪右，負勢凌縱，小民窮蹙，自立無所。

同卷王弘傳史臣（沈約）曰：

晉綱弛紊……編戶之命竭於豪門，王府之蓄變為私藏。

要解決這個問題，須先就江東的情形先有一番了解才行。

三

不論是先天或者是後天，江東與中原大不相同。

周禮司馬職方氏：

東南曰揚州，其山鎮曰會稽，其澤藪曰具區，其川三江，其浸五湖，其利金錫竹箭，其民二男五女，其畜宜鳥獸，其穀宜稻。

而尚書禹貢畫天下為九州，揚州曰：

淮海惟揚州。彭蠡既豬，陽鳥攸居。三江既入，震澤底定。篠簜既敷，厥草惟夭，厥木惟喬，厥土惟塗泥，厥田惟下下，厥賦下上錯，厥貢惟金三品，瑤琨篠簜，齒革羽毛惟木，島夷卉服，厥篚織貝，厥包橘柚錫貢，沿于江海，達于淮泗。

這是一塊地形、氣候、與出產，同中原全然不同的土地。多河川湖泊丘陵，而少大平原；多雨潮濕而溫暖，而不是乾燥陰寒；多魚蝦，而少牛羊（註二十四）。更由於隔了一條大江，在科學不發達的昔日，影響深遠，延緩了中原高度文明的流入，開發的程度，遠不如中原（註二十五）。

就農業來說，周禮已言其稻宜穀。然而我們看這一塊處於溫帶的土地，有足夠的雨量和陽光，通典卷五食貨典賦稅條云：

而江南之俗，火耕水耨，土地卑濕，無有蓄積之資。

所以禹貢說揚州「厥田惟下下」，不是沒有道理的。對中原人來說，他們不習慣，也不了解這樣的土地和氣候、出產；對於江東的人來說，也只能遷就現實，聽其自然。事實上，如果善加利用，正大有可爲，晉書卷二十六食貨志云：

火耕水耨，為功差易，若能稍加勸導，則倉盈庾億，可計日而待。

能了解這點的人，似乎並不很多。江東的人，也不習慣於農耕，他們處於河川湖泊棋布，丘陵起伏的環境中，謀生之道正易。我們看一下孫吳時的吳舊家大姓，養兵者有之，務農者則未之有聞。由於土地未盡利用，也不善於利用，土地的價值自亦隨之降低，他們不像中原的人，熱衷於兼併土地，因之，吳四姓中，史書記載有「園」的，只有顧氏，世說簡傲篇：

王子敬（獻之）自會稽經吳，聞顧辟彊（注引顧氏譜曰：「辟彊，吳郡人。歷郡功曹，平北參軍。」）有名園。先不識主人，經往其家，值顧方集賓友酣燕園中。而王游歷既畢，指麾好惡，傍若無人。……

是事亦見藝文類聚卷六十五、太平御覽卷八百二十四引世說。從記載來看，獻之在短時間內「游歷既畢」，當不很大。而此園之有名，亦在其差供酣燕游歷，非有出產。即此園，在四姓中，已絕無僅有了。可見吳姓中之吳四姓，除仕宦外，別無生產，陸遜及其子孫之窮，自非偶然的了。

及永嘉以後，中原人南渡，僑寓江左，他們雖然放棄了經營多年的故土，然而對於土地的觀念是有的，他們帶來了中原經營農業的技術，也帶來了土地占有的野心。然而，江東的情形，畢竟不同於中原，土地非私有，也無所謂國有（註二十六）。而大部分土地，亦未經開墾。在一般情形來說，這些土地，沒有人會來干涉你的占有，只要不牽涉到別人的利權。尤其朝廷對僑姓，惟恐其不能安定下來，朝廷尚需他們的支持，自不會爲這些荒廢土地而反臉。然對僑姓來說，亦有他們的困難存在，他們固然可以取得土地，然而這些土地，不同於中原的土地是一塊大平原，是經過多年的墾殖，有主權的歸宿，是適於農耕的；而江東呢？土地雖無限地廣闊，亦無主權，然而大半未經開墾，亦非整塊的平原，其中多河川湖泊，亦多丘陵，如何加以利用，是他們所不習慣的；如何加以墾闢，更是問題。因爲這時的江東，土地事小，人口事大。經過長時期的戰亂，社會的動蕩，人口的減少，是很顯然的。不僅是編戶（註二十七），而是一種普遍的情形。這麼些因素，包括了物質和精神，實際和心理上的多邊複雜因素，造成了一種微妙奇特的現象。這就是說，對於某些有土地慾的傖人，他可輕易地取得他希望所擁有的土地；由於課役的煩重，他更容易得到他所需要的人力。至於對朝廷，對一般平民，後果如何，根本不在考慮之列。晉書卷六十九刁逵傳：

> 隆安中，適為廣州刺史，領平越中郎將，假節。（弟）暢為始興相，弘為冀州刺史。兄弟子姪，並不拘名行，以貨殖為務。有田萬頃，奴婢數千人，餘資稱是。……刁氏素殷當，奴客縱橫，固吝山澤，為京口之蠹。

宋書卷二武帝紀曰：

> 晉自中興以來，治綱大弛，權門並兼，彊弱相凌，百姓流離，不得保其產業。

又曰：

> 山湖川澤，皆為豪強所奪，小民薪採漁釣，皆責稅直。

宋武雖有心改善，本紀又曰：

> 公既作輔，大示軌則，豪強肅然，遠近知禁。至是，會稽餘姚虞亮，復藏匿亡命千餘人，公誅亮，免會稽內史司馬休之。

其後，又復重申土斷之令。然而這種兼併人地的風氣，並沒有因此稍熄，劉宋以後，例子更多。

朝廷既無法根絕，只好採取消極的辦法，宋書卷五十四羊玄保附兄子希傳曰：

大明初（宋孝武帝，四五七——四六四），為尚書左丞，時揚州刺史西陽王子尚上言：「山湖之禁，雖有舊科，民俗相因，替而不奉。熂山封水，保為家利。自頃以來，頹弛日甚。富強者兼嶺而占，貧弱者薪蘇無託。至漁樵之弛，亦又如玆。斯實害治之深弊，為政所宜去絕。損益舊條，更申恆制。」有司檢壬辰詔書：「占山護澤，彊盜律論，贓一丈以上，皆棄市。」希以壬辰之制，其禁嚴刻，事既難遵，理與時弛，而占山封水，漸染復滋，更相因仍，便成先業，一朝頓去，易致嗟怨。今更刊革，立制五條：「凡是山澤，先常熂爈，種養竹木，雜果為林。及陂湖江海，魚梁鰌鮆，場常加功脩作者，聽不追奪。官品第一、第二，聽占山三頃；第三、第四品二頃五十畝；第五、第六品二頃；第七、第八品一頃五十畝；第九品及百姓一頃，皆依定格，條上貲簿。若先已占上，不得更占。先占闕少，依限占足。若非前條舊業，一不得禁，有犯者，水上一尺以上，竝計贓，依常盜律論。停除咸康二年壬辰之科。」從之。

按咸康為東晉成帝年號，共八年（三三五——三四二），咸康二年為丙申（三三六）而非壬辰，壬辰實為咸和七年（三三二），此有誤。通典卷一食貨典田制條引之而誤同。距宋孝武帝大明

(四五七——四六四)已一百二十年了。然宋書卷六孝武帝紀云：

(大明七年)七月丙申詔曰：「前詔江海田池，與民共利，歷歲未久，浸以弛替，名山大川，往往占固，有司嚴加檢糾，申明舊制。」

是雖有羊希占山格五條之定制，並沒有能夠行得很澈底。而劉宋以後，吳姓亦多有占山封水的，像會稽山陰的孔氏，宋書卷五十四孔季恭附靈符傳：

靈符家本豐，產業甚廣。又於永興立墅，周回三十三里，水陸地二百六十五頃，含帶二山。又有果園九處，為有司所糾。

像吳興武康沈氏，宋書卷七十七沈慶之傳：

居清明門外，有宅四所，室宇甚麗。又有園舍在婁湖，慶之一夜携子孫徙居之，以宅還官。悉移親戚中表於婁湖，列門同閈焉。廣開田園之業，每指地示人曰：「錢盡在此。」一中興，身享大國，家素富厚，產業累萬金，奴僮千計。再獻錢千萬，穀萬斛。……妓妾數十人，並美容工藝，慶之優游無事，盡意歡愉。

這些山林土地湖泊，在朝廷來說，理論上皆屬公田，皆屬王土，事實上並沒人會否認這一點，也沒有人會重視這一點，朝廷往往只好承認事實，聽其占山封水，梁書卷三武帝紀大同七年(五四一)：

十一月丙子……又詔曰：「用天之道，分地之利，蓋先聖之格訓也。凡是田桑廢宅沒入者，公創之外，悉以分給貧民，皆使量其所能，以受田分。如聞頃者，豪家富室，多占取公田，貴價僦稅，以與貧民。傷時害政，爲蠹已甚。自今公田，悉不能假與豪家。已假者，特聽不追。其若富室，給貧民種糧，共營作者，不在禁例。」……

十二月壬寅詔曰：「……又復公私傳屯邸冶，爰至僧尼，當其地界，應依限守視。乃至廣加封固，越界公斷，水陸採捕，及以樵蘇，遂致細民措手無所。凡自今有越界禁斷者，禁斷之身，皆以軍法從事。若是公家創內，並不得輒自立屯，與公競作，以收私利。至百姓樵採，以供煙爨者，悉不得禁。及以採捕，亦勿訶問。若不遵承，皆以死罪結正。」

從武帝詔書，可以看到當時朝廷無可奈何之狀。外示嚴厲，內實聽其自然。這所以變成如此的局面，積弊難以遽改，而朝廷亦無此力量。另一方面亦得靠這些豪强的支持，始得維持此一皇朝，自不敢輕易得罪他們了。

四

一般人往往有一種錯誤的看法，卽認爲門第似乎都是豪富，因爲他們可以封山占水，他們可以私藏人口，我們前面所擧的，也確乎說明了這些事實，東晉以後，僑姓固然如此，卽連吳姓，也可以擧出不少例子，然而我們却不能以偏蓋全，認爲南朝的門第全是如此，而沒有想到這只是部分的現象，卽使那些富有的門第，他們以財富，也不見得是從封山占水，私藏人口中來的。

門第的貧富，因宗支、個人的做法與觀念不同而有所不同，在（一）節裏，我們曾談到吳姓中最大的四姓，在孫吳時雖盛極一時，及陸遜之死，却「家無餘財」。陸姓子孫有陸瓊者，南史卷四十八瓊傳曰：

> 瓊性謙儉，不自封植。雖位望日隆，而執志逾下。園池室宇，無所改作。車馬衣服，不尚鮮華。四時祿俸，皆散之宗族，家無餘財。

瓊之作風，似乎與遜相同，三國志卷五十八遜傳就曾說過：

> 遜以為子弟苟有才，不憂不用。不宜私出，以要榮利。若其不佳，終為取禍。

這也許就是吳郡陸氏「家無餘財」的重要原因吧！再看顧氏，南史卷三十五顧覬之傳：

> 覬之家門雍穆，為州郡所重。子綽，私財甚豐，鄉里士庶多負責，覬之禁不能止。及後為吳郡，誘出文券一大厨，悉令焚之，宣語遠近，皆不須還，綽懊歎彌日。

事亦見宋書卷八十一覬之傳而更加詳細，曰：

綽私財甚豐，鄉里士庶多負其責，覬之每禁之，不能止。及後為吳郡，誘綽曰：「我常不許汝出責，定思貧薄亦不可居，民間與汝交關，有幾許不盡，及我在郡，為汝督之，將來豈可得，凡諸券書皆何在？」綽大喜，悉出諸文券一大廚與覬之，覬之悉焚燒。宣語遠近：「負三郎責皆不須還，凡券書悉燒之矣。」綽懊歎彌日。

放責而後私財甚豐，然非顧氏子弟所應爲，故焚燒文劵。以此觀念，故顧氏子弟多貧窮，傳說得很是清楚：「覬之常謂秉命有定分，非智力所移。唯應恭己守道，信天任運。而闇者不達，妄求僥倖。徒虧雅道，無關得喪。」是以南史卷三十五顧憲之傳曰：

憲之雖累經宰郡，資無儋石，及歸，環堵，不免饑寒。

又卷六十二顧協傳：

晉司空和六世孫也。幼孤，隨母養於外氏。……卒官，無衾以斂，為士子所嗟嘆。……協少清介，有志操。初為廷尉正，冬服單薄，寺卿蔡法度欲解襦與之，憚其清嚴，不敢發口，謂人曰：「我願解身上襦與顧郎，顧郎難衣食者，竟不敢以遺之。」及為舍人，同官者皆潤屋，協在省十六載，器服飲食不改於常。有門生始來事協，知其廉潔，不敢厚餉，止送錢二千，協發怒，杖二十，因此事者，絕於饋遺。

以此來看，顧氏之窮固宜。再看張氏，則尚視個人心性而定，宋書卷五十三張茂度傳：

茂度内足於財，自絶人事，經始本縣之華山，以為居止，優游野澤，如此者七年。

南齊書卷二十四張瓌傳：

諸張世有豪氣，瓌宅中常有父（永）時舊部曲數百。……瓌居室豪富，伎妾盈房，有子十餘人，常云其中要應有好者。建武末，屢啓高宗，還吳見許，優游自樂。或有譏瓌衰暮畜伎，瓌曰：「我少好音律，老而方解，平生嗜欲，無復一存，唯未能遣此耳。」

此張氏中以貲財聞者，窮的也不少，梁書卷十六張稷傳：

徵尚書左僕射，輿駕將欲出稷宅，以威署留幸，僕射省舊臨幸供皆酬太官饌直，帝以稷清貧，手詔不受。……稷性烈亮，善與人交，歷官無蓄聚，俸祿皆頒之親故，家無餘財。

又南史卷三十二張融傳：

融家貧欲祿，乃與從叔征北將軍永書曰：「融昔幼學，早訓家風。雖則不敏，率以成性。布衣韋帶，弱年所安。簞食瓢飲，不覺不樂。但世業清貧，人生多待。榛栗棗脩，女贄既長。束帛禽鳥，男禮已大。勉自就官，十年七仕。不欲代耕，何至此事。昔求三吳一丞，雖屬舛錯。今聞南康缺守，願得為之，融不知階級，階級亦可不知。融正以求丞不得，所以求郡，求郡不得，亦可復求丞。」又與吏部尚書王僧虔書曰：「融，天地之逸人也。進不辨貴，退不知賤。實以家貧累積，孤寡傷心，八姪俱孤，二弟頓弱。豈能山海陋祿，申融情累。阮籍愛東平土風，融亦欣晉平閑外。」一時議以融非御人才，竟不果。……高帝素愛融，為太尉時，與融款接，見融常笑曰：「此人不可無一，不可有二。」卽位後，手詔賜融衣曰：「見卿衣服麤故，誠乃素懷有本。交爾藍縷，亦虧朝望。今送一通故衣，意謂雖故，乃勝新也。是吾所著，已令裁減，稱卿之體。並履一量。」

而吳姓中會稽山陰之孔氏，雖有以財聞的，然而亦有很窮的，晉書卷七十八孔安國傳：

安國，字安國。年少數兄三十餘歲。羣從諸兄並乏才名，以富彊自立。唯安國與汪少厲孤貧之操。汪旣以直亮稱，安國亦以儒素顯。

世說德行篇注引續晉陽秋曰：

孔安國，字安國，會稽山陰人，車騎愉第六子也。少而孤貧，能善樹節，以儒素見稱。

吳姓如此，然後再看中原之大姓。

貧富不均，在陳留尉氏阮氏來說，是很顯然的。世說任誕篇曰：

阮仲容（咸）、步兵（籍）居道南，諸阮居道北。北阮皆富，南阮貧。七月七日，北阮咸曬衣，皆紗羅錦綺。仲容以竿掛大布犢鼻褌於中庭。人或怪之，答曰：「未能免俗，聊復爾耳。」

此或出於竹林七賢論，注引之曰：

諸阮前世皆儒學，善居室。唯咸一家尚道棄事，好酒而貧。舊俗，七月七日，法當曬衣。諸阮庭中爛然錦綺，咸時總角，乃竪長竿，掛犢鼻褌也。

太平御覽卷三十一所引稍異，云：

諸阮前世儒學，善屋室，內足於財，唯籍一巷尚道業，好酒而貧。舊俗，七月七日，法當曝衣。諸阮庭中爛然，莫非綈錦。咸時總角，乃堅（豎）長竿，標（掛）大布犢鼻褌於庭中，曰：「未能免俗，聊復共爾。」

此條最爲該備（註二十八）。由此諸條，可以考見陳留尉氏阮氏一姓數支，貧富不同，然而均不妨害其爲陳留尉氏阮氏。其間貧富，固不因於其居道之南北而分，實由於思想觀念的歧異。儒學者「善居室」，「善屋室」，「內足於財」；而「尚道棄事」者輒貧。其貧困的原因，固不僅由於他們「尚道棄事」，可能亦由於他的好酒。

次就琅邪臨沂王氏來看，世說儉嗇篇曰：

司徒王戎，既富且貴，區宅、僮牧、膏田、水碓之屬，洛下無比。契疏鞅掌，每與夫人燭下散籌算計。

注引晉諸公贊曰：

戎性簡要，不治儀望。自遇甚薄，而產業過豐。論者以為臺輔之望不重。

又引王隱晉書曰：

戎好治生，園田周徧天下。翁嫗二人，常以象牙籌晝夜算計家資。

又引晉陽秋曰：

戎多殖財賄，常若不足。

儉嗇篇又錄王戎三事，以見戎之儉嗇：

王戎儉吝，其從子婚，與一單衣，後更責之。

王戎有好李，常賣之，恐人得種，恆鑽其核。

王戎女適裴頠，貸錢數萬。女歸，戎色不悅。女遽還錢，乃懌。

王濬沖的儉嗇貪財，出人意表，與少年時的作風，全然不類，或因處亂世，有爲而達（註二十九）。再看王導，世說德行篇注引丞相別傳曰：

王導，字茂弘，琅邪人。祖覽，以德行稱，父裁，侍御史。導少知名，家世貧約，恬暢樂道，未嘗以風塵經懷也。

導雖琅邪王氏，然而他這一支「家世貧約」。而其「家世」之所以「貧約」，則未嘗論及。導之「恬暢樂道，未嘗以風塵經懷」既爲天性，則猶同南阮以「尚道棄事」，「好酒而貧」，則「家世」之所以「貧約」，似也非偶然的了。

至太原王氏，亦多清貧，晉書卷七十五王述傳曰：

述字懷祖，少孤，事母以孝聞。安貧守約，不求聞達。性沉靜，……少襲父爵。

世說賞譽篇曰：

簡文道王懷祖：「才既不長，於榮利又不淡，直以真率少許，便足對人多多許。」

注引晉陽秋曰：

述少貧約，簞瓢陋巷，不求聞達，由是為有識所重。

晉書本傳又曰：

初，述家貧，求試宛陵令。頗受贈遺，而修家具，為州司所檢，有一千三百條。王導使謂之曰：「名父之子，不患無祿，屈臨小縣，甚不宜耳。」述答曰：「足，自當止。」時人未之達也。此後，屢居州郡，清潔絶倫，祿賜皆散之親故，宅宇舊物，不革於昔，始為當時所歎。

太原王氏似多不堪貧約之苦的，懷祖所爲，已多可議，而到了述孫國寶時，却大有可議了，同卷王國寶傳曰：

國寶貪縱聚斂，不知紀極，後房伎妾以百數，天下珍玩，充滿其室。

又有王濛者，字仲祖，世說言語篇注引王長史別傳曰：

濛字仲祖，太原晉陽人。其先出自周室，經漢、魏，世為大族。祖父佑，北軍中候。父訥，葉令。

賞譽篇注引濛別傳曰：

少孤，事諸母甚謹，篤義穆親，不脩小節，以清貧見稱。

故太原王氏雖貧，不脩小節者有之，貧縱聚斂者有之，能够安貧樂道如王導者可說是沒有的了。

東晉的時候，大姓中貧窮的似乎不少，隨便舉幾個晉書中的例子，卷七十四桓彝傳：

桓彝，字茂倫，譙國龍亢人，漢五更榮之九世孫也。父顥，官至郎中。彝少孤貧，雖簞瓢，處之晏如。

卷七十五范汪傳：

范汪，字玄平。雍州刺史晷之孫也。父稚，蚤卒。汪少孤貧，六歲，過江，依外家新野庾氏。……及長，好學，外氏家貧，無以資給，汪乃廬於園中，布衣蔬食，然薪寫書，寫畢，誦讀亦遍，遂博學多通。

同卷劉惔傳：

劉惔，字真長，沛國相人也。祖宏，字終嘏，光祿勳。宏兄粹，字純嘏，侍中。宏弟潢，字沖嘏，吏部尚書。並有名。中朝時，人語曰：「洛中雅雅有三嘏」。父耽，晉陵太守，亦知名。惔少清遠有標奇，與母任氏，寓居京口，家貧，織芒屩以為養。雖蓽門陋巷，晏如也。人未之識，惟王導深器之。

北堂書鈔卷一百三十六俗說曰：

劉真長居丹徒，家至貧，往市賣屩，路經射堂，方回數出射堂，呼之，答曰：「老母朝來未得食，至市貨屩，不得展詣也。」

又晉書卷七十五韓伯傳：

韓伯，字康伯，潁川長社人也。母殷氏，高明有行，家貧窶，伯年數歲，至大寒，母方為作襦，令伯捉熨斗，而謂之曰：「且著襦，尋當作複褌。」伯曰：「不復須。」母問其故，對曰：「火在斗中，而柄尚熱。今既著襦，下亦當煖。」母甚異之。

亦見世說夙惠篇。而世說中，亦多貧困之例，德行篇曰：

范宣年八歲，後園挑菜誤傷指，大啼。人問：「痛邪？」答曰：「非為痛也。但身體髮膚，不敢毀傷。是以啼耳。」宣潔行廉約，韓豫章（伯）遺絹百匹，不受。減五十匹，復不受。如是減半，遂至一匹，既終不受。韓後與范同載，就車中裂二丈與范，云：「人寧可使婦無褌邪？」范笑而受之。

注引中興書曰：

宣家至貧，罕交人事。豫章太守殷羨見宣茅茨不完，欲為攻室，宣固辭。庾爰之以宣貧，加年饑疾疫，厚餉給之，宣又不受。

又言語篇曰：

李弘度常歎不被遇，殷揚州（浩）知其家貧，問：「君能屈志百里不！」李答曰：「北門之歎，久已上聞。窮猿奔林，豈暇擇木。」遂授剡縣。

又文學篇：

袁虎（宏小字）小貧，嘗為人傭，載運租。

注引續晉陽秋曰：

虎少有逸才，文章絕麗。……少孤而貧，以運租為業。

此所以德行篇殷仲堪謂「貧者，士之常。」

不過，有一現象須要注意，就是東晉大姓多貧，劉宋以後，則很少清貧之記載（註三十）。這或許是由於東晉大姓，渡江不久，基礎不固；或抱反旋之望（註三十一），未能安定下來。而劉宋以後，不僅苟安的局面早成，而劉宋剝奪大姓兵權，大姓同時喪失對國家民族的責任心，而全力為自身打算了（註三十二）。是否為本身打算，才是門第貧富的關鍵所在，而僑大姓中，最特出的例子，就是陳郡陽夏的謝氏了。從東晉以下，門第子弟生活的富裕，全力為自身打算，歷時之久，似乎很少能超過謝氏的。世說識鑒篇曰：

謝公在東山蓄妓，簡文曰：「安石必出，既與人同樂。亦不得不與人同憂。」

注引宋明帝文章志曰：

安縱心事外，疏略常節。每蓄女妓，攜持游肆也。

晉書卷七十九謝安傳曰：

又於土山營墅，樓館林竹甚盛。每攜中外子姪，往來游樂。肴饌亦屢費百金，世頗以此譏焉，而安殊不以屑意。

史臣曰……然激繁會於期服之辰，敦一歡於百金之費。

宋書卷五十八謝弘微傳：

混，仍世宰輔，一門兩封，田業十餘處，僮僕千人，惟有二女年數歲。弘微經紀生業，事若在公，一錢尺帛，出入皆有文簿。……東鄉君薨後，資財鉅萬，園宅十餘。

又會稽、吳興、琅邪諸處，太傅司空琰時事業，奴僮猶有數百人。

南史卷二十謝弘微傳：

謝密，字弘微。晉西中郎萬之曾孫，尚書右僕射景仁從子也。祖韶，車騎司馬。父思，武昌太守。弘微年十歲，繼從叔峻，名犯所繼內諱，故以字行。……峻，司空琰子也，於弘微，本服緦親戚中表，素不相識。……義熙初，襲爵建昌縣侯。弘微家素貧儉，而所繼豐泰，唯受數千卷書，國吏數人而已。遺財祿秩，一不關預。混聞而驚歎，謂國郎中令漆凱之曰：「建昌國祿，本應與北舍共之。國侯旣不屑意，今可依常分送。」弘微重混言，乃少有所受。北舍，弘微本家也。……晉世名家，身有國封者，起家多拜員外散騎侍郎，弘微亦拜員外散騎侍郎，琅邪王大司馬參軍。義熙八年，混以劉毅黨見誅，混妻晉陵公主，改適琅邪王練，公主雖執意不行，而詔與謝氏離絕，公主以家事委之弘微。混仍世宰相，一門兩封，田業十餘處，僮役千人，唯有二女，年並數歲。弘微經紀生業，事若在公，一錢尺帛，出入皆有文簿。宋武受命，晉陵公主降封東鄉君，以混得罪前代，東鄉君節義可嘉，聽還謝氏。自混亡，至是九年，而室宇修整，倉廩充盈，門徒不異平日，田疇墾闢，有加於舊。……居身清約，器服不華，而飲食滋味，盡其豐美。……及東鄉君薨，遺財千萬，園宅十餘所，又會稽、吳興、琅邪諸處，太傅安、司空琰時事業，奴僮猶數百人。公私咸謂室內資財，宜歸二女；田宅僮僕，應屬弘微。弘微一不取財物，自以私祿營葬混。女夫殷叡，素好樗蒱，聞弘微不取財物，乃濫奪其妻妹及伯母兩姑之分，以還戲責。內人皆化弘微之讓，一無所爭。……或有譏謝氏累世財產充盈，君一朝戲責，譬棄物江海以為廉耳。弘微曰：「親戚爭財，為鄙之甚。今內人尚能無言，豈可導之使爭。今分多少，不至有乏。身死之後，豈復見關？……」

安、琰以下謝氏累世財產雖因此而稍稍散去，然而又有謝靈運的起來，南史卷十九謝靈運傳曰：

謝靈運，安西將軍奕之曾孫，而方明從子也。祖玄，晉車騎將軍。父瑍，生而不惠，位秘書郎，早亡。……襲封康樂公，以國公例，除員外散騎侍郎，不為。就瑯邪王大司馬行參軍。性豪侈，車服鮮麗，衣物多改舊形制，世共宗之，咸稱謝康樂也。……靈運父祖並葬始寧縣，並有故宅，及墅，遂移籍會稽，修營舊業，傍山帶江，盡幽居之美，與隱士王弘之，孔淳之等，放蕩為娛，有終焉之志。……靈運因祖父之資，生業甚厚，奴僮既眾，義故、門生數百，鑿山浚湖，功役無已。尋山陟嶺，必造幽峻。……會稽東郭有回踵湖，靈運求決以為田，文帝令州郡履行。此湖去郭近，水物所求，百姓惜之。（太守孟）顗堅執不與。靈運既不得回踵，又求始寧休崲湖為田，顗又固執。靈運謂顗非存利人，政慮決湖多害生命，言論傷之，與顗遂隙。因靈運橫恣，表其異志，發兵自防，露板上言。靈運馳詣闕，上表自陳本末。文帝知其見誣，不罪也。

事實上，謝靈運祖父之資，及本身所經營，產業已頗為可觀，全宋文卷三十一引其山居賦云：

……其居也，左湖右江，往渚還江。面山背阜，東阻西傾。抱含吸吐，款跨紆縈。綿聯邪亙，側直齊平。近東，則上田下湖，西谿南谷。石埭石滂，閔硎黃竹。決飛泉於百仞，森高薄於千麓。寫長源於遠江，派深毖於近瀆。近南，則會以雙流，縈以三洲。表裏回游，離合山川。崿崩飛於東峭，槃傍薄於西阡。拂青林而激波，揮白沙而生漣。近西，則楊賓接峯，唐皇連縱。室壁帶谿，曾孤臨江。竹緣浦以被綠，石照澗而映紅。月隱山而成陰，木鳴柯以起風。近北，則二巫結湖，兩智通沼。橫石判盡，休周分表。引修隄之逶迤，吐泉流之浩溔。山磯下而回澤，瀨石上而開道。……爾其舊居，曩宅今園。枌槿尚援，基井具存。曲術周乎前後，直陌矗其東西。豈伊臨谿而傍沼，迺抱阜而帶山。考封域之靈異，實茲境之最然。葺駢梁於巖麓，棲孤棟於江源。敞南戶以對遠嶺，闢東窗以矚近田。田連岡而盈疇，嶺枕水而通阡。阡陌縱橫，塍埒交經。導渠引流，脉善溝井。蔚蔚豐秋，苾苾香秔。送夏蚤秀，迎秋晚成。兼有陵陸，麻麥粟菽。候時覘節，遞藝遞孰。供粒食與漿飲，謝工商與衡牧。生何待於多資，理取足於滿腹。……爰初經略，杖策孤征。入澗水涉，登嶺山行。陵頂不息，窮泉不停。櫛風沐雨，犯露乘星。研其淺思，罄其短規。非龜非筮，擇良選奇。翦榛開逕，尋石覓崖。四山周回，雙流逶迤。面南嶺，建經臺。倚北阜，築講堂。傍危峯，立禪室。臨浚流，列僧房。……若乃南北兩居，水通陸阻。觀風瞻雲，方知厥所。南山，則夾渠二田，周嶺山苑。九泉別澗，五谷異巘。羣峯參差出其間，連岫複陸成其坂。衆流溉灌以環近，諸堤擁抑以接遠。遠堤兼陌，近流開湍。淩皋泛波，水往步還。還回往帀，枉渚員巒。呈美表趣，胡可勝單。抗北頂以葺館，殷南峰以啓軒。羅曾崖於戶裏，列鏡瀾於窻前。………（南山，是開創卜居之處也。從江樓步路，跨越山嶺，綿亘田野，或升或降，當三里許。………及至所居之處，自西山開道，迄于東山，二里有餘。………）………北山二園，南山三苑。百果備列，乍近乍遠。羅行步株，迎早候晚。猗蔚溪澗，森疎崖巘……。

謝康樂對於他的「山居」雖然描寫詳盡，修辭美麗，從其中，也可以看出這一大片土地，實用的價值很少，依山滂水，優游其中，聊以卒歲。一定要把他形容成一自足自給的莊園（註三十三），作爲門第莊園經濟的一個樣本，是不對的。因爲，這不過是他的一個「山居」而已，前引本傳就說「靈運因祖父之資，生業甚厚，奴僮既衆，義故，門生數百」，除了「鑿山浚湖，功役無已」以外，還「尋山陟嶺，必造幽峻」發展他的事業。像會稽回踵湖，始寧休崲湖，他想要決以爲田，只是沒有成功而已。

而當時，富有的門第，他們所藉的，不僅是耕種田地，他們的生業是多方面的，他們可以像前引宋書卷八十一顧顗之傳所說他兒子顧綽的放責(註三十四)，宋書卷二武帝紀所說占山湖川澤，向小民薪採漁釣者責以稅直。更多的，是經營商業，宋書卷七十七柳元景傳：

時在朝勳要，多事產業，唯元景獨無所營。南岸有數畝菜園，守園人賣得錢二萬送還宅，元景曰：「我立此園，種菜以供家中啖爾，乃復賣菜以取錢，奪百姓之利邪？」以錢乞守園人。

宋書卷八十四孔覬傳：

覬弟道存、從弟徽，頗營產業。二弟請假東還，覬出渚迎之，輜重十餘船，皆是綿絹紙席之屬。覬見之僞善，謂曰：「我比困乏，得此甚要。」因命上置岸側。旣而正色謂道存等曰：「汝輩忝預士流，何至還東作賈客邪？」命左右取火燒之，燒盡乃去。

按南朝商稅頗重，朝廷雖屢次下詔減免，負擔仍重(註三十五)，而南史卷七十七沈客卿傳曰：

舊制：軍人、士人、二品清官，並無關市之稅。

再加上政治力量的支持，門第中人從事商業，較之一般商人，自是方便有利多了。

門第中人，如不務「生業」，雖有政治上的特權，「平流進取，坐至公卿」（註三十六），然在朝廷財政困難的南朝，俸祿所得，當極有限。而他們又務求清官，而不願擔任濁官，清高則清高矣，金錢的來路則相反地減少。再加上為了維持門第的地位聲譽，日常開銷必大。如此一來，能夠不清貧的，就很難得了。這也就是為什麼在最講求門當戶對的時代，有與富室通婚的情形出現。（註三十七）

然後可以知道門第的貧富，與他們的地位無關，不因貧而不成其為門第，亦不因富而地位上升。對於一具有自尊心，而且自重的門第子弟來說，決不貪利，亦不求利，他所求的是社會的「清望」，貧窮可能更有助於「清望」的增高，與社會地位的上升。這可說是門第精神的內在顯現，不能了解這點，自然不可能了解中古的門第了。

（註　一）有關這一方面已發表的論著，有「永嘉前後吳姓與僑姓關係之轉變」，政治大學學報第二十六期，民六十一年十二月，及「中古南方門第——吳郡朱張顧陸四姓之比較研究」，政治大學學報第二十七期，民六十二年六月。

（註　二）「舊姓」一名，見世說賞譽篇，又見文選卷五吳都賦劉淵林注。

（註　三）「吳姓」一名，始見於唐書卷一百九十九儒學柳沖傳節引柳芳之論著，而不見於唐以前之書，故可視之為唐人的說法。

（註　四）參見拙著「中古南方門第——吳郡朱張顧陸四姓之比較研究」，政治大學學報第二十七期，頁二七一——四，吳四姓先世的考察。

（註　五）岡崎文夫、宮川尚志兩氏主張，說見拙著「中古南方門第——吳郡朱張顧陸四姓之比較研究」，政治大學學報第二十七期，頁二九六——七，（註五）。

（註　六）參見拙著「中古南方門第——吳郡朱張顧陸四姓之比較研究」，政治大學學報第二十七期，頁二九七，（註六）。

（註　七）關於孫吳大族有兵，可參看呂思勉秦漢史下册頁五〇五——七，金發根永嘉亂後北方的豪族頁一六——三六，又唐長孺孫吳建國及漢末江南的宗部與山賊，魏晉南北朝史論叢。

（註　八）四姓子弟文武兼修並擅，從三國志、晉書有關四姓諸傳皆可證明，參看拙著「中古南方門第——吳郡朱張顧陸四姓之比較研究」，政治大學學報第二十七期，頁二七六——二八〇。

（註　九）參看拙著「中古南方門第——吳郡朱張顧陸四姓之比較研究」，政治大學學報第二十七期，頁二八〇——二。

（註　十）唐書卷一百九十九儒學柳沖傳引柳芳之論著中所說。

（註　十一）拙著「中古南方門第——吳郡朱張顧陸四姓之比較研究」，政治大學學報第二十七期，頁二八二。

（註 十二）李周翰注此條，以為「疊，重也。累葉，猶如木葉相蔭多也。言王覇之業，雖疊葉百重，而富彊不絶，故曰相繼」，是指孫氏而言，今轉借以形容四姓。

（註 十三）參看芳貞一師魏晉南北朝史頁二六——七。

（註 十四）參見拙著「永嘉前後吳姓與僑姓關係之轉變」，政治大學學報第二十六期，頁二二三——七。

（註 十五）參見拙著「永嘉前後吳姓與僑姓關係之轉變」，政治大學學報第二十六期，頁二二〇。

（註 十六）參見拙著「魏晉思想與談風」頁一九三——五。

（註 十七）按錢氏之十駕齋養新錄卷六「晉僑置州郡無南字」、「晉書沿襲之誤」條並言「僑州郡」事，可參看。

（註 十八）見程氏中國歷史地理「兩晉篇」，中國歷史地理頁二四——五。

（註 十九）陶希聖、武仙卿二氏之南北朝經濟史，以為「這遷移的人口是不著戶籍的，史書稱之為『浮浪人』，對於政府的貢納，僅是隨意樂輸，樂輸的數目比正課是輕微的多。南方從東晉以降，就有大批的這樣人口，戶籍既然紊亂，賦稅亦無頭緒」，見頁五九——六〇。這種說法的錯誤是很顯然的，卻為一般人所普遍採用。

（註 二十）按此條，杜佑蓋採自隋書卷二十四食貨志，文字稍異。

（註二十一）按發奴助兵，早於惠帝時卽有其法，晉書卷四惠帝紀云：「太安二年（三〇三）十一月，發奴助兵，號為四部司馬。」薩孟武氏中國社會政治史第二冊頁一〇五特別指出這點來。

（註二十二）見陳書卷三世祖紀、通典卷三食貨典鄉黨（土斷，版籍並附）條。

（註二十三）參考拙著「永嘉前後吳姓與僑姓關係之轉變」，政治大學學報第二十六期，頁二二〇——二二七。「南朝的門第」，食貨月刊復刊第三卷第五期，頁二〇一。

（註二十四）參見拙著「永嘉前後吳姓與僑姓關係之轉變」，政治大學學報第二十六期，頁二〇八。

（註二十五）參見拙著「永嘉前後吳姓與僑姓關係之轉變」，政治大學學報第二十六期，頁二〇七——八。

（註二十六）對於這點，陶希聖、武仙卿二氏的看法不同，他們認為「南北朝時，有兩種土地存在，一種是官有地，一種是私有地。………南朝與北朝的情形不同，官有地面積的狹小，使政府領地的土地所有形態不甚顯著。而顯著的土地所有形態，是大族的土地私有制。南朝未經像中原那樣的長期荒亂，秦漢以來所發展的土地私有並未破壞，大土地所有，從東吳以來，都是巍然存在的」，然而他們並沒有能從東漢、孫吳找到像他們所說的，只是從晉書中舉兩個例子，其他的更是宋書的材料了，見兩氏南北朝經濟史頁三〇——四。

（註二十七）以荊州為例，後漢書卷三十二，「荊州刺史，部郡七，縣邑侯國百一十七」，計其戶，凡一百三十九萬九千三百七十四，口六百二十六萬五千九百五十二。及晉，晉書卷十五地理志，稱其「統郡二十二，縣一百六十九，戶三十五萬七千五百四十八。」同書卷八十五劉毅傳，則至毅之時，「荊州編戶不盈十萬」。毅上表云，「今江左區區，戶不盈數十萬，地不踰數千里」，情形之惡化，可以想見。

（註二十八）拙著「竹林七賢研究」既引此數條，復云：「然則云仲容掛犢鼻褌於庭中，不當實言『籍一卷』。若以仲容為籍兄熙之子，居宅相接，其尚道業同，其好酒也同，而襲注所引『咸一家』說又自可疑。照則世說遂爾並言仲容、步兵者，豈以此乎？尋考元瑜既受學於中郎之門，復當倉曹之任，而言『諸阮前世儒學，善居室，內足於財』，自屬可能，揆之嗣宗少年，亦足為證。是知當如竹林七賢論所云，此但仲容家事耳，而與步兵無所關涉。」頁一八，——一九。今按此番解釋過於牽強，咸為熙子，熙又籍之兄，則「咸一家」「籍一卷」並可通，指「南阮」也。

（註二十九）參考拙著「竹林七賢研究」，頁五一——五四。

（註　三十）這是指比較而言，因為即使像下面所說的陳郡謝氏，依然有窮的，南史卷二十謝朏傳曰：「又以家貧乞郡，辭旨抑揚，詔免官禁錮。」

（註三十一）晉書卷七十五范寧傳，寧陳時政有曰：「昔中原喪亂，流寓江左，庶有旋反之期，故許其挾注本郡。」亦見通典卷三食貨典鄉黨條。

（註三十二）參見拙著「南朝的門第」，食貨月刊復刊第三卷第五期，頁二〇三。

（註三十三）陶希聖、武仙卿以為「謝靈運的莊園，設備算得是比較完備。農產果林，莫不具備。他自己也曾說道：『春秋有待，朝夕須資。既耕以飯，亦桑貿衣。藝菜當肴，鋤藥救頹。』這是一個自足自給的莊園」，見兩氏南北朝經濟史頁三十三。

（註三十四）參見陶希聖、武仙卿二氏南北朝經濟史頁一一三，——四。

（註三十五）參見陶希聖、武仙卿二氏南北朝經濟史，頁八九——九一。

（註三十六）南齊書卷二十三褚淵王儉傳（蕭子顯）論中語。

（註三十七）參見沈休文奏彈王源，文選卷四十。

（原載「大陸雜誌」四十八卷一期，民六十三年一月）

七、北朝門第經濟之研究

就中國來說，南方的開發是比較遲的（註一）；而在北方，這一廣大的平原，包括關中及山東地區，經過多年的經營，土地利用已達可驚的程度。先天的差異（註二），加上後天的因素，使得中古時期的南朝和北朝，在任何方面，幾乎都呈現着相異的面目，絕對不能加以一概而論（註三）。因之，在討論了南朝的門第經濟（註四）之後，我們將要來探討一下北朝的門第經濟，而後，始可以看出兩方的實際差異來。

一

北方的開發，可溯自石器時代，由於環境的關係，很早就進入了農業社會。殷墟發現的甲骨文，已多有關的文字（註五），且同時亦發現了稻穀存在的實物證明（註六）。周的始祖后稷，既為上古有名的農師，而詩經中，亦多周先世經營農事的記載。在農業社會中，除開雨水及陽光外，就是土地與人口，相輔相成，缺一不可，且過猶不及，不能超出它的適當比例。因之，在人口因為環境及生活的日漸改善，而日益增長（註七）之後，已開發而可供使用的土地遂形不足。尤其在封建制度破壞之後，土地遂逐漸為有權勢財富的人所兼幷，土地既歸附於少數人之手，其權勢財富亦愈形增加，形成一惡性循環。然土地須人力的配合，土地愈廣，須人亦愈多，故兼併土地愈多者，其須擁有人力亦愈多。因之，當戰亂而導致人口遽形減削時，如何取得人口，亦為這些人所致力的方向，而不問其取得是否合法。秦漢以下，這種情形日形顯著，導致嚴重的社會問題、經濟問題，亦形成嚴重的政治問題。漢書卷二十四上食貨志上，董仲舒說上曰：

至秦，則不然，用商鞅之法，改帝王之制，除井田，民得賣買，富者田連仟陌，貧者亡立錐之地。又顓川澤之利，管山林之饒，荒淫越制，踰侈以相高。邑有人君之尊，里有公侯之富，小民安得不困？又加月為更卒，已復為正，一歲屯戍，一歲力役，三十倍於古。田租口賦，鹽鐵之利，二十倍於古。或耕豪民之田，見稅什五，故貧民常衣牛馬之衣，而食犬彘之食。………古井田法，雖難以卒行，宜少近古，限民名田。（師古曰：「名田，占田也，各為立限，不使富者過制，則貧弱之家可足也。」）以澹不足，塞幷兼之路，鹽鐵皆歸於民，去奴婢，除專殺之威，薄賦歛，省繇役，以寬民力，然後可善治也。

哀帝卽位，師丹亦建言：

古之聖王，莫不設井田，然後治迺可平。孝文皇帝，承亡國亂秦，兵革之後，天下空虛，故務勸農桑，帥以節儉，民始充實，未有并兼之害，故不為民田及奴婢為限。

(師古曰：「不爲作限制。」）今累世承平，豪富吏民訾數萬而貧弱愈困……宜略為限。

「天子下其議，丞相孔光、大司空何武，奏請諸侯王、列侯皆得名田國中，列侯在長安，公主公田縣道，及關內侯、吏民名田，皆毋過三十頃。諸侯王奴婢二百人，列侯、公主百人，關內侯，吏民三十人，期盡三年，犯者沒入官。時田宅奴婢，賈爲減賤……寢不行。」

(註八）平帝崩，王莽居攝，遂篡位，下令曰：

漢氏減輕田租，三十而稅一，常有更賦，罷癃咸出，而豪民侵民陵，分田刼假，

(師古曰：「分田，謂貧者無田，而取富人田耕種，共分其所收也。假，亦謂貧人賃富人之田也。刼者，富人刼奪其稅。侵，欺之也。」）厥名三十，實什稅五也。富者，質而為邪；貧者，窮而為姦，俱陷於辜，刑用不錯。今更名天下田曰王田，奴婢曰私屬，皆不得賣買。其男口不滿八，而田過一井者，分餘田與九族鄉黨。犯令，法至死。

「制度又不定，吏緣爲姦，天下嗸嗸然，陷刑者衆。後三歲，莽知民愁，下詔諸食王田及私

屬，皆得賣買，勿拘以法。」同書卷九十九王莽傳中亦曰：

始建國元年……莽曰：「古者，設廬井八家，一夫一婦田百畝，什一而稅，則國給民富，而頌聲作。……秦為無道……壞聖制，廢井田，是以兼幷起，貪鄙生，強者規田以千數，弱者曾無立錐之地。又置奴婢之市，與牛馬同蘭。（師古曰：「蘭，謂遮蘭之，若牛馬蘭圈也。」）……漢氏減輕田租，三十而稅一，常有更賦，罷癃咸出，而豪民侵陵，分田刼假，厥名三十稅一，實什稅五也。……予前在大麓，始令天下公田曰井……今更名天下田曰王田，奴婢曰私屬，皆不得賣買。其男口不盈八，而田過一井者，分餘田予九族鄰里鄉黨。故無田，今當受田者，如制度。敢有非井田聖制，無法惑衆者，投諸四裔。」……於是農商失業，食貨俱廢，民人至涕泣於市道。及坐賣買田宅奴婢……自諸侯、卿大夫，至于庶民，抵罪者不可勝數。……莽知民怨，迺下書曰：「諸名食王田皆得賣之，勿拘以法。私買賣庶人者，且一切勿治。」

王莽的「名天下田曰王田，奴婢曰私屬，皆不得賣買」，由於反對者衆，不能貫徹，三年即廢。東漢諸帝更不再提起，不是說情況已經改善，而是知道此一措施的吃力不討好，何必再自討沒趣。後漢書卷七十九仲長統傳引其昌言理亂篇曰：

漢興以來，相與同為編戶齊民，而以財力相君長者，世無數焉。……豪人之室，連棟數百，膏田滿野，奴婢千羣，徒從萬計。（徒，衆也。附，親也。）

又損益篇曰：

井田之變，豪人貨殖，館舍布於州郡，田畝連於方國。………不為編戶一伍之長，而有千室名邑之役。………限夫田以斷幷兼，定五刑以救死亡。

崔寔政論亦曰：

漢承秦弊，尊奬兼幷，上家㮾巨萬，厥地侔封君。

說古帥所以諷今。這種情況，不僅東漢未能尋求有效之解決辦法，且一直發展下去。三國志卷十六倉慈傳曰：

太和中，遷燉煌太守。………舊大族田地有餘，而小民無立錐之地。

及晉之統一，晉書卷二十六食貨志曰：

及平吳之後，有司又奏：「詔書：『王公以國為家，不宜復有田宅，今未暇作諸國邸，當使城中有往來處，近郊有芻藁之田。』今可限之，國王公侯，京城得有一宅之處，近郊田，大國田十五頃，次國十頃，小國七頃，城內無宅，城外有者，皆聽留之。」又制戶調之式，丁男之戶，歲輸絹三匹，綿三斤；女及丁次男為戶者，半輸，其諸邊郡，或三分之二，遠者，三分之一；夷人輸賨布，戶一匹，遠者或一丈。男子一人，占田七十畝，女子三十畝，其外，丁男課田五十畝，丁女二十畝，次丁男半之，女則不課。男女年十六巳上，至六十，為正丁；十五巳下，至十三，六十一巳上，至六十五，為次丁；十二巳下，六十六巳上，為老小，不事。遠夷不課田者，輸義田，戶三斛；遠者五斗；極遠者，輸算錢，人二十八文。其官品第一至于第九，各以貴賤占田，第一者，占五十頃；第二品，四十五頃；第三品，四十頃；第四品，三十五頃；第五品，三十頃；第六品，二十五頃；第七品，二十頃；第八品，十五頃；第九品，十頃。而又各以品之高卑蔭其親屬，多者及九屬，少者三世。宗室、國賓、先賢之後，及士人子孫亦如之。而又得蔭人以為衣食客及佃客，品第六巳上，得衣食客三人；第七、第八品二人；第九品、及舉輦、跡禽、前驅、由基、強弩、司馬、羽林郎、殿中宂從武賁、殿中武賁、持椎斧武騎武賁、持鈒宂從武賁、命中武賁武騎一人。其應有佃客者，官品第一、第二者，佃客無過五十戶，第三品十戶，第四品七戶，第五品五戶，第六品三戶，第七品二戶，第八品、第九品一戶。是時天下無事，賦稅平均，人咸安其業而樂其事。

這時，官方之所以制定品官得以占田畜奴，其事同於兩漢，卽因事實上，占田畜奴者太多，又無法禁絕，只好稍加限制。而這種限制，生效似乎也不大，因爲反對的人太多，同書卷四十六李重傳曰：

遷太子舍人，轉尚書郎，時太中大夫恬和表陳便宜，稱：「漢孔光、魏徐幹等議，使王公已下制奴婢限數，及禁百姓賣田宅。」中書啓可屬主者為條例，重奏曰：「先王之制，士農工商有分，不遷其業，所以利用厚生，各肆其力也。周官以土均之法，經其土地；井田之制，而辨其五物，九等貢賦之序，然後公私制定，率土均齊。自秦立阡陌，建郡縣，而斯制已沒。降及漢魏，因循舊跡，王法所峻者，唯服物車器有貴賤之差，令不僭擬，以亂尊卑耳。至於奴婢私產，則實皆未嘗曲為之立限也。八年己巳詔書，申明律令，諸士卒百工以上，所服乘皆不得違制。若一縣一歲之中，有違犯者三家，洛陽縣十家已上，官長免。如詔書之旨，法制已嚴。令如和所陳，而稱光、幹之議，此皆衰世踰侈，當時之患。然盛漢之初，不議其制，光等作而不行，非漏而不及，能而不用也。蓋以諸侯之軌既滅，井田之制未復，則王者之法，不得制人之私也。人之田宅，既無定限，則奴婢不宜偏制其數，懼徒為之法，實碎而難檢。方今聖明垂制，每尚簡易，法禁已具，和表無施。」

李重主張「不得制人之私」，此必爲當時普遍的說法，則有限之制，自也形同具文了。而我們要知道，自漢末以來，新的士族，即所謂門第日漸興起。尤其在曹魏，九品中正的選擧制下，獲得仕宦的特殊優惠，而更形發展（註九）。他們可由於他們的家族背景，平流進取，坐而至於公卿（註十）。以這種政治地位，在經濟上，至少也可享受到官方所給予的占田畜奴的規定數額，這已相當可觀了，何況，還遠過於此呢？世說儉嗇篇曰：

司徒王戎，既貴且富，區宅僮牧，膏田水碓之屬，洛下無比。契疏鞅掌，每與夫人燭下散籌算計。

注引晉諸公贊曰：

戎性簡要，不治儀望，自遇甚薄，而產業過豐，論者以為臺輔之望不重。

又引王隱晉書曰：

戎好治生，園田周偏天下，翁嫗二人，常以象牙籌晝夜算計家資。

又引晉陽秋曰：

戎多殖財賄，常若不足。或謂戎故以此自晦也。

此不過一例，說明當時占田畜奴，尤其門第中人占田畜奴之風之烈，數目之衆，遠過朝廷之規定限額，然而也很少有人認爲不當的。

土地的兼并，奴婢的擁有，形成貧富懸殊的社會。歷代政府間或有意改善此一日漸惡化的局面，然而形勢既成，亦只有徒喚奈何了。最多加以限制，卽無力眞正地將土地加以重新分配，奴婢加以解放，在永嘉之亂以前的中國北方來說，這無疑是一種不切合實際的幻想。

二

長久以來，北方大草原的游牧民族，對於中國來說，始終是一個解決不了的問題。由於客觀條件的存在，在朝廷來說，不論是採取消極的退讓，抑或是積極的用兵，最多只能保持短暫的和平，而難謀永遠的太平。尤其在漢武採取了新的政策，將降胡徙置邊地（註十一）以後，危機愈深。到晉初的時候，這些異族對於晉帝國的中心地區，已形成了半包圍的形勢（註十二）。在這期間，雖有一二有心人提出警告，主張徙戎，亦得不到別人的重視（註十三）。因爲一般人的注意力早已被引向權力與利益的爭奪上去了。政治是如此的腐化，內爭是如此的激烈，永嘉之亂不過是大亂局的開始，晉室南渡了，北方遂而成爲五胡的天下。

經過漢末一連串的禍亂，中國本土的人口即已大減，到晉初統一中國時，人口已遠遜於漢時。通典卷七歷代盛衰戶口曰：

後漢光武建武中，兵革漸息，至中元二年，戶四百二十七萬六百三十四，口二千一百萬七千八百二十。明章之後，天下無事，務在養民，至於孝和，人戶滋殖。桓帝永壽三年，戶千六十七萬七千九百六十，口五千六百四十八萬六千八百五十六。靈帝遭黃巾為寇，獻帝遇董卓稱亂，大焚宮廟，刼御西遷，是以興平、建安之際，海內荒殘，人戶所存，十無一二。

魏武據中原，劉備割巴蜀，孫權盡有江東之地，三國鼎立，戰爭不息。及平蜀，得戶二十八萬，口九十四萬，帶甲將士十萬二千，吏四萬，通計戶九十四萬三千四百二十三，口五百三十七萬二千八百八十一，除平蜀所得，當時魏氏唯有戶六十六萬三千四百二十三，口有四百四十三萬二千八百八十一。

晉武帝太康元年，平吳，收其圖籍，戶五十三萬，吏三萬二千，兵二十三萬，男女口二百三十萬，後宮五千餘人，九州攸同，大抵編戶二百四十五萬九千八百四，口千六百一十六萬三千八百六十三，此晉之極盛也(註十四)。

所以在三國時，已互相掠奪人口，以充實自己(註十五)。而晉統一不久，八王之亂又起，五胡趁機騷亂，這時的中國關中及山東人口，不僅有很大數量的因戰爭而死亡，而流散者亦復不少(註十六)，晉書卷二十六食貨志曰：

惠帝之後，政教陵夷，至於永嘉，喪亂彌甚。……人多饑乏，更相鬻賣，奔迸流移，不可勝數。

同書卷六十二劉琨傳亦曰：

臣自涉州彊，目覩困乏，流移四散，十不存二，攜老扶弱，不絕於路，及其存者，鬻賣妻子，生相捐弃，死亡委厄，白骨橫野，哀呼之聲，感傷和氣。

因之五胡之入據中國者，亦往往掠奪對方人口，在遷移時亦率人口以自隨（註十七）。這是由於五胡人口本就不多，尤其在他們進入了中國的廣大空間，愈感不足，爲了兵源及生產所需，不得不如此。卽使如此，或是就因爲如此，在游牧民族廣布中原之後（註十八），依然是赤地千里，杳無人煙（註十九）。

等到北方爲鮮卑拓拔氏所統一，建國曰魏，仍然是地廣人稀（註二十）。而且在長期戰亂之後，土地早已無主，自然而然地，土地就是國有了（註二十一）。而現在的問題不在土地，而在於使用土地的人力的缺乏。爲使得土地得以有效使用，而政府亦能得到充分的賦稅收入起見（註二十二），遂有孝文帝太和十年均田制的頒布，魏書卷七上高祖紀太和九年十月丁未詔曰：

今遣使者循行州郡，與牧守均給天下之田，還受以生死為斷。勸課農桑，興富民之本。

同書卷一百十食貨志曰：

先是，天下戶以九品混通。戶調：帛二匹，絮二斤，絲一斤，粟二十石。又入帛一匹二丈，委之州庫，以供調外之費。至是，戶增帛三匹，粟二石九斗，以為官司之祿。後增調外帛滿二匹。所調，各隨其土所出。………九年，下詔，均給天下民田。諸男夫十五以上，受露田四十畝，婦人二十畝，奴婢依良丁，牛一頭，受田三十畝，限四牛。所授之田，率倍之；三易之田，再倍之，以供耕作，及還受之盈縮。諸民年及課則受田，老免，及身沒則還田，奴婢、牛，隨有無以還受。諸桑田，不在還受之限。但通入倍田分，於分雖盈，沒則還田，不得以充露田之數。不足者，以露田充倍。諸初受田者，男夫一人，給田二十畝，課蒔，餘種桑五十樹，棗五株，榆三根，非桑之土，夫給一畝，依法課蒔榆棗；奴各依良。限三年種畢，不畢，奪其不畢之地。於桑榆地分，雜蒔餘果，及多植桑榆者，不禁。諸應還之田，不得種桑榆棗果，種者，以違令論，地入還分。諸桑田，皆為世業，身終不還，恆從見口，有盈者無受無還，不足者，受種如法。盈者得賣其盈，不足者得買所不足。不得賣其分，亦不得買過所足。諸麻布之土，男夫及課，別給麻田十畝，婦人五畝，奴婢依良，皆從還受之法。諸有舉戶老小癃殘無授田者，年十一已上，及癃者，各授以半夫田，年踰七十者，不還所受。寡婦守志者，雖免課，亦授婦田。諸還受民田，恆以正月。若始受田而身亡，及賣買奴婢、牛者，皆至明年正月，乃得還受。諸土廣民稀之處，隨力所及，官借民種蒔役，有土居者，依法封授。諸地狹之處，有進丁受田而不樂遷者，則以其家桑田為正田，分又不足，不給倍田，又不足，家內人別減分。無桑之鄉，準此為法。樂遷者，聽逐空荒，不限異州他郡，唯不聽避勞就逸。其地足之處，不得無故而移。諸民有新居者，三口給地一畝，以為居室；奴婢五口給一畝。男女十五以上，因其地分，口課種菜五分畝之一。諸一人之分，正從正，倍從倍，不得隔越他畔。進丁受田者，恆從所近，若同時俱受，先貧後富。再倍之田，放此為法。諸遠流配適無子孫，及戶絕者，墟宅桑榆，盡為公田，以供授受。授受之次，給其所親，未給之間，亦借其所親。諸宰民之官，各隨地給公田，刺史十五頃，太守十頃，治中、別駕各八頃，縣令、郡丞六頃，更代相付，賣者，坐如律。

十年，給事中李沖上言，宜準古，五家立一鄰長，五鄰立一里長，五里立一黨長。長取鄉人彊謹者。鄰長復一夫，里長二，黨長三，所復復征戍，餘若民，三載亡愆，則陟用，陟之一等。其民調，一夫一婦，帛一匹，粟二石。民年十五以上未娶者，四人出一夫一婦之調；奴任耕，婢任績者，八口當未娶者四；耕牛二十頭，當奴婢八。其麻布之鄉，一夫一婦，布一匹，下至牛，以此為降。大率，十匹為工調，二匹為調外費，三匹為內外百官俸，此外雜調。民年八十以上，聽一子不從役，孤獨癃老篤疾貧窮不能自存者，三長內迭養食之。書奏，諸官通議，稱善者衆，高祖從之，於是遣使者行其事。

北齊亦施行均田制，大同小異，隋書卷二十四食貨志曰：

河清三年定令……男子十八以上，六十五以下為丁；十六以上，十七以下為中；六十六以上為老；十五以下為小。率以十八受田，輸租調，二十充兵，六十免力役，六十六退田，免租調。京城四面諸坊以外，三十里內為公田。受公田者，三縣代遷戶執事官一品已下，逮於羽林、武賁各有差。其外畿郡，華人官第一品已下，羽林、武賁已上，各有差。職事及百姓請墾田者，名為受田。奴婢受田者，親王止三百人；嗣王止二百人；第二品嗣王已下，及庶姓王止一百五十人；正三品以上，及王宗，止一百人；七品以上，限止八十人；八品已下，至庶人，限止六十人。奴婢限外，不給田者皆不輸。其方百里外及州人，一夫受露田八十畝，婦四十畝。奴婢依良人，限數與在京百官同。丁牛一頭，受田六十畝，限止四牛。又每丁給永業二十畝為桑田，其中種桑五十根，榆三根，棗五根，不在還受之限。非此田者，悉入還受之分。土不宜桑者，給麻田，如桑田法。率人一牀，調絹一疋，綿八兩，凡十斤綿中，折一斤作絲。墾租二石，義租五斗，奴婢各准良人之半。牛調二尺，墾租一斗，義租五升。墾租送臺，義租納郡，以備水旱。墾租皆依貧富為三梟，其賦稅常調，則少者直出上戶，中者及中戶，多者及下戶。上梟輸遠處，中梟輸次遠，下梟輸當州倉，三年一校焉。租入臺者，五百里內輸米，入州鎮者輸粟，人欲輸錢者，准上絹收錢。諸州郡皆別置富人倉，初立之日，准所領中下戶口數，得支一年之糧。逐當州穀價賤時，斟量割當年義租充入。穀貴，下價糶之；賤，則還用所糴之物，依價糴貯。每歲春月，各依鄉土早晚，課入農桑。自春及秋，男二十五已上，皆布田畝。桑蠶之月，婦女十五已上，皆營蠶桑。孟冬，刺史聽審邦教之優劣，定殿最之科品。人有人力，無牛或有牛，無力者，須令相便，皆得納種，使地無遺利，人無遊手焉。

同卷復載周之均田制曰：

後周太祖作相，創制六官。載師掌任土之法，辨夫家田里之數，會六畜車乘之稽，審賦役斂弛之節，制畿彊修廣之城，頒施惠之要，審牧產之政。司均，掌田里之政令。凡人口十已上，宅五畝；九口已上，宅四畝；五口已下，宅二畝；有室者，田百四十畝；丁者，田百畝。司賦，掌功賦之政令。凡人自十八以至六十有田，與輕癃者，皆賦之。其賦之法，有室者，歲不過絹一疋、綿八兩、粟五斛；丁者半之。其非桑土，有室者，布一疋、麻十斤；丁者又半之。豐年則全賦，中年半之，下年三之，皆以時徵焉。若䅘凶札，則不徵其賦。司役，掌力役之政令。凡人自十八以至五十有九，皆任於役。

豊年不過三旬，中年則三旬，下年則一旬。凡起徒役，無過家一人。其人有年八十者，一子不從役；百年者，家不從役；廢疾非人不養者，一人不從役。若凶札，又無力征。

從以上看來，在在都證明北朝之時，土地有餘，而人力不足。土地皆國有，然後分之於民。既有永業之田，又可買賣，則土地又漸次爲私人所擁有，然此亦不過土地之極少部分，大部分仍爲國有。前此多少年來所難以解決的問題，竟因大亂之後，而獲得解決。此卽政府將土地加以重新分配，而耕者有其田。然而在另外一方面來說，奴婢並沒有解放；而土地既可私有，亦可買賣，同樣地不能避免土地的兼幷。北朝在這方面，依然有它難以解決的問題存在，只是情況與永嘉之前稍微有異罷了。

三

曹魏九品中正制建立之後，由於選擧的特殊優惠，不僅鞏固了門第的政治地位，也加速了門第的發展，從魏晉人討論九品中正制的有關文獻中，我們可以看出這是一個必然的趨勢。由於選擧及政治上的特權，門第進一步地獲得在經濟上的特權，自然也不是一件難事。王戎的既貴且富，雖然只是一個例證，却也是一個具相當代表性的極佳例證。

然後，八王之亂起來了，在這同時，五胡也正在蠶食北中國，而且在短暫的時間中，北方的半壁江山淪爲胡有，晉則被迫立國於江東，大批流民，包括從一兩個人，到門第領袖所率領的宗族鄉黨，放棄了多少年來經營的家園，長時間中所兼幷的土地，所積聚的財富，南下到一個不可知的世界中去（註二十三），去重建一個新的家園。除了這些「永嘉流民」外，留在北方的中國人依然不少，有的聚衆爲塢堡，以求自保（註二十四），在混亂的過渡時間中自生自滅（註二十五）；更有不少人，則早已投入了五胡的陣營，幫助異族的領袖，來處理他們在這陌生的國度中，所須亟待處理，而又無能力處理的事務。從四世紀到五世紀的開始的一個世紀中，政局的變化分合是如此的激烈，這些漢人輾轉其間，他們分享了胡人的成功，却很少承擔了胡人的失敗，從他們歷仕數朝中可以考見，在這方面來說，處於如此混亂的一個局面中，這些人是成功的。而這些人中，絕大部分是北方原有的門第中人。自諸正史的列傳來看，除弘農華陰楊氏等極少數的家族以外，似乎多無顯赫的祖上。他們之從五胡，很難說是不得已的，他們本可以像其他很多家族南下江東，但是他們沒有。在動蕩的環境下，在此起彼伏的五胡王朝，雖說是五胡統治階層多少已接受了漢人的文化，崇仰儒術經學（註二十六），畢竟是非我族類。他們也許是爲了保持住原有的家園及財富，然而在這樣一個朝不保夕的環境下，誰還能作這樣的一個保證?生命已經難保，何況身外之物的財富。要說在這樣的一種情形下，尙能擁有很大的財富，是不能想像的一件事。仕宦於起伏的五胡王朝中，既無足够的人力，亦無足够的耕牛，在戰爭所到之處，土地盡成戰場，都市成爲廢墟，而這時的北國，全土皆是戰場，尙有何安全之處，有何太平的日子，可讓人春耕秋收（註二十七）。

以上的分析，只是要說明在永嘉亂後，留在北方的這些門弟，其意圖確是有些難以揣測的。也許有他們不得已之處，也許爲客觀的因素所限。然而也由此證明了他們的適應能力。等到鮮卑拓拔氏統一了北方，建國曰魏時，這些門第已鞏固了他們在新王朝中的地位。由於受到統治者的信任，而統治者之所以信任他們，是因爲他們正需要這批漢人來幫助他們治理這大塊土地，他們不能再用他們所熟悉的過去的那套方法，因爲他們所取得的，是一個過着農業生活的城國，而非他們過去所過的游牧生活的行國，只能用此土過去行之有年且證明有效的政治經驗，才能幫助他們統治這一新的國土，也唯有這些舊的門第中人，才能給予他們適當的助力。在相互的需求下，這些門第開始爲他們的統治者立法，魏書卷二十四崔玄伯傳：

（太祖）以為黄門侍郎，與張衮對總機要，草創制度。……遷吏部尚書，命有司制官爵、撰朝儀、協音樂、定律令、申科禁，玄伯總而裁之，以為永式。

同書卷三十八袁式傳：

是時朝儀典章，悉出於浩。浩以式博於古事，每所草創，恆顧訪之。

既然由他們立法，這些法當然對他們自己是有利的，他們自然不會忘記他們自己的。因此，九品中正制依然被採用。拓拔魏之採用此制，時間相當早，太祖道武帝時，已有設置中正的記錄。如青州中正王憲，定州大中正李先，均見於魏書卷三十三他們的本傳。世祖太武帝所設益多，如涼州中正賈秀、冀淸二州中正高祐、司州中正長孫嵩、冀州中正崔浩、幷州大中正張偉，亦見於魏書卷三十三秀傳、五十七祐傳、二十五嵩傳、三十五浩傳、八十四偉傳。高祖孝文帝時，於秦、華、雍、涼、濟、幽、營、燕、徐諸州普設中正（註二十八）。由於魏廷對於鮮卑人，另由專人負責，魏書卷一百十三官氏志曰：

（太祖天賜元年）十一月，以八國姓族難分，故國立大師、小師，令辯其宗黨，品舉人才。自八國以外，郡各自立師，職分如八國，比今之中正也。宗室立宗師，亦如州郡八國之儀。

可見中正全然對漢人而設。當然倡此議者，亦必爲漢人的高門。拓拔魏既沿用魏晉九品中正之制，其所產生之結果亦如魏晉，中正之權之重要一同於魏晉，通典卷十四選舉二歷代制中曰：

中正所銓，但在門第，吏部彝倫，仍不才舉。

本注曰：

初，崔浩為冀州大中正，薦冀、定、相、幽、并五州士數十人，各起家為郡守。景穆帝謂浩曰：「先召之人，亦州郡選也。在職已久，勤勞未答。今先補前召外任郡縣，以新召者代為郎吏。又守宰人宜使更事者。」浩固爭而遣之。高允聞之，謂東宮博士管恬曰：「崔公其不免乎！苟遂其非，而校勝於上，何以能濟？」

事亦見魏書卷四十八高允傳，唯不言「崔浩爲冀州大中正」。按浩若爲冀州大中正，不得薦五州之人，當以魏書爲是。此處不過借此說明中正之權重。而中正之所以權重，與所以多用門第中人，事雖魏晉以下之舊傳統，然而亦由統治階層之亟力拉攏中國舊有的高門大族，利用他們的統治經驗，共治中國。魏書卷一百一十三官氏志：

（太祖天賜二年）制諸州置三刺史，刺史用品第六者宗室一人，異姓二人，比古之上、中、下三大夫也。郡置三太守，用七品者。縣置三令長，八品者。刺史、令長各之州縣。以太守上有刺史，下有令長，雖置而未臨民。

關於這一制度，孫同勛氏分析說：「異姓之中，有鮮卑貴族與中原大姓。由當時慣例，刺史、太守、令長，往往用本地大姓爲之，則此三頭之制，很可能卽是宗室、鮮卑貴族，與中原大姓三勢力的分權制。如是如此，不但表示世家大族勢力之大，使蠻主不能忽視，亦可見蠻主謀與中原大族合作的用心。」（註二十九）雖不過爲揣測之辭，揆之當時情形，或爲事實。地方如斯，中央又何不然，魏書卷二十四崔玄伯傳：

（太祖）以為黃門侍郎，與張衮對總機要，草創制度。……遷吏部尚書。命有司制官爵、撰朝儀、協音樂、定律令、申科禁。玄伯總而裁之，以為永式。及置八部大夫以擬八坐，玄伯通署三十六朝，如令僕通事。深為太祖所任，勢傾朝廷。

同卷張衮傳亦曰：

衮常參大謀，決策帷幄，太祖器之，禮遇優厚。衮每告人曰：「昔樂毅杖策於燕昭，公遠委身於魏武。蓋命世難可期，千載不易遇。主上天姿傑邁，逸志凌霄，必能囊括六合，混一四海。夫遭風雲之會，不建騰躍之功者，非人豪也。」遂策名委質，竭誠伏事。……衮遇創業之始，以有才謨見任，率心奉上，不顧嫌疑。

以此亦可多少看出漢人之高門見任於胡主的一斑。

以有限的鮮卑拓拔氏，入主地大人衆的中國北方半壁江山。以他們的人數，以他們過去的經驗，在在顯示出他們既無力，亦無法來統治，來適應這一新的國家。在如此的一種情況下，他們自須尋求他力之助。這也就是找到同樣占中國社會少數的門第這一階層，來共治中國。門第人數雖少，長久以來，却據有着中國政治、社會、經濟、軍事各方面的特殊重要地位，他們有學識和教養，更有着豐富的統治經驗，這正是他們所缺乏的。因之，拓拔魏的統治階層特別看重門第，終而有崔浩的事件（註三十）。拓拔氏賦予了門第政治上的特權，幾乎造成反噬的喧賓奪主的情勢，却依然不能不用他們。因爲這種合作，是互利的，合則兩好，分則兩敗，統治階層的胡主固少不了門第，而門第經此一來，亦知無力反抗，且亦無益於己，遂而誠心合作（註三十一）。到高祖孝文帝時，創造了一個新的高峯。魏書卷六十韓麒麟附韓顯宗傳曰：

顯宗又上言曰：『進賢求才，百王之所先也。前代取士，必先正名，故有賢良、方正之稱。今之州郡貢察，徒有秀、孝之名，而無秀、孝之實。而朝廷但檢其名望，不復彈坐，如此則可令別貢門望，以敍士人，何假冒秀、孝之名也。夫門望者，是其父祖之遺烈，亦何益於皇家？益於時者，賢才而已。苟有其才，雖屠、釣、奴、虜之賤，聖皇不恥。以為臣苟非其才，雖三后之胤，自墜於阜隸矣。是以大才受大官，小才受小官，各得其所，以致雍熙。議者或云：今世等無奇士，不若取士於門。此亦失矣！豈可以世無周、邵，便廢宰相而不置哉，但校其有寸長銖重者，卽先敍之，則賢才無遺矣。』

……又曰：『伏見洛京之制，居民以官位相從，不依族類。然官位非常有，朝榮而夕悴，則衣冠淪於厮豎之邑，臧獲騰於膏腴之里，物之顛倒，或至於斯。古之聖王，必令四民異居者，欲其業定而志專。業定則不僞，志專則不淫。故耳目所習，不督而就，父兄之教，不肅而成。仰惟太祖道武皇帝，創基撥亂，日不暇給，然猶分別士庶，不令雜居。………今令伎作家習士人風禮，則百年難成；令士人兒童，効伎作容態，則一朝可得。是以士人同處，則禮教易興；伎作雜居，則風俗難改。朝廷每選舉人士，則校其一婚一宦，以為升降，何其密也。至與開伎作宦途，得與膏梁華望接閈連甍，何其略也。此愚臣之所惑。………」

……後與員外郡崔逸等參定朝儀。高祖曾詔諸官曰：「自近代已來，高卑出身，恒有常分。朕意一以為可，復以為不可，宜相與量之。」李沖對曰：「未審上古已來，置官列位，欲為膏粱兒地，為欲益治贊時？」高祖曰：「俱欲為治」。沖曰：「若欲為治，陛下今日何為專崇門品，不有拔才之詔？」高祖曰：「苟有殊人之伎，不患不知。然君子之門，假使無當世之用者，要自德行純篤，朕是以用之。」沖曰「傅巖、呂望，豈可以門見舉？」高祖曰：「如此濟世者希，曠代有一兩人耳！」沖謂諸卿士曰：「適欲請諸賢救之。」祕書令李彪曰：「師旅寡少，未足為援，意有所懷，不敢盡言於聖日。陛下若專以門地，不審魯之三卿孰若四科？」高祖曰：「猶如向解」。顯宗進曰：「陛下光宅洛邑，百禮唯新，國之興否，指此一選。臣既學識浮淺，不能援引古今，以證此議。且以國事論之，不審中祕書監令之子必為祕書郎，頃來為監令者，子皆可為不?」高祖曰:「卿何不論當世膏腴為監令者?」顯宗曰:「陛下以物不可類,不應以貴承貴,以賤襲賤?」高祖曰:「若有高明卓爾,才具儁出者,朕亦不拘此例。」

高祖孝文帝不僅在擇官用人方面强調門第,在婚姻方面亦强調門第,這與韓顯宗傳所說「朝廷每選舉人士,則校其一婚一宦,以爲升降」,精神是相同的。

政治上,門第享有如此的特權,而在經濟上,亦自有他們的特殊優惠處。然兩者之間,有不少關聯之點,故在討論門第的經濟之前,不得不談一下他們的政治處境。

四

永嘉亂後,留在北方的門第——郡姓(註三十二),與南下江東的門第——僑姓,在某些地方來說,是頗異其趣的。即在思想和風尚上,後者是接受了漢末中原興起的新思潮——玄學的洗禮,好尚談玄,而前者則一仍兩漢的舊經學傳統,具保守的特質;而在家族的結構上,後者多半是小家庭式的新型家族,前者則較多大家庭的舊式家族(註三十三)。

南方門第雖有規模較大的(註三十四),然而一般說來,北方大家庭的門第,爲較常見的,這與生性保守有很大的關係(註三十五)。北方門第看重孝悌,看重同居共財,試就見於魏書的來看,卷四十二寇治傳。

治兄弟竝孝友敦穆，白首同居。父亡雖久，而猶於平生。所處堂宇，備設幃帳几杖，以時節開堂列拜，垂淚陳薦，若宗廟然。言凶之事必先啓告，遠出行反，亦如之。

卷四十五辛紹先傳：

少雍妻王氏，有德義，少雍與其從弟懷仁，兄弟同居，懷仁等事之甚謹，閨門禮讓，人無比馬，士大夫以此稱矣。

卷六十八甄琛傳：

與弟僧林，誓以同居没齒。

卷八十一山偉傳：

偉弟少亡，偉撫家訓孤，同居二十餘載，恩義甚篤。

卷六十韓麒麟傳：

……子熙……少孤，為叔顯宗所撫養。及顯宗卒，子伯華又幼，子熙友愛，等於同生，長猶共居，車馬資財，隨其費用，未嘗見於言色。

卷五十七崔挺傳：

三世同居，門有禮讓。……………於後，頻值饑年，家始分析，挺與弟振推讓田宅舊資，惟守墓田而已，家徒四壁，兄弟怡然，手不釋卷。

卷六十四盧玄傳：

度世、淵、昶並循父風，遠親疏屬，為尊行長者，莫不畢拜致敬，閨門之禮，為世所推。………父母亡，然同居共財，自祖至孫，家內百口。在洛時，有饑年，無以自贍，然尊卑怡穆，豐儉同之。親從昆弟，常旦省謁諸父，出坐別室，至暮乃入。朝府之外，不妄交游，相勗以禮如此。又一門三主，當世以為榮。

卷五十八揚播傳：

播家世純厚，並敦義讓，昆季相事，有如父子。………兄弟皆有孫，唯椿有曾孫，年十五六矣，椿常欲為之早娶，望見玄孫。自昱已下，率多學尚，時人莫不欽羨焉。一家之內，男女百口，緦服同爨，庭無間言。魏世以來，唯有盧淵兄弟及播昆季，當世莫遠焉。

卷八十七節義李几傳：

博陵安平人也，七世共居同財，家有二十二房一百九十八口，長幼濟濟，風禮著聞，至於作役，卑幼競進，鄉里嗟美，標其門閭。

又王閭傳：

北海密人也。數世同居，有百口；又太山劉業興，四世同居；魯郡蓋儁，六世同居，並共財產，家門雍睦，鄉里敬異，有司申奏，皆標其門閭。

唯有在兩漢經學舊傳統下，始有孝悌的講求，才有數世同居共財的可能，這是自然形成，而非由外力强逼而致的。也唯有如此，可知何以在北朝之時，一家百口爲少，有衆至二三百人的，北史卷六十四韋孝寬傳曰：

京兆杜陵人也。……晉公護令長史叱羅協謂使人曰：「韋公子孫雖多，數不滿百，汾北築城，遣誰固守？」事遂不行。

又七十六周法尙傳曰：

汝南安成人也。……隨文帝爲丞相，司馬消難作亂……外無救援，法尙棄城走，消難虜其母、弟、及家累三百人。

前節我們曾指出，拓拔魏之初年已行九品中正制，在這種選舉制度之下，門第中人獲得保障，起家官品卽高。門第子弟愈衆，不僅仕宦者衆，且據高位者亦愈衆。據高位者愈衆，對於他們來說，固然可得一份俸祿，不過在北朝來說，俸祿的吸引力是有限的，魏書卷五十四高閭傳：

遷尙書，中書監，淮南王他，奏求依舊斷祿，文明太后令召羣臣議之。閭表曰：「天生烝民，樹之以君。明君不能獨理，必須臣以作輔。君使臣以禮，臣事君以忠。故車服有等差，爵命有分秩。德高者則位尊，任廣者則祿重。下者，祿足以代耕；上者，俸足以行義。庶民均其賦，以展奉上之心；君王聚其材，以供事業之用。君班其俸，垂惠則厚；臣受其祿，感恩則深。於是，貪殘之心止，竭効之誠篤。兆庶無侵奪之煩，百辟備禮容之美。斯則經世之明典，為治之至術。自堯、舜以來，逮于三季，雖優劣不同，而斯道弗改。自中原崩否，天下幅裂，海內未一，民戶耗減，國用不充，俸祿遂廢，此則事出臨時之宜，良非久長之道。大魏應期紹祚，照臨萬方，九服既和，八表咸謐。二聖欽明文思，道冠百代，動遵禮式，稽考舊章，準百王不易之勝法，述前聖利世之高軌，置立鄰黨，班宣俸祿，事設令行，於今已久，苛慝不生，上下無怨，姦巧革慮，闚覦絕心，利潤之厚，同於天地。以斯觀之，如何可改。又洪波奔激，則隄防宜厚，姦悖充斥，則禁網須嚴。且饑寒切身，慈母不保其子；家給人足，禮讓可得而生。但廉清之人，不必皆富，豐財之士，未必悉賢。今給其俸，則清者足以息其濫竊，貪者足以感而勸善。若不班祿，則貪者肆其姦情，清者不能自保。難易之驗，灼然可知。如何一朝便欲去俸，淮南之議，不亦謬乎！」詔從閭議。

從高閭之表來看，似北魏早期，俸祿甚厚，其後，因經濟困難，遂有淮南王主張遠效前時之斷俸（註三十六），雖因閭表而維持百官之俸祿，然詳情已不可考。同書卷七上高祖紀曰：

（太和八年）六月丁卯詔曰：「置官班祿，行之尚矣。周禮有食祿之典，二漢著受俸之秩。逮于魏晉，莫不聿稽往憲，以經綸治道。自中原喪亂，茲制中絕。先朝因循，未遑釐改。朕永鑒四方，求民之瘼，夙興昧旦，至於憂勤。故憲章舊典，始班俸祿。罷諸商人，以簡民事。戶增調三匹，穀二斛九斗，以為官司之祿。均預調為二匹之賦，卽兼商用。雖有一時之煩，終克永逸之益。祿行之後，贓滿一匹者死。變法改度，宜為更始。其大赦天下，與之惟新。」

事亦見卷一百十食貨志：

太和八年，始準古，班百官之祿，以品第各有差。……戶增帛三匹，粟二石九斗，以為官司之祿。

又卷三十一于忠傳曰：

初，太和中，軍國多事，高祖以用度不足，百官之祿，四分減一。忠旣擅權，欲以惠澤自固，乃悉歸所減之祿。

然北史卷七齊本紀中曰：

顯祖文宣皇帝……天保之年夏五月戊午，皇帝卽位於南郊……自魏孝莊已後，百官絕祿，至是復給焉。

至魏既亡，分為周齊，隋書卷二十七百官志中載後齊俸祿曰：

官一品，每歲祿八百匹，二百匹為一秩。從一品，七百匹，一百七十五匹為一秩。二品，六百匹，一百五十匹為一秩。從二品，五百匹，一百二十五匹為一秩。三品，四百匹，一百匹為一秩。從三品，三百匹，七十五匹為一秩。四品，二百四十匹，六十匹為一秩。從四品，二百匹，五十匹為一秩。五品，一百六十匹，四十匹為一秩。從五品，一百二十匹，三十匹為一秩。六品，一百匹，二十五匹為一秩。從六品，八十匹，二十匹為一秩。七品，六十匹，十五匹為一秩。從七品，四十匹，十匹為一秩。八品，三十六匹，九匹為一秩。從八品，三十二匹，八匹為一秩。九品，二十八匹，七匹為一秩。從九品，二十四匹，六匹為一秩。祿率，一分以帛，一分以粟，一分以錢。事繁者優一秩，平者守本秩，閑者降一秩，長兼試守者亦降一秩。官非執事不朝拜者，皆不給祿。又自一品已下，至於流外勳品，各給事力，一品至三十人，下至於流外勳品，或以五人為等，或以四人、三人、二人、一人為等，繁者加一等，平者守本力，閑者降一等焉。州、郡、縣制祿之法：刺史、守、令下車，各前取一時之秩。

上上州刺史，歲秩八百匹，與司州牧同。上中，上下，各以五十匹為差。中上，降上下一百匹。中中，及中下，亦以五十匹為差。下上，降中下一百匹。下中，下下，亦各以五十匹為差。

上郡太守，歲秩五百匹，降清都尹五十匹。上中，上下，各以五十匹為差。中上，降上下四十匹。中中，及中下，各以三十匹為差。下上，降中下四十匹。下中，下下，各以二十匹為差。

上上縣，歲秩一百五十匹，與鄴、臨漳、成安三縣同。上中，上下，各以十匹為差。中上，降上下三十匹。中中，及中下，各以五匹為差。下上，降中下二十匹。下中，下下，各以十匹為差。

州自長史已下，逮于史吏；郡、縣自丞已下，逮于掾佐，亦皆以帛為秩。郡有尉者，尉減丞之半，皆以其所出常調課之。其鎮將、戍主、軍主、副幢、主副，逮于掾史，亦各有差矣。諸州刺史、守、令已下，幹及力，皆聽敕乃給。其幹出所部之人，一幹輸絹十八匹，幹身放之力，則以其州郡縣白直充。

然北史卷八齊本紀下世祖武成皇帝：

(河清)四年……二月……己卯，詔減百官食禀各有差。

可見朝廷經濟情況並不穩定，隨時有絕祿或減祿之事。隋書卷二十七百官志中又載周俸祿之制曰：

> 周太祖……其制祿秩：下士一百二十五石，中士已上，至於士大夫，各倍之。上大夫，是為四千石，卿二分，孤三分，公四分，各益其一，公因盈數為一萬石。其九秩，一百二十石，八秩至於七秩，每二秩六分，而下各去其一，二秩俱為四十石。凡頒祿，視年之上下，畝至四釜為上年，上年頒其正；三釜為中年，中年頒其半，二釜為下年；下年頒其一；無年為凶荒，不頒祿。……制度既畢，太祖以魏恭帝三年始命行之。

在如此的俸制下，百官自不能全盤賴之。不過，在未斷絕俸祿之時，門第中人的收入總數是頗爲可觀的；即使在減削俸祿之時，他們人多位高，收入總數也不在少了。這是他們的收入之一。

在前面曾經討論過，大亂破壞了土地的舊有分配，而人口的大量減少，使得新興的皇朝感到另一種的困惑，如何有效利用這廣大的土地，充裕朝廷的收入，爲此提出了均田制，來重新分配土地。不論男女，在規定的年齡中，都可取得充分的土地，而所受的田，有露田，有桑田，桑田且不在還受之限，不僅如此，奴婢依良丁，牛亦可受田。雖有租調，然在魏制，奴婢只輸八分之一，耕牛輸二十分之一；齊制，奴婢準良人之半，耕牛所輸亦少。由此可知，均田的目的，不過在處分公田，以增王朝的收入。名義上號爲均田，事實上田之分配並不平均。奴婢可以受田，耕牛也可以受田，資產愈豐。則奴婢愈多，耕牛也愈多。奴婢愈多，耕牛愈多，則其受田也愈廣。受田愈廣，獲利愈厚，其奴婢與耕牛又復因之加多，形成一惡性的循環。故而在均田制下，利於人多。此所以門第，尤其大家庭式的門第，在這一方面，即土地的獲得上，具備了有利的條件。

而在均田制中，對於仕宦，另有規定，通典卷一食貨一田制上：

> (孝文太和)九年下詔，均給天下人田……諸宰人之官，各隨地給公田，刺史十五頃，太守十頃，治中、別駕各八頃，縣令、郡丞六頃，更代相付，賣者坐如律(職分田起於此)。

卷二田制中：

> 北齊給授田令，仍依魏朝。……京城四面諸坊之外，三十里內為公田。受公田者，三縣代遷戶，職事官一品以下，逮於羽林、武賁，各有差。其外畿郡，華人官第一品以下，羽林、武賁以上，各有差。職事及百姓請墾田者，名為永業田。奴婢受田者，親王止三百人；嗣王二百人；第二品嗣王以下，及庶姓王，百五十人；正三品以上，及皇宗，百人；七品以上，八十人；八品以上，至庶人，六十人。奴婢限外，不給田者，皆

不輸。其方百里外，及州人……奴婢依良人，限數與在京百官同。

這對於選舉與政治上享有特權者，在經濟上，也賦予了更多的特權。

不僅如此，他們在拓拔魏建國，並完成北方的統一，而亟須他們的助力之時，他們不但合法地取得他們應分配到的土地，更透過不合法的手段，强占別的土地，在時間上，這兩者很難說誰先誰後（註三十七）。

這時，由於正逢大亂之後，土地荒廢，自然爲新政權所取得，成爲名實上的國有土地。土地既爲國有，人口復大量減損，爲增加收入，均田制的頒布是適合時宜的。然而均田制有它的先天缺點，卽人口的分布不一定均匀地散在所有的土地上。有地廣人稀的，自然不會產生問題；而地狹人衆的，指那些高度開發，或都市所在，政治、經濟、文化、工商的中心地帶，分配遂形成極大的困難。當此之際，門第透過他們政治上的力量，而不顧他人是否能够分配得到，而優先占有，魏書卷六十韓麒麟傳麒麟於太和十一年京都大饑而表陳時務有曰：

今京師民庶不田者多，遊食之口，三分居二。

或雖有土地，他們優先擇其肥美者，同書卷四十一源懷傳源懷表曰：

景明以來，北蕃連年災旱，高原陸野，不任營殖，唯有水田，少可菑畝，然主將參僚，專擅腴美，瘠土荒疇，給百姓，因此困敝，日月滋甚。諸鎮水田，請依地令，分給細民，先貧後富。

北齊書卷十八高隆之傳亦稱當東魏孝靜天平年間，「初給民田，貴勢皆占良美，貧弱咸受瘠薄」，可見其事常有，以理揆之，亦爲當然的現象。因爲就這些高門來說，不要說是法定的分配土地，卽使不是，只要他們想要，又有什麽人能阻止他們的取得？一爲假冒爲土地之舊主，魏書卷五十三李安世傳：

遷主客給事中，時民困飢流散，豪右多有占奪，安世乃上疏曰：「臣聞量地畫野，經國大式。邑地相參，政治之本。井稅之興，其來日久。田萊之數，制之以限。蓋欲使土不曠功，民罔游力。雄擅之家，不獨膏腴之美；單陋之夫，亦有頃畝之分。所以恤彼貧微，抑茲貪欲，同富約之不均，一齊民於編戶。竊見州郡之民，或因年儉流移，棄賣田宅，漂居異鄉，事涉數世，三長既立，始返舊墟，廬井荒毀，桑榆改植，事已歷遠，易生假冒。彊宗豪族，肆其侵凌，遠認魏晉之家，近引親舊之驗。又年載稍久，鄉老所惑，羣證雖多，莫可取據。各附親知，互有長短，兩證徒具，聽者猶疑，爭訟遷延，連紀不判。良疇委而不開，柔桑枯而不採。僥倖之徒，興繁多之獄作，欲令家豐歲儲，人給資用，其可得乎。愚謂今雖桑井難復均量，審其經術，令分藝有準，力業相稱，細民獲資生之利，豪右靡餘地之盈，則無私之澤，乃播均於兆庶，如阜如山，可有積於比戶矣。又所爭之田，宜限年斷，事久難明，悉屬今主。然後虛妄之民，絕望於覬覦；守分之士，永免於凌奪矣。」高祖深納之，後均田之制起於此矣（註三十八）。

事實上，李安世所主張之「新爭之田，宜限年斷，事久難明，悉屬今主」，又何嘗合理？對於大族，可能更有所助益。另一則高門大族强占奪之，通典卷十食貨十鹽鐵：

後魏宣武時，河東郡有鹽池，舊立官司以收稅利。先是（時）罷之，而人有富彊者，專擅其用，貧窮者不得資益。延興末，復立監司，量其貴賤，節其賦入，公私兼利。孝明即位，復罷其禁，與百姓共之，自後，豪貴之家，復乘勢占奪，近池之人，又輒障恪。

北史卷六齊本紀上亦曰：

東魏孝靜帝武定五年九月己亥，文襄（高澄）請……豪貴之家，不得占護山澤。

後且土地得以買賣。按孝文太和九年十月丁未詔所頒布的均田制中，已明文規定桑田皆爲世業，「盈者得賣其盈，不足者則買所不足，不得賣其分，亦不得買過所足」，既有此一規定，流弊遂生，通典卷二食貨二田制北齊制引關東風俗傳曰：

其時，强弱相凌，恃勢侵奪，富有連畛亙陌，貧無立錐之地。昔漢氏募人徙田，恐遺墾課，令就良美。而齊氏全無斟酌，雖有當年權格，時蹔施行，爭地文案，有三十年不了者，此由授受無法者也。其賜田者，謂公田及諸橫賜之田。魏令，職分公田，不問貴賤，一人一頃，以供芻秣。自宣武出獵以來，始以永賜得聽賣買。遷鄴之始，濫職衆多，所得公田，悉從貨易。又天保之代，曾遙壓首人田，以充公簿。比武平以後，橫賜諸貴，及外戚佞寵之家，亦以盡矣。又河渚山澤，有司耕墾肥饒之處，悉是豪勢，或借或請。編戶之人，不得一壟。糾賞者，依令口分之外，知有買匿，聽相糾列，還以此地賞之。至有貧人，實非賸長，買匿者，苟貪錢貨，詐吐壯丁口分，以與糾人。亦旣無田，卽使送走，帖賣者帖，荒田七年，熟田五年，錢還地還，依令聽許。露田雖復不聽賣買，賣買亦無重責，貧戶因王課不濟，率多貨賣田業。至春困急，輕致藏走。亦懶惰之人，雖存田地，不肯肆力，在外浮游，三正賣其口田，以供租課。比來，頻有還人之格，欲以招慰逃散，假使暫還，卽賣所得之地，地盡還走，雖有還名，終不肯住。正由縣聽其賣帖田園故也。廣占者，依令，奴婢請田，亦與良人相似，以無田之良口，比有地之奴、牛。宋世良天保中獻書，請以富家牛地，先給貧人。其時朝列，稱其合理（宋孝王撰）。

問題之嚴重，可以考見。

而他們不僅取得大批土地，且亦有足够之人力。在農業社會中，土地與人口須有適當的比例。照太和九年所頒均田制來看，他們對於這點是顧到了，不僅男婦，且連殘疾、奴婢，甚至於耕牛，都可以分配到相當大的土地，其地且包含還受的露田，及世業的桑田。然在賦役的負擔上，就顯然不公平了。照詔令規定，十五歲以上的丁男，可以受露田四十畝，丁女二十畝，奴婢比照良人，有牛，可按牛受田，每牛三十畝。可是就賦役言，奴婢只須納一夫一婦的租調八分之一，牛則更少。而一夫一婦呢？不但要納租粟二石，調帛一匹，產麻地區則為調布一匹，丁男且得服徭役和兵役。從這裏來看，人口愈多的，土地分配愈多，奴婢雖有規定數額，然對於高門來言，土地數額必然超過人口，不怕人多，只怕不足所需。多少年來，為了逃避政府的高稅和無窮的役，逃散者多，而這批逃散者大部分歸入高門大家，在他們的庇護下，苟延殘喘，此即所謂蔭附。而蔭附與編戶之民不同，前者愈多，國家財源、兵源皆成問題。因之，北朝政府一向是嚴令限制蔭附的，試看當時的實情，魏書卷六十八甄琛傳曰：

> 京邑諸坊，大者或千戶，五百戶，其中皆王公卿尹，貴勢姻戚，豪猾僕隸，蔭養姦徒，高門邃宇，不可干問。

又卷七十八孫紹傳曰：

> 故有競棄本生，飄藏他土，或詭名託養，散在人間；或亡命山藪，漁獵為命；或投

仗彊豪，寄命衣食。

隋書卷二十四食貨志曰：

而（齊文宣）帝刑罰酷濫，吏道因而成姦，豪強兼幷，戶口益多隱漏。舊制，未娶者輸半牀租調。陽翟一郡，戶至數萬，籍多無妻，有司劾之，帝以為生事，由是姦欺尤甚，戶口租調十亡六七。

戶口隱漏者不必皆爲高門大族之蔭附，然而結果同樣是朝廷受害，財源及兵源之減少，針對這點，遂嚴加規定，處分不法，魏書卷七下高祖紀：

太和十四年十有二月壬午詔……隱口漏丁，即聽附實，若朋附豪勢，陵抑孤弱，罪有常刑。

事實上，搜括隱戶者多，成績顯然，出豪勢蔭附者寡，行之不僅易於得罪當道，且收效也不大。因爲統治階層爲了本身利益，與門第打成一片，所作所爲，亦未有差異，何必與自己過不去呢？開一隻眼，閉一隻眼，聽其自然。而這些蔭戶者雖非奴婢，又無分田，自無法令根據，得有賦役，魏書卷一百十食貨志曰：

魏初不立三長，故民多蔭附。蔭附者，皆無官役。豪彊徵斂，倍於公賦。十年，李沖上言……高祖從之……乃詔曰：「……自昔以來，諸州戶口籍貫不實，包藏隱漏，廢公罔私，富彊者并兼有餘，貧弱者餬口不足……朕每思之，良懷深慨。今改舊從新，為里黨之法……。」於是海內安之。

通典卷三食貨三鄉黨：

後魏初不立三長，唯立宗主、督護，所以人多隱冒，五十、三十家方為一戶，謂之蔭附。蔭附者，皆無官役。豪彊徵斂，倍於公賦矣。孝文太和十年，給事中李沖，以三正理人，所由來遠，於是淑三長之制。……太后曰：「立三長，則課有常準，賦有恆分。苞蔭之戶可出，僥倖之人可止。何為而不可？」遂立三長，公私便之。

三長雖立，蔭附不因此而出，從以上所言可知。他們擁有蔭附，爲他們出力，却不必有賦役之負擔，反之，可向這些蔭附「徵歛，倍於公賦」，這是他們又一種的收入。

五

由以上各方面的分析看來，北朝門第在經濟上所擁有特權，比之政治上的特權毫不遜色。他們這種集合式的大家族，所享有的，不僅是擔任官員直接或間接所獲致的利益，而且有着大量的土地，和衆多的人力。在如許的一個環境中，生活的富裕，說來該是理所當然的。然而在翻檢正史有關的列傳時，却發現門第中富有的固然有，貧窮的也不少。試就北史來看，貧窮的，或由於孤貧，卷八十八隱逸崔廓傳：

字士玄，博陵安平人也。父子元，齊燕州司馬。廓少孤貧…………。

或由於戰亂，卷四十四崔亮傳：

字敬儒，清河東武城人。魏中尉琰之後也。高祖瑗，為慕容垂車騎屬。曾祖輯，南徙青州，因仕宋，為太山太守。祖脩之，清河太守。父元孫，尚書郎，青州刺史，沈文秀之叛，宋明帝使元孫討之，為文秀所害。亮母房攜亮依其叔祖冀州刺史道固於歷城。及慕容白曜平，三齊內徙。…………時年十歲，常依季父幼孫，居貧，傭書自業……。

或由清廉，卷八十六循吏柳儉傳：

字道約，河東解人也。祖元璋，魏司州大中正，相、華二州刺史。父裕，周聞喜令。儉有局量，立行清苦，為州里所敬。…………蜀王秀之得罪也，儉坐與交通，免職，及還鄉，妻子衣食不贍，見者咸嘆伏焉。…………拜弘化太守，儉清簡愈勵。大業五年入朝，郡國畢集，帝謂納言蘇威、吏部尚書牛弘曰：「其中清名天下第一者為誰？」威等以儉對。

而最多的，則為浪費、貪酒、不事經營，甚且散放於人，即既不開源，又不節流，卷二十九司馬休之傳：

字季豫，河內溫人……司馬楚之，字德秀，晉宣帝太常馗之八世孫也。父榮期，晉益州刺史。裔性清約，不事生產，所得俸祿，並散之親戚，身死之日，家無餘財，宅宇卑陋，喪庭無所。

又卷六十四柳虯傳：

字仲盤，河東解人也。………謇之，字公正，父蔡年，周順州刺史。………會吐谷渾來降，朝廷以宗女光化公主妻之，以謇之兼散騎常侍，送公主於西域。及突厥啓人可汗求和親，復令謇之送義成公主於突厥，前後使二國，得贈馬二千餘匹，雜物稱是，皆散之宗族，家無餘財。

又卷四十一楊播傳：

字延慶，弘農華陰人也。………愔，貴公子，早著聲譽，風表鑒裁，為朝野所稱。………重公義，輕貨財，前後賜與，多散之親族。羣從弟姪十數人，竝待而舉火。……自尚公主後，衣紫羅袍，金縷大帶，遇李庶，頗以為恥，謂曰：「我此衣服，都是內裁。旣見子將，不能無愧。」………自居大位，門絕私交。輕貨財，重仁義，前後賞賜，積累巨萬，散之九族。架篋之中，唯有書數千卷。太保平原王隆之，與愔隣宅，嘗見其門外有富胡數人，謂左右曰：「我門前幸無此物！」

又卷三十三李靈傳：

字武符，趙郡平棘人也。………元忠之家素富，在鄉多有出貸求利，元忠焚契免責，鄉人甚敬之。………元忠雖處要任，初不以物務干懷，唯以聲酒自娛。大率常醉，家事大小，了不關心。園庭羅種果菜，親朋尋詣，必留連宴賞。每挾彈攜壺，遊遨里閈。……孫騰、司馬子如嘗詣元忠，逢其方坐樹下，葛巾擁被，對壺獨酌，庭室蕪曠，使婢卷兩褥，以質酒肉，呼妻出，衣不曳地，二公相視歎息而去。大餉米絹，受而散之。………卒，有米三石，酒數斛，書籍、藥物充滿篋架，未及賻至，金蟬質絹，乃得斂焉。

門第以此而貧，而反其道者乃能富有。或由胡廷賞賜而富，卷二十一崔宏傳：

字玄伯，清河東武城人，魏司空林之六世孫也。祖悅，仕石季龍，位司徒右長史。父潛，仕慕容暐，為黃門侍郎。………立身雅正，雖在兵亂，猶厲志篤學，不以資產為意，妻子不免飢寒。遷吏部尚書………及置八部大人，以擬八坐，宏通署三十六朝，如令僕統事，深被信任，勢傾朝廷。約儉自居，不營產業，家徒四壁，出無車乘，朝晡步上。母年七十，供養無重膳，帝聞，益重之，厚加饋賜，時人亦或譏其過約，而宏居之愈甚。………子誥襲。

同卷浩傳曰：

崔浩，字伯深。……浩著食經，序曰：「余自少及長，耳目聞見，諸母諸姑，所修婦功，無不蘊習。酒食朝夕養舅姑，四時供祭祀，雖有功力，不任僮使，常手自親馬。昔遭喪亂，饑饉仍臻，饘蔬餬口，不能具其物用。十餘年間，不復備設，先妣慮久廢忘，後生無所知見，而少不習書，乃占授為九篇。文辭約舉，婉而成章。聰辯彊記，皆此類也。親沒之後，遇國龍興之會，平暴除亂，拓定四方。余備位台鉉，與參大謀，賞獲豐厚，牛羊蓋澤，貲累巨萬，衣則重錦，食則梁肉。遠惟平生，思季路負米之時，不可復得，故序遺文，垂示來世。」

由貧而富，宏浩父子轉變之主因，在「獲賞豐厚」，在北朝，朝廷賞賜之豐厚，難以想像，崔氏如此，而卷三十八崔俠傳亦稱「帝矜其貧苦，乃爲起宅，幷賜良田十頃，奴隸、耕耒、糧粟，莫不備足」，可爲旁證。除朝廷賞賜外，亦有貪贓致富者，卷八十七酷吏崔暹傳：

字元欽，本云清河東武城人也，世家于滎陽、潁川之間。性猛酷，少仁恕，姦猾好利，能事勢家。初以秀才，累遷南兗州刺史，盜用官瓦，贓污狼籍，為御史中尉李平所糾。後行豫州事，尋卽真，遣子析戶分隸三縣，廣占田宅，藏匿官奴，障恡陂葦，侵盜公私，為御史中宣王顯所彈，免官。後累遷瀛州刺史，貪暴安忍，人庶患之。

按暹冒稱淸河東武，今不過用之以說明當時貪贓之一般，而這種風氣實至爲普遍，書中隨處可得。又有經營以致富的，卷三十盧文偉傳：

盧玄，字子真，范陽涿人也。……文偉，字休。族父敞，位議郎，後以文偉勳，贈幽州刺史。文偉少孤，有志尚，頗涉經史，州辟主簿。年三十八，始舉秀才，除本州平北府長流參軍。說刺史裴儁，案舊迹，修督亢陂，溉田萬餘頃，人賴其利。儁脩立之功，多以委之。文偉旣善於營理，兼展私力，家素貧儉，因此致富。及北方將亂，文偉積稻穀於范陽城，時經荒儉，多所振贍，彌爲鄉里所歸。……後除青州刺史。文偉輕財愛客，善於撫接，好爲小惠，是以所在頗得人情。經紀生資，常若不遺，致財積聚。承候寵要，餉遺不絕。

此種經營，包含各方面，亦有專以營商致富的(註四十)，卷二十一崔浩傳曰：

始清河崔寬，祖肜，隨晉南陽王保，避地隴右，遂仕西涼及沮渠氏，肜生剖，字伯宗……及太武西巡，剖乃總率同義，使子寬送款，太武嘉之，拜寬岐陽令。……寬後襲爵武陵公，陝城鎮將。三崤地險，人多寇劫，而寬性滑稽，誘接豪右，宿盜魁首，與相交結，傾衿待遇，不逆細微，莫不感其意氣。時官無祿力，唯取給於人，寬善撫納，招致禮遺，大有取受，而與之者無恨。又恆農出漆、蠟、竹、木之饒，路與南通，貿易來往，家產豐富，而百姓樂之。

或經營高利貸，這在當時也是很普遍的，卷四十四崔亮傳：

字敬儒，清河東武城人。……光韶博學強辯，尤好理論，至於人倫名教，得失之間，榷而論之，不以一毫假物。家足於財，而性儉吝，衣馬敝瘦，食味麤薄。……其家資產，皆光伯所營，光伯亡，悉焚其契，河間邢子才，曾貸錢數萬，後送還之，光韶曰：「此亡弟相貸，僕不知也。」竟不納。

又卷三十三李靈傳：

字武符，趙郡平棘人也。……元忠……家素富，在鄉多有出貸求利，元忠焚契免責，鄉人甚敬之。……謐子士謙……後出粟萬石，以貸鄉人，屬年穀不登，責家無以償，皆來致謝，士謙曰：「吾家餘粟，本圖賑贍，豈求利哉！」於是，悉召責家，為設酒食，對之燔契曰：「責了矣，幸勿為念也。」各令罷去。明年大熟，責家爭來償，士謙拒之，一無所受。

可見當時錢穀可貸放，兩例雖皆焚契，不過舉以說明當時門第頗有從事此一行業的。又與勢家通婚，亦為致富之法，卷四十一楊播傳：

字廷慶，弘農華陰人也。……椿，字廷壽，本字仲考。……椿臨行誡子孫曰：

「我家入魏之始，卽為上客。自爾及今，二千石方伯不絕，祿恤甚多。……國家初，丈夫好服綵色，吾雖不記上谷翁事，然記清河翁時服飾，恆見翁著布衣韋帶，常自約敕諸父曰：汝等後世若富貴於今日者，愼勿積金一斤，綵帛百匹，已上用為富也。不聽與生求利，又不聽與勢家作昏姻……(註三十九)。」

「與生求利」與「與勢家作昏姻」並舉，在當時人看來，似乎尤關切後者，魏書卷六十韓顯宗傳稱「朝廷每選擧士人，則較其一婚一宦，以爲升降」，蓋北朝門第，尤重婚姻之門當戶對。嚴禁士庶通婚，且見之於詔令，魏書卷五高宗本紀和平四年詔曰：

夫婚姻者，人道之始。……尊卑高下，宜令區別。然中代以來，貴族之門，多不率法。或貪利財賄，或因緣私好，在於苟合，無所選擇。令貴賤不分，巨細同貫，塵穢清化，虧損人倫。將何以宣示典謨，垂之來裔，今制王公師傅侯伯及士民之家，不得與百工技巧卑姓為婚，犯者加罪。

同書卷七高祖本紀太和二年詔曰：

皇族貴戚，又士民之家，不惟氏族高下，與非類為婚，先帝親發明詔，為之科禁，而百姓習常，仍不肅改。朕今憲章舊典，祇按先制，著之律令，以為定準，犯者以違制論。

世所以習常不改者，以門第欲得錢財，而與通婚者欲高大門戶，各有目的，北齊書卷四十三封述傳：

前妻河內司馬氏，一息為娶隴西李士元女，大輸財聘。及將成禮，猶競懸違。述忽取供養像，對士元打像作誓，士元笑曰：「封公何處常得應急像，須誓便用。」一息娶范陽盧莊之女，述又逕府訴云：「送贏乃嫌脚跛，評田則云鹹薄，銅器又嫌古廢。」皆為吝嗇所及，每致紛紜。

所以顏氏家訓治家篇曰：

責女納財，買婦輸絹，比量父祖，計較錙銖，責多還少，市井無異。

又歸心篇：

為子取婦，恨其生貲不足，倚作舅姑之尊，毒口加誣，不識忌諱。

而在有關史料中，似乎並沒有明確的證據，足以證明門第有從事農業而致富的。何以有如許廣大的土地，如許衆多的人力，而在門第經濟中却占不了重要的地位？北史卷九十一列女鄭善果女崔氏傳：

清河人也。年十三，適榮陽鄭誠。……母恆自紡織，每自夜分而寢。善果曰：「見封侯開國，位居三品，秩俸幸足，母何自勤如此？」……自初寡，便不御脂粉，常服大練，性又節儉，非祭祀賓客之事，酒肉不妄陳其前，靜室端居，未嘗輒出……非自手作，及莊園祿賜所得，雖親族禮遺，悉不許入門。

這裏所指的「莊園」，即鄭誠所有土地，以當時情形來說，幾乎每人都有他的莊園。桑田、露田、職分田，以及所兼幷占有的土地，然而對於他們來說，又怎麼樣呢？顏氏家訓止足篇曰：

常以為二十口家，奴婢盛多，不可出二十人，良田十頃，堂室纔蔽風雨，車馬僅代杖策，蓄財數萬以擬吉凶急速，不啻此者，以義散之，不致此者，勿非道求之。

按當時授田之法，所授之田率倍之，二易之田再倍之。既謂「良田」，無須休耕。若以二十口家，益以奴婢二十人，男婦各半，再去老少，良田十頃，其數相當接近。以顏之推的說法來看，所過生活似乎並不奢華，不過中產之家普通的生活。因爲在均田制下，丁牛有限，而奴婢無限又授田率一倍再倍，若以一夫一婦十奴四牛計，其田已在千畝外（註四十），此不過一般平民。而漢書卷二十四食貨志引李悝爲魏文侯作盡地力之教，以爲「今一夫挾五口，治田百晦……此農夫所以常困」，然而雖常困，勉强是可以維持的。今則一夫一婦十奴四牛，田千畝以上，依然不過勉强維持，魏書卷六十韓麒麟傳引大和十一年麒麟表陳時務曰：「農夫餔糟糠，蠶婦乏短褐。故令耕者日少，田有荒蕪。」而所以造成如此結果，不是土地不足，也不是人力不足，是這時北方的土地，因戰亂而荒廢日久，亦因戰亂而水利破壞，且地力日薄，非一易再易，即使如此，單位面積產量仍低。復因土地面積大，人少不足以盡耕，人多則耗費亦多，單位面積產量既低，除去耗費及田租民調，所餘亦不多了。當時門第的經濟狀況，俸祿既不可恃，土地收成亦不可恃，而生活環境改善，生活標準提高，前引韓麒麟傳引其大和十一年表陳時務即曰：「自承平日久，豐穰積年，競相矜夸，遂成侈俗。車服、第宅，奢僭無限。喪葬、婚娶，爲費日用。」很可以說明，也幫助我們了解門第何以多有追逐財富，而忘其本身之地位的。循正道者，尚從事於經營；反之者，則聯姻、貸放，甚且貪贓了。

在某些方面，北朝門第與南朝門第似乎頗有相似處，然而所以如此者，則頗有不同。從以上的分析，再看一下前所發表的拙著「南朝門第經濟之研究」，當可以了解兩者實質上的差別來。

（註 一）參考拙著「永嘉前後吳姓與僑姓關係之轉變，政大學報二十六期，頁二〇七——八；又「南朝門第經濟之研究」，大陸雜誌四十八卷一期，頁一九——二〇。

（註 二）同（註一）。

（註三）世人在討論這一時代的制度及社會、經濟時，常南北並舉，不知其間往往有極大之差異，面目、精神各自不同，一概而論，易犯極大的錯誤。

（註四）為此，曾發表有「南朝門第經濟之研究」，大陸雜誌四十八卷一期，頁一三——二九，民六十三年一月十五日出版。

（註五）參考天野元之助「殷代產業的若干問題」，東方學報（京都）二十三册，頁二三一——二五八，于景讓氏曾評其第二節，改名「殷代已植稻乎」，刊於于氏「栽培植物考」第一輯，頁二八——三一，臺大農學院叢書第六號。

（註六）同（註五）。

（註七）此為一必然的現象。反之，則減少。

（註八）按漢書卷十一哀帝本紀曰：「卽皇帝位。………六月………又曰：制節謹度，以防奢淫，為政所先，百王不易之道也。諸侯王、列侯、公主、吏二千石及豪富民多畜奴婢，田宅亡限，與民爭利，百姓失職，重困不足，其議限制。（師古曰：「令條列而為限禁。」）有司條奏：諸王、列侯得名田國中，列侯在長安，及公主名田縣道，關內侯、吏民名田，皆無得過三十頃。諸侯王奴婢二百人，列侯、公主百人，關內侯、吏民三十人。年六十以上，十歲以下，不在數中。賈人皆不得名田、為吏，犯者以律論。諸名田、畜奴過品，皆沒入縣官。………奴婢五十以上，免為庶人。」稍詳盡，可參看。

（註九）關於九品中正制度，中外學者討論者極多。其流弊，魏晉人已多論及，趙翼廿二史劄記卷八九品中正條甑綜錄晉書諸傳，結論曰：「此九品之流弊，見於章疏者，眞所謂上品無寒門，下品無世族。高門華閥，有世及之榮；庶姓寒人，無寸進之路。選舉之弊，至此而極。然魏晉及南北朝三四百年，莫有能改之者，蓋當時執權者，卽中正高品之人，各自顧其門戶，固不肯變法，且習俗已久，自帝王以及士庶，皆視為固然，而無可如何也。」其關鍵所在，可參閱毛漢光氏「兩晉南北朝士族政治之研究」頁六七——一五八、宮崎市定「九品官人法の研究——科擧前史」頁九二——一八二。

（註　十）南齊書卷二十三褚淵王儉傳論語。

（註　十一）薩孟武氏曰：「四夷來降者，或徙置內地，令與漢人雜居，使其漸次同化，或以其地為郡縣，而分置降胡於邊疆，分其衆所以弱其力。」這是因「武帝雄才大略，不但要征服四夷，且欲同化四夷」而後改變的政策，漢武帝却沒有想到這一新政策經過長期後，危機愈深，終而一朝爆發而不可收拾。說見薩氏「中國社會政治史」第二册，頁一〇〇。又可參看金發根氏「永嘉亂後北方豪族」頁三八。

（註　十二）傅樂成氏「中國通史」上册，頁二六四。

（註　十三）參看三國志卷二十八鄧艾傳嘉平元年鄧艾之上書，晉書卷四十七傅玄傳玄上書陳便宜五事之五，卷九十七，四夷傳北狄匈奴傳引郭欽上疏，及卷五十六江統傳中所載統之徙戎論。

（註　十四）傅樂成氏中國通史上册頁二四七——八，及頁二五六，據後漢書卷十九郡國志一註，三國志蜀志三後主禪傳註，吳志三孫皓傳註、晉書卷十四地理志上所載口數，與通志相合。唯東漢時，作桓帝永壽二年，人口為五千零六萬六千八百五十六人，與通志稍有上下。

（註　十五）參見薩孟武氏「中國社會政治史」第二册頁二三，金發根氏「永嘉亂後北方的豪族」頁六五。

（註　十六）參見薩孟武氏「中國社會政治史」第二册，頁九六——八。

（註　十七）參見金發根氏「永嘉亂後北方的豪族」頁六五——七〇。

（註　十八）參見金發根氏「永嘉亂後北方的豪族」頁七〇——五。

（註　十九）金發根氏「永嘉亂後北方的豪族」頁七六。

（註　二十）金發根氏「永嘉亂後北方的豪族」頁六八——七〇，曾舉出不少例證，說明北魏之時，仍多大規模刼掠人口，強迫遷移的措施。可知其時人口依然感到缺乏。而杜佑通典卷七食貨七歷代盛衰戶口自注則稱「前秦苻堅滅前燕慕容暐，入鄴，閱其名籍，戶二百四十五萬八千九百六十九，口九千九百九十八萬七千九百三十五（啓民按：口數疑有誤。），徙關東豪傑及諸雜夷十萬口於關中。平燕，定蜀之稱偽代之盛也。時關隴清晏，百姓豐樂，自長安，至於諸路，二十里一亭，四十里一旅，行者取給於途，工商貿販於道」，昇平氣象如此，實不可能。

（註二十一）毛漢光氏「兩晉南北朝士族政治之研究」上册，頁二七五。

（註二十二）按此為純中國式的觀念及制度，而不是五胡的。

（註二十三）拙著「南朝的門第」，食貨月刊三卷五期，頁二〇一。

（註二十四）參見金發根氏「永嘉亂後北方的豪族」，頁七六——一一〇。

（註二十五）參見金發根氏「永嘉亂後北方的豪族」頁七六——一一〇，關於這點，限於史料，只能大體上看出他們艱難的處境來。

（註二十六）參見金發根氏「永嘉亂後北方的豪族」，頁一四七——一五一，孫同勛氏「拓拔氏的漢化」，頁五六——七〇。又可參考趙翼廿二史劄記卷八，僭偽諸君有文學條。

(註二十七) 參考金發根氏「永嘉亂後北方的豪族」，頁六五——七七。

(註二十八) 參見金發根氏「永嘉亂後北方的豪族」，頁一七〇。

(註二十九) 見孫氏「拓拔氏的漢化」頁四〇。

(註　三十) 關於崔浩事件，近人討論者頗多，金發根氏「永嘉亂後北方的豪族」頁一七三——一七六，孫同勛氏「拓拔氏的漢化」頁四三——四五，除分析事件的前因後果，並引諸家的說法，可資參考。

(註三十一) 見孫同勛氏「拓拔氏的漢化」，頁四五——四六。

(註三十二) 「郡姓」之名，見於新唐書卷一九九儒學柳冲傳，謂「山東則為郡姓」、「關中亦號郡姓」。

(註三十三) 家族由合而分，由大而小，舊式家族一般說來，多為同居合產的大家庭。

(註三十四) 如晉書卷九一儒林氾毓傳，稱其客居青州，逮毓七世，時人號其兒無常父，衣無常主。

(註三十五) 保守的，多守舊而不輕易改變。

(註三十六) 薩孟武氏釋之為「太和初年，百官無祿，八年始班官祿」，說不同，見薩氏中國社會政治史第二册，頁二五〇(註)。

(註三十七) 太和九年十月丁未詔均給天下民田，固與李安世上疏稱「豪右多有占奪」有關，然均田制頒布之後，占田之風並未因之而息。

(註三十八) 參考陶希聖、武仙卿著「南北朝經濟史」，頁八四——一一六，呂思勉氏「兩晉南北朝史」，頁一〇九三——一一〇二有關南北朝商業的敘述，可見其時商業之盛，官員經商的普遍。

(註三十九) 顏氏家訓止足篇曰：「禮云：欲不可縱，志不可滿，宇宙可臻其極，情性不知其窮，唯在少欲知止，為立涯膺，以為名言也。」以此來看，「與勢家通婚姻」，固為當時普遍現象，亦為某些人所痛惡。

（原載「大陸雜誌」五十卷五期，民六十四年六月）

（註 四十）參見錢賓四師「國史大綱」頁二四二。

限。爾先祖靖侯，戒子姪曰：汝家書生門戶，世無富貴，自今仕宦不可過二千石，婚姻勿貪勢家。吾終身服

八、五胡亂華時期中的中原郡姓

一

唐書卷一百九十九儒學柳沖傳柳芳論氏族曰（註一）：

魏氏立九品，置中正，尊世胄，卑寒士，權歸右姓已。其州大中正、主簿、郡中正、功曹，皆取著姓士族為之，以定門胄，品藻人物。晉、宋因之，始尚姓已。然其別貴賤，分士庶，不可易也。于時，有司選擧，必稽譜籍，而考其眞僞，故官有世胄，譜有世官，賈氏、王氏譜學出焉。由是有譜局，令史職皆具。

過江則為僑姓，王、謝、袁、蕭為大。東南則為吳姓，朱、張、顧、陸為大。

山東則為郡姓，王、崔、盧、李、鄭為大。
關中亦號郡姓，韋、裴、柳、薛、楊、杜首之。
代北則為虜姓，元、長孫、宇文、于、陸、源、竇首之。

有司選舉，既「必稽譜籍，而考其眞僞」，則此數姓，自必爲私家之譜學、官方之譜局所共認。然自「僑姓」、「吳姓」、「郡姓」、「虜姓」等名目，實不見於此前，亦不見於同時他家之書。也就是說，實質雖可能早已存在，而諸名却到唐時，甚至於到柳芳時才有(註二)。這些名稱雖屬後起，頗能表出各自之精神特質來。故而不僅爲王溥唐會要卷三十六氏族條引用，(註三)後人亦多採用。芳論又曰：

虜姓者，魏孝文帝遷洛，有八氏、十姓、三十六族、九十二姓。八氏、十姓，出於帝宗屬，或諸國從魏者。三十六族、九十二姓，世為部落大人，並號河南洛陽人。郡姓者，以中國士人，差第閥閱為之制：凡三世有三公者，曰膏粱；有令僕者，曰華腴。尚書、領、護而上者，為甲姓；九卿，若方伯者，為乙姓；散騎常侍、大中大夫者，為丙姓；吏部正員郎，為丁姓：凡得入者，謂之四姓。又詔代人諸胄，初無族姓，其穆、陸、奚、于，下吏部，勿充猥官，得視四姓。北齊因仍，舉秀才，州主簿、郡功曹，非四姓，不在選。

故江左定氏族，凡郡上姓第一，則為右姓。太和，以郡四姓為右姓。齊浮屠，曇剛類，例凡甲門，為右姓。周建德，氏族以四海通望，為右姓。隋開皇，氏族以上品茂門，則為右姓。唐貞觀氏族志，凡第一等，則為右姓。路氏著姓略，以盛門為右姓。柳沖姓族系錄，凡四海望族，則為右姓。不通歷代之說，不可與言譜也。今流俗獨以崔、盧、李、鄭為四姓，加太原王氏，號五姓，蓋不經也。

柳芳論氏族，雖屬唐世官修譜的系統（註四），却是混融不同背景，不同時代的史料和觀點而立論的有關氏族的重要文獻。就我們所引錄的這兩段文字來看，前者是依據魏晉南朝以下的純漢人立場，而後者則顯然是承襲北魏孝文帝遷都洛陽推行漢化以後的一個結果（註五），因爲他只就「虜姓」和「郡姓」來加以探討，唐柳芳把這兩種說法匯而爲一，其錯綜難解自是必然的了。我們在運用這些材料前，不得不先評估一下這些材料的背景和價值，是理所當然，有它的意義的。

二

解決了基本文獻上的一些問題後，我們可以將注意力，集中於「郡姓」上面了。「郡姓」之有「關中」「山東」之分，是較晚的事情。是由於北魏分裂而爲東西，在宇文泰在關中推行他的關中本位政策（註六）以後所形成的，換句話說，是由於政治，而加强了地理上的差異，文化和風俗的轉變。「關中」及「山東」的「郡姓」，在本質上，該是沒有很大的不同。一般說來，「郡姓」指的是「中國士人」。此「中國士人」，是對「代北胡人」而言的。故而所謂「郡姓」，至少應具備以下的四個條件：

種族：漢人
空間：中國
性質：士人
時間：世族

能符合「中國士人」要求的，除了「郡姓」，應該尙有「僑姓」才對。因爲，「過江則爲僑姓」，在他們「過江」以前，本來就是「中國士人」。晉書卷六十五王導傳：

洛京傾覆，中州士女避難江左者十六七。

隋書卷二十四食貨志曰：

晉自中原喪亂，元帝寓居江左，百姓之自拔南奔者，並謂之僑人。皆取舊壤之名，僑立郡縣。往往散居，無有土著。

「中國」，本就是「中州」「中原」的異名，與今日的說法不同。也許有人要問「中國士人」中何以沒有包括「吳姓」？「東南則爲吳姓」，而「東南」本來就不是「中國」，這是有它的歷史和文化背景的（註七），而當時人也似乎將「中國」與「東南」諸族分得很清楚，絕不混淆，姚思廉（五五七—六三七）梁書卷三十三王僧孺傳：

僧孺集十八州譜七百一十卷、百家譜集十五卷、東南譜集抄十卷。

李延壽南史卷五十九王僧孺傳詳論譜學的傳授云：

始，晉太元（孝武帝，三七六—三九六）中，員外散騎侍郎平陽賈弼篤好簿狀，乃廣集諸家，大搜羣族，所撰十八州一百一十六郡，合七百一十二卷，凡諸大品，略無遺闕，藏在秘閣，副在左戶。及弼子太宰參軍匪之，匪之子長水校尉深，世傳其業。太保王弘、領軍將軍劉湛，並好其書。…湛為選曹，始撰百家，以助銓序，而傷於寡略。齊衞將軍王儉（四五二—四八九），復加去取，得繁省之衷。僧孺（四六五—五二二）之撰，通范陽張等九族，以代鴈門解等九姓，其東南諸族，別為一部，不在百家之數焉。…集十八州譜七百一十卷、百家譜集抄十五卷、東南譜集抄十卷。

杜佑（七三五—八一二）通典卷三食貨典卷三食貨典鄉黨附版籍條說大同而小異，曰：

僧孺為八十卷，東南諸族別為一部，不在百家之數。

柳芳氏族論之末亦言其事，說法又異，云：

王僧孺演習為十八篇，東南諸族，自為一篇，不入百家之數。

諸家說雖有出入，然而於王僧孺將「東南諸族」別爲一部，不入百家之數，皆無異辭。只是長孫無忌隋書卷二十三經籍志、劉昫舊唐書卷四十六經籍志、歐陽修唐書卷五十八藝文志皆未著錄王僧孺「東南譜集抄十卷」，想已早佚。然而也證明了「東南」的「吳姓」，不入「中國」「十八州一百一十六郡」「百家」之中。後人不明此理，才將他們混而爲一，嚴格地說，這是不可以的。

「虜姓」是「代北」諸姓族，「吳姓」是「東南」諸姓族，皆非「中國士人」，那是很明顯的了。而「僑姓」呢？雖是「中國士人」，可是與「郡姓」也自有異，雖然他們在渡江以後，「取舊壤之名，僑立郡縣」，努力地保持他們「僑人」的身份，「郡姓」的實際，可是，「僑姓」與「郡姓」之間，畢竟是不同的。

在一般討論門第的，都認爲在漢，至少在東漢時，門第已經出現（註八）。只是那些「家族」（註九），或是那些「士族」（註十），與後來所謂的「門第」，並不完全相同。事實上，各個時代的門第，所顯示的特質，也並不完全相同（註十一）。而在東漢時所出現的，最多只能視之爲中古門第發展蛻變的初期形態而已。

家族力量的實質意義，在選舉中可以清楚地看到。後漢書卷三章帝紀引建初元年（七六）

三月己巳詔曰：

夫鄉舉里選，必累功勞。今刺史、守、相，不明真偽，茂才、孝廉，歲以百數，既非能顯，而當授之政事，甚無謂也。每尋前世舉人貢士，或起甽畝，不繫閥閱。

章懷太子李賢注曰：

說文曰：「甽，田中之溝，音工大反。」史記曰：「明其等曰閥，積其功曰閱。」言前代舉人，務取賢才，不拘門地。

又卷五十六韋彪傳引章帝年間事：

是時，陳事者多言郡國貢舉，率非功次，故守職益懈，而吏事寖疏，咎在州郡，有詔下公卿朝臣議。彪上議曰：「伏惟明詔，憂勞百姓，垂恩選舉，務得其人。夫國以簡賢為務，賢以孝行為首。孔子曰：『事親孝，故忠可移於君，是以求忠臣，必於孝子之門。』夫人才行少能相兼，是以孟公綽優於趙魏老，不可以為滕薛大夫。忠孝之人，持心近厚；鍛鍊之吏，持心近薄。三代之所以直道而行者，在其所以磨之故也。士宜以才行為先，不可純以閥閱。（史記曰：「明其等曰閥，積功曰閱。」）然其要歸，在於選二千石。二千石賢，則貢舉皆得其人。」帝深納之。

東漢初期「閥閱」已見重，時愈晚近，程度愈深（註十二），討論者也愈多，仲長統昌言（註十三）：

天下士有三俗：選士而論族姓閥閱，一俗；交遊趨富貴之門，二俗；畏服不接于貴尊，三俗。

天下之士有三可賤：慕名而不知實，一可賤；不敢正是非于富貴，二可賤；向盛背衰，三可賤。

王符潛夫論論榮篇曰：

今觀俗士之論也，以族擧德，以位命賢，茲可謂得論之一體也，而未獲至論之淑真也。……人之善惡，不必世族；性之賢鄙，不必世俗。

又交際篇曰：

虛談則知以德義為賢，貢擧則必閥閱為前。

選擧之走上重閥閱族姓門地，自有他的社會背景，歷史因素（註十五）。然而其根本原因，在於讀經成爲利祿之途（註十五），累世經學也就一轉而爲累世公卿了（註十六）。

然而到了東漢末年，一則由於董卓所引起的一連串內亂，兩京被毀；一則由於曹操之求才，重能輕行，促使傳統學說思想、社會風氣習尙的大轉變，玄學代替了經學，自由的空氣代替了保守的作風，重實不再重名了，重才不再重德了（註十七）。這一浪潮，一掃舊有重閥閥的世族，然而陳羣的建立九品中正制度，却又幫助了新興重人物的門第。這是如何大的一次轉變啊！於短暫的時間裏，在中原的土地上，傳統已被摧毁，一切都似乎不同了。在中原人看來，南方是如此奇怪的一個世界，南方人又是如此愚昧落後的一羣，却沒有想到，這就是他們中原人過去的形貌，過去的眞實寫照，重經學，重閥閱，却又極端地保守（註十八）。

而後，永嘉（西晉懷帝。三〇七—三一二）亂起，歷史告訴我們，那些中原的門第，拋棄了他們多年所經營的家園，開始渡江南下，去向一個他們過去所鄙視的國度，投向一個不可知的未來，這就是唐人所說的「僑姓」，他們是重人物，講玄學的，去的地方，都是重閥閱，好經學的江東（註十九）。另一方面，被遺忘了多年，殘餘而未被新思潮衝倒的頑固保守的中原舊世族，似乎早已從歷史舞臺消失的中原舊世族，不僅重新出現，且極其活躍於北方五胡的王朝裏，這就是唐人所謂的「郡姓」。而「郡姓」同「僑姓」，雖然都可以說是柳芳所稱的「中國士人」，在本質和承襲上，却是如此不同。這不同，又不僅是他們的際遇趣向有異。事實上，即使沒有五胡之亂，沒有渡江之事，兩者是仍然不同的。只是，中原既亂，僑姓何以要渡江南下？而郡姓何以始終留在北方？似乎還沒有人討論過，却是一非常重要的問題，歷史上固多偶發事件，此則絕非偶然，是我們可以斷言的。

三

曹魏以來，由於陳羣九品中正制度的實施，使得門第的發展加速（註二十）。在這方面，如同漢時的情形，選舉扮演了極其重要的角色，晉書卷四十五劉毅傳說到「毅以魏立九品，權時之制，未見得人，而有八損，乃上疏」，而疏中最爲後人引用的名言：「是以上品無寒門，下品無勢族。」（註二十一）這是由於品位的高低，決定起家官品的高低（註二十二）。在推行九品中正的初期，已有人指出它的弊端，而制度愈往後發展，積弊自亦愈深，却因仍而不改（註二十三）。上品既取得選舉上的優勢，亦自擁有政治上的特殊地位。而這些，並不需才能表現，或其他事功，只要有家族之背景，就能獲致。結果是在位者凡庸居多，這是可以理解到的。加上司馬氏的爭奪政權，好幾次的殺戮異己。入晉以後，歷史所顯示的，始則是武帝之奢淫、惠帝的無能、賈后的專擅，終則造成八王的亂政，五胡遂而坐大。胡酋對於晉室朝廷內外可說是有相當了解的，他們固然靠這些當政的無能腐敗而得以崛起，却對此輩敗壞國家，非但沒有好感，而且可說是深恨痛絕，晉書卷四十三王衍傳曰：

（東海王）越之討荀晞也，衍以太尉為太傅軍司。及越薨，衆共推為元帥。衍以賊寇鋒起，懼不敢當，辭曰：「吾少無官情，隨牒推移，遂至於此。今日之事，安可以非才處之。」俄而擧軍為石勒所破，勒呼王公與之相見，與語移日。衍自說少不豫事，欲求自免。因勸勒稱尊號，勒怒曰：「君名蓋四海，身居重任，少壯登朝，至于白首，何得言不豫世事邪？破壞天下，正是君罪。」使左右扶出…使人夜排牆填殺之。

其事之經過是否為眞，値得懷疑，因爲這與王衍夙日之作風不合（註二十四），然而却不能就因此說不會有這些人和這些事，我們可以再擧一個例證來看，同書卷一百二劉聰載記曰：

改年嘉平（三一一），遣其平西趙染、安西劉雅，率騎二萬，攻南陽王模于長安，粲、曜率大衆繼之。…軍至于下邽，模乃降染，染送模於粲，粲害模及其子范陽王黎。…聰以粲之害模也，大怒，粲曰：「臣殺模，本不以其晚識天命之故，但以其晉氏肺腑，洛陽之難，不能死節，天下之惡，一也，故誅之。」聰曰：「雖然，吾恐汝不免誅降之殃也…。」

此輩人之不容于胡主，當爲棄家擧族南遷之重要原因，除此以外，胡主之大量殺戮，使人心遑遑，不得不跑，也是原因，晉書卷一百二劉曜載記又曰：

圍洛陽，時城内饑甚，人皆相食，百官分散，莫有固志。宣陽門陷，（王）彌、（呼延）晏入于南宮，升太極前殿，縱兵大掠，悉收宮人珍寶。曜於是害諸王公及百官已下三萬餘人。

卷五懷紀亦稱洛陽之陷，「百官士庶死者三萬餘人」。同卷愍紀於長安既破，「尚書辛賓、梁允、侍中梁濬、散騎常侍嚴敦、左丞相臧振、黃門侍郎任播、張偉、杜曼，及諸郡守，並爲曜所害」。這些事實，當然也加强了門第南奔的決心。而從楊佺期事，則知傖姓渡江，尙多少有民族意識的存在，卷八十四楊佺期傳曰：

楊佺期，弘農華陰人，漢太尉震之後也。……佺期沈勇果勁……自云門戶承籍，江表莫比，有以其門地比王珣者，猶恚恨。而時人以其晚過江，婚宦失類，每排抑之。

對於如此大規模的南遷，而遷往一個夙被他們視之爲異國，夙表鄙視的落後地區，放棄自己的家園，而投向一個不可知的未來，其原因當然不是單純的。透過客觀的事實，像胡酋的好殺成性，及痛惡居高位而不能任事的門第中人，以及主觀的民族意識（註二十五）。我們多少可以理解傖姓的所以南下渡江，是不得已的，也是無可奈何的。

照說，胡酋的好殺成性，應該引起中國士人的普遍反感，卽使無力反抗，也該如傖姓的遠避他鄉才是。可是，事實並非如此，有太多的證據證實中國士人的主動歸附他們；或見招，或因形勢所迫，而終爲他們所用的。其原因，在於這些胡酋有擔當，有作爲，令中國士人心服。再則這些胡酋推誠相與，契若平生，極爲禮遇，極度禮遇，能不有知遇之感，感恩圖報，甚且鞠躬盡力，死而後已。在晉書三十卷載記中，頗多此類中國士人的附傳，我們試舉出幾個最特出的例子來看，卷一百五石勒載記附張賓傳曰：

張賓，字孟孫，趙郡中丘人也。父瑶，中山太守。賓少好學，博涉經史，不為章句，闊達有大節。常謂昆弟曰：「吾自言智算鑒識不後子房，但不遇高祖耳！」為中丘王帳下都督，非其好也。病免。及永嘉大亂，石勒為劉元海輔漢將軍，與諸將下山東。賓謂所親曰：「吾歷觀諸將多矣，獨胡將軍可與共成大事。」乃提劍軍門，大呼請見，勒亦未之奇也。後漸進規謨，乃異之，引為謀主。（斠注引元和郡縣圖志十五曰：「張賓，石勒軍師。」）機不虛發，算無遺策。成勒之基業，皆賓之勳也。及為右長史，大執法，封濮陽侯，任遇優顯，寵冠當時。而謙虛敬慎，開襟下士，士無賢愚，造之者，莫不得盡其情焉。肅清百寮，屏絕私昵，入則格言，出則歸美。勒甚重之，每朝，常為之正容貌，簡辭令，呼曰「右侯」而不名之，勒朝莫與為比也。及卒，勒親臨哭之，哀慟左右。贈散騎常侍，右光祿大夫，儀同三司，謚曰景。將葬，送于正陽門，望之流涕，顧左右曰：「天欲不成吾事邪！何奪吾右侯之早也。」程遐代為右長史，勒每與遐議，有所不合，輒歎曰：「右侯捨我去，令我與此輩共事，豈非酷乎！」因流涕彌日。

又卷百十四苻堅載記附王猛傳曰：

王猛，字景略，北海劇人也。家於魏郡，少貧賤，以鬻畚為業。……猛瓌姿儁偉，博學好兵書，謹重嚴毅，氣度雄遠，細事不干其慮，自不參其神契，略不與交通，是以浮華之士咸輕而笑之，猛悠然自得，不以屑意。…隱於華陰山，懷佐世之志，希龍顏之主，斂翼待時，候風雲而後動。桓溫入關，猛被褐而詣之，一面談當世之事，捫蝨而言，旁若無人。溫察而異之，問曰：「吾奉天子之命，率銳師十萬，杖義討逆，為百姓除殘賊，而三秦豪傑未有至者，何也？」猛曰：「公不遠數千里，深入寇境，長安咫尺，而不渡灞水，百姓未見公心故也，所以不至。」溫默然無以酬之。溫之將還，賜猛車馬，拜高官督護，請與俱南…猛乃止。苻堅將有大志，聞猛名，遣呂婆樓招之，一見便若平生，語及廢興大事，異符同契，若玄德之遇孔明也。及堅僭位，以猛為中書侍郎。時始平多枋頭西歸之人，豪右縱橫，劫盜充斥，乃轉猛為始平令。猛下車，明法峻刑，澄察善惡，禁勒強豪，鞭殺一吏，百姓上書訟之，有司劾奏，檻車徵下廷尉詔獄…赦之。遷尚書左丞，咸陽內史，京兆尹，未幾，除吏部尚書，太子詹事，又遷尚書左僕射，輔國將軍，司隸校尉，加騎都尉，居中宿衛，時猛年三十六。歲中五遷，權傾內外，宗戚舊臣，皆害其寵。尚書仇騰、丞相長史席寶，數譖毀之，堅大怒，黜騰為甘松護軍，寶白衣領長史。爾後，上下咸服，莫有敢言。頃之，遷尚書令，太子太傅，加散騎常侍，猛頻表累讓，堅竟不許。又轉司徒，錄尚書事。餘如故。猛辭以無功，不拜。

後率諸軍討慕容暐，軍禁嚴明，師無私犯，猛之未至鄴也，刧盜公行，及猛之至，遠近帖然，燕人安之，軍還，以功進封清河郡侯。…時旣留鎮冀州，堅遣猛於六州之內，聽以便宜從事，簡召英儁，以補關東守宰。…俄入為丞相，中書監，尚書令，太子太傅，司隸校尉，持節，常侍，將軍，侯如故。稍加都督中外諸軍事，猛表讓久之…不許。其後數年，復授司徒…猛乃受命，軍國內外，萬機之務，事無巨細，莫不歸之。猛宰政公平，流成尸素，拔幽滯，顯賢才，外修兵革，內崇儒學，勸課農桑，教以廉恥，無罪而不刑，無才而不任，庶績咸熙，百揆時叙，於是兵彊國富，垂及升平，猛之力也。堅嘗從容謂猛曰：「卿夙夜匪懈，憂勤萬機，若文王得太公，吾將優游以卒歲。」猛曰：「不圖陛下知臣之過，臣何足以擬古人？」堅曰：「以吾觀之，太公豈能過也。」常勅其太子宏，長樂公丕等曰：「汝事王公，如事我也。」其見重如此。…其年寢疾，堅親祈南北郊、宗廟、社稷，分遣侍臣禱河嶽諸祀，靡不周備。猛疾未瘳，乃大赦其境內殊死已下。猛疾甚，因上疏謝恩，并言時政，多所弘益，堅覽之流涕，悲慟左右。及疾篤，堅親臨省病，問以後事。…言終而死，時年五十一，堅哭之慟，比斂，三臨，謂太子宏曰：「天不欲使吾平一六合邪？何奪吾景略之速也。」贈侍中，丞相，餘如故。給東園溫明秘器，帛三千匹，穀萬石，謁者僕射監護喪事，葬禮一依漢大將軍故事，諡曰武侯，朝野巷哭三日。

也許這不過是極少數中的特例，然而就這些特例來看，就不得不佩服這些胡酋，任何中國士人處於張賓、王猛的地位，自然也都會像張賓、王猛那樣的竭盡心力，以效死命了。而對於民族意識稍强的中國士人，則胡酋也另有一番言之成理，極爲動聽的說辭，卷一百八高瞻傳：

高瞻，字子前，渤海蓨人也。少而英爽，有俊才，身長八尺二寸。光熙（惠帝，三〇六）中，調補尚書郎，屬永嘉（懷帝，三〇七—三一二）之亂，還鄉里……乃與叔父隱率數千家北徙幽州，旣而以王浚政令無恆，乃依崔毖……及毖奔敗，瞻隨衆降于廆，廆署為將軍。瞻稱疾不起，廆敬其姿器，數臨候之，撫其心曰：「君之疾在此，不在餘也。今天子播越，四海分崩，蒼生紛擾，莫知所係。孤思與諸君匡復帝室，翦鯨豕于二京，迎天子於吳會，廓清八表，侔勳古烈，此孤之心也，孤之願也。君中州大族，冠冕之餘，宜痛心疾首，枕戈待旦，奈何以華夷之異，有懷介然，且大禹出于西羌，文王生于東夷。但問志略何如耳，豈以殊俗不可降心乎？」瞻仍辭疾篤，廆深不平之……遂以憂死。

這一套說辭，對於高瞻來說，是失敗了。可是對于民族意識稍弱的人，相信是相當有效的。賜之以禮遇，授之以高爵，動之以感情，說之以事理，何況除此以外，導致華夷投合的，還有別的因素存在，這就是思想的背景。郡姓，即那些頑固保守的中原舊世族，在漢魏之際，他們並沒有被新思潮所衝倒，他們所重的，依然是經學，依然是閥閱。可是，他們在這一個大浪潮中，却被壓抑而變得沒沒無聞了，不再有人關心他們這一羣。在一切均在轉變的新時代中，他們似乎退出了歷史舞臺以來，却並沒有消失。在五胡之亂起來，那些受過新時代新思潮洗禮的家族，紛紛南下；而這些舊閥閱世家，却再重現於歷史的舞臺之上。這時候，展現於他們之前的，是戰亂，是屠殺，過去繁華之地，而今已渺無人煙。(註二十六)那些胡酋，似乎是毫無理性的凶殘之輩，可是在他們的另一面，可以說是他們內心的深處，却是熱愛中國文化，戀舊而且保守。像匈奴的一支，冒姓劉氏，晉書卷百一劉元海載記曰：

劉元海，新興匈奴人，冒頓之後也。……初，漢高祖以宗女為公主，以妻冒頓，約為兄弟，故其子孫遂冒姓劉氏(註二十七)。

而泰半胡人，自認是中國人之後，劉元海載記斠注御覽一百十九引十六國春秋前趙錄曰：

先，夏后氏之苗裔，曰淳維，世居北狄，千有餘歲，至冒頓。

晉書卷一百八慕容廆載記：

慕容廆，字弈洛瓌，昌黎棘城鮮卑人也。其先有熊氏之苗裔，世居北夷，邑于紫蒙之野，號曰東胡。

斠注御覽一百二十一引十六國春秋前燕錄曰：

昔高辛氏游於海濱，留少子厭越，以君北夷，世居遼左，號曰東胡。

又卷百十二苻洪載記：

苻洪，字廣世，略陽臨渭氏人也。其先，蓋有扈之苗裔，世為西戎酋長。

又卷百十六姚弋仲載記：

姚弋仲，南安赤亭羌人也。其先，有虞氏之苗裔，禹封舜少子於西戎，世為羌酋。

在一般人看來，也許會覺得這只不過是種族文化低，導致强烈的自卑感，故而攀附文化高，歷史悠久的中國而已。事實上不會如此的單純，他們是眞正接受中國的一套，以中國人自居，卽使不以中國人自居，也是以中國人之後自居。他們愛好經學，偏向儒術。他們崇漢，甚至可以說是迷漢。他們雖然是形貌與中國人全然相異的胡人，可是他們讀的是中國人的著作，受的是中國人的敎育，懷的是中國人的理想，他們的思想是純中國人的，是純漢時中國人的。他們對漢魏之際的新思潮，以及所帶來新興的一切，都不感興趣，都沒有好感。故而這些胡酋，雖屬異族，却漢化(中國化)極深，更漢化(漢朝化)極深。他們於經學，漢魏之際，爲極大部分中國人所厭棄不顧的經學，不僅涉足，且學有所承，上承漢經學的傳授，他們固不以經學名家，對於一異族來說，僅此已相當了不起了，不能也不必太苛求他們了。在晉書載記中，有着太多的證據，證明這不是一些特例，而是普遍的情形。卷百一劉元海載記曰：

幼好學，師事上黨崔游，習毛詩、京氏易、馬氏尚書。尤好春秋左氏傳、孫吳兵法，略皆誦之。史、漢、諸子，無不綜覽。

同卷劉和載記：

好學夙成，習毛詩、左氏春秋、鄭氏易。

卷一百二劉聰載記：

幼而聰悟好學，博士朱紀大奇之。……年十四，究通經史，兼綜百家之言，孫吳兵法，靡不誦之。工草隸，善屬文，著述懷詩百餘篇，賦頌五十餘篇。……弱冠游于京師，名士莫不交結，樂廣、張華尤異之也。

卷一百三劉曜載記：

性拓落高亮，與衆不羣。讀書志於廣覽，不精思章句。善屬文，工草隸。……尤好兵書，略皆闇誦。

卷一百五石弘載記：

幼有孝行，以恭謙自守。受經於杜嘏，誦律於續咸。勒曰：「今世非承平，不可專以文律教也。」於是，使劉徵、任播，授以兵書。…虛襟愛士，好為文詠。其所親昵，莫非儒素。

卷一百八慕容廆載記：

平原劉讚，儒學該通，引為東庠祭酒，其世子皝，率國胄，束脩受業焉。廆覽政之暇，親臨聽之。

卷一百九慕容皝載記：

尚經學，善天文。……皝雅好文籍，勤於講授，學徒甚盛，至千餘人。親造太上章，以代急就。又著典誡十五篇，以教胄子。

卷一百九慕容翰載記：

善撫接，愛儒學。

卷百十慕容儁載記：

博覽圖書，有文武幹略。（𣃔注御覽百二十一引十六國春秋前燕錄曰：「善屬文，雅長辭賦。」）…儁立小學于顯賢里，以教胄子。封其子泓為濟北王，沖為中山王，讌羣臣於蒲池，酒酣賦詩，因談經史。…儁雅好文籍，自劭卽位，至末年，講論不倦。覽政之暇，唯與侍臣，錯綜義理。凡所著述，四十餘篇。

卷百十二苻健載記：

垂心政事，優禮耆老，脩尚儒學。

卷百十三苻堅載記：

八歲請師就學，洪曰：「汝戎狄異類，世知飲酒，今仍求學邪？」欣而許之。性至孝，博學多才藝。

斠注御覽二百三十六引十六國春秋前秦錄曰：

建元七年（三七一），高平蘇通、長樂劉祥，並以碩學耆儒，尤精二禮，堅以通為禮記祭酒，居于東庠，祥為儀禮祭酒，處于西序，堅每月朔旦，率百僚，親臨講論。

又卷百十三苻朗載記：

耽翫經籍，手不釋卷。每談虛語玄，不覺日之將夕。

卷百十五苻丕載記：

少而聰慧好學，博綜經史。

卷百十七姚興載記：

及鎮長安，甚有威惠，與其中舍人梁喜、洗馬范勗等講論經籍，不以兵難廢業，時人咸化之。……天水姜龕，東平淳于岐、馮翊郭高等，皆耆儒碩德，經明行脩，各門徒數百，教授長安，諸生自遠而至者萬數千人，與每於聽政之暇，引龕等于東堂，講論道藝，錯綜名理。

卷百十九姚泓載記：

博學，善談論，尤好詩詠。尚書王尚、黃門郎段章、尚書郎富允文，以儒術侍講……胡義周、夏侯稚，以文章游集。……弘受經於博士淳于岐，岐病，泓親詣省疾，拜于牀下，自是公侯見師傅皆拜焉。

卷百二十一李班載記：

班謙虛博納，敬愛儒賢，自何點、李釗，班皆師之，又引名士王嘏，及隴西董融、天水文夔等，以為賓客。

卷百二十四慕容寶載記：

砥礪自修，敦崇儒學，工談論，善屬文。

卷百二十七慕容德載記：

博覽羣書，性清慎，多才藝。

卷百二十九沮渠蒙遜載記：

蒙遜博涉羣史，頗曉天文。

以上不過就諸胡主所學來看，與晉室諸帝之不學，已成極强烈之對照（註二十七）。而這些胡主不僅好經學，好中國的各種典籍，也普遍地興學校，晉書卷百一劉元海載記：

> 嘗謂同門生朱紀、范隆曰：「吾每觀書傳，常鄙隨、陸無武，絳、灌無文。道由人弘，一物之不知者，同（固）君子之所恥也。二生遇高皇，而不能建封侯之業；兩公屬太宗，而不能開庠序之美，惜哉！」

此種學校，係用儒生經師，傳授經學而設置者。大部分在京師，而敎胄子似爲主要之任務。

卷一百三劉曜載記：

> 曜立大學於未央宮西，簡百姓年二十五已下，十三已上，神志可教者千五百人，選朝賢宿儒明經篤學以教之。以中書監劉均領國子祭酒。置崇文祭酒，秩次國子。散騎侍郎董景道，以明經，擢為崇文祭酒。

卷一百四石勒載記上：

> 立太學，簡明經書吏，署為文學掾，選將佐子弟三百人教之。勒增置宣文、宣教、崇儒、崇訓十餘小學于襄國四門，簡將佐豪右子弟百餘人以教之。

卷一百五石勒載記下：

> 署從事中郎裴憲、參軍傅暢、杜嘏，並領經學祭酒；參軍續咸，庚景為律學祭酒；

任播、崔濬，為史學祭酒；中壘支雄、游擊王陽，並領門臣祭酒，專明胡人辭訟；以張離、張良、劉羣、劉謨等為門生，主書司典。……勒親臨大小學，考諸生經義，尤高者，賞帛有差。……令公卿百寮，歲薦賢良、方正、直言、秀異、至孝、廉清各一人。答策：上第者拜議郎，中策中郎，下策郎中。其舉人，得遞相薦引，廣招賢之路。……命郡國立學官，每郡置博士祭酒二人，弟子百五十人，三考脩成，顯升臺府。於是，擢拜太學生五人，為佐著作郎，錄述時事。

卷一百六石季龍載記：

令諸郡國立五經博士。初，勒置大小學博士，至是，復置國子博士助教。……季龍雖昏虐無道，而頗慕經學，遣國子博士詣洛陽，寫石經，校中經于秘書。國子祭酒聶熊注穀梁春秋，列于學官。

卷一百八慕容廆載記：

平原劉讚，儒學該通，引為東庠祭酒。其世子皝，率國胄，束脩受業焉，廆覽政之暇，親臨聽之。

卷一百九慕容皝載記：

賜其大臣子弟為官學生者，號為高門生。立東庠于舊宮，以行鄉射之禮。每月臨覲，考試優劣。鱿雅好文籍，勤於講授，學徒甚盛，至千餘人。

卷百十慕容儁載記：

儁立小學于顯賢里，以教冑子。

卷百十三苻堅載記：

堅廣修學官，召郡國學先通一經以上充之。公卿已下子孫，並遣受業。其有學為通儒，才堪幹事，清修、廉直、孝悌、力田者，皆旌表之。於是，人思勸勵，號稱多士。……堅親臨太學，考學生經義優劣，品而第之。問難五經博士，多不能對。堅謂博士王寔曰：「朕一月三臨太學，黜陟幽明，躬親獎勵，罔敢勌違，庶幾周、孔微言，不由朕而墮。漢之二武，其可追乎？」寔對曰：「自劉、石擾覆華畿，二都鞠為茂艸，儒生罕有或存，墳籍滅而莫紀，經淪學廢，奄若秦皇。陛下神武撥亂，道隆虞夏，開庠序之美，弘儒教之風，化盛隆周，垂馨千祀，漢之二武，焉足論哉。」堅自是每月一臨，太學諸生競勸焉。……堅於是行禮於辟雍，祀先師孔子，其太子及公侯卿大夫之元子，皆束脩釋奠焉。……復魏晉士籍，使役有常門。諸非正道典學，一皆禁之。堅臨太學，考學生經義（斠注御覽二百三十六引十六國春秋前秦錄曰：「建元七年（三七一），高平蘇通、長樂劉祥，並以碩學耆儒，尤精二禮，堅以通為禮記祭酒，居于東庠；祥為儀禮祭酒，處于西序。堅每月朔旦，率百僚，親臨講論。」），上第擢叙者八十三人。自永嘉（懷帝，三〇七—三一二）之亂，庠序無聞，及堅之僭，頗留心儒學。……以安車蒲輪，徵隱士樂陵王勸為國子祭酒。及王猛卒，堅置聽訟觀於未央之南，禁老莊圖讖之學，中外四禁二衞四宰長上將士皆令修學。課後宮，置典學，立內司，以授于掖庭，選閹人及女隸有聰識者，署博士以授經。

卷百十六姚萇載記：

立太學，禮先賢之後。……萇下書，令留臺諸鎮，各置學官，勿有所廢，考試優劣，隨才擢叙。

卷百十七姚興載記：

萇出征討，常留統後。及鎮長安，甚有威惠。與其中舍人梁喜，洗馬范勗等，講論經籍，不以兵難廢業，時人咸化之。……與令邦國，各歲貢清行孝廉一人。……天水姜龕、東平淳于岐、馮翊郭高等，皆耆儒碩德，經明行脩，各門徒數百，授長安，諸生自遠而至者萬數千人。興每於聽政之暇，引龕等于東堂，講論道藝，錯綜名理。涼州胡辯，苻堅之末，東徙洛陽講授，弟子千有餘人。關中後進，多赴之請業，興勅關尉曰：「諸生諮訪道藝，脩己勵身，往來出入，勿拘常限。」於是，學者咸勸，儒風盛焉。

卷百二十一李雄載記：

時海內大亂，而蜀獨無事，故歸之者相尋。雄乃興學校，置史官。聽覽之暇，手不釋卷。

同卷李壽載記：

又廣太學。

卷百二十六禿髮烏孤載記：

以田玄沖、趙誕為博士祭酒，以教胄子。

這與東晉之盛玄風，同樣地形成强烈之對照（註二十八）。這對於重經學、講傳統、保守的中原舊門第來說，自然有一種特殊意義，具備一種特殊的吸引力，他們沒有被排擯的感覺，且受到尊重，多少年來，甚至於幾個世代以來，他們就等待這麼一天的到來，他們懷抱的信心，而今有了結果。種族的意識，在中國人說，本來就是比較淡薄的，多少年來，一向是着眼於文化而非血緣，以定夷夏。諸侯用夷禮則夷之，夷狄進於中國則中國之（註二十九）。郡姓的留於北方，與胡主合作，可說是很自然的；而僑姓的南渡，也可說不是偶然的。希望這樣一個分析，能說明，並解釋歷史的一些眞相。

四

兩晉時期，於北方立國之胡主，能够得到某些漢人的歸附，有他本身具備的條件，並非很單純的，並非僅靠了他們的武力的征服和統治，迫使那些漢人爲他們効力。在作了前面的剖析以後，我們會發現，有些事情遠出乎一般人的想像。雖然五胡的鐵騎，帶來了不盡的戰爭和毁滅，往往幾千里地無人煙；另一方面，他們所繼承的中國舊傳統－儒術經學，和他們開朗的作風、政治措施，較之於晉室，形成兩個極端。因爲對於後者來說，過去的那一套，早爲新起的所取代。落伍的，過時的，沒有任何值得留戀的理由。因此，保有舊經學傳統的古老門第中人，遠覺得胡主爲可親，因爲他們之間的心靈，是如此地接近。而民族意識，只是近代的產物，胡人既接受了中國的文化，就是中國人了。何況那些胡主，一直視他們自己爲中國人的後裔，這在中國人也是承認的。這些舊家族中人，發現經過長時間被排出歷史圈子之後，能有機會來施展他們的抱負，重建天下，其興奮和熱衷，是可以想像得到的。他們付出他們的一切，比胡主更爲狂熱，因爲他們有他們的理想，他們只是要做一些事，而不是爲某一胡主，某一家，在北方此起彼落的胡主短暫統治的交替中，他們永不放棄投効新的統治者，來成就一番事業，晉書卷一百九慕容皝載記附陽裕傳曰：

陽裕，字士倫，右北平無終人也。…刺史和演辟為主簿，王浚領州，轉治中從事，忌而不能任。石勒旣剋薊城，問棗嵩曰：「幽州人士，誰最可者？」嵩曰：「燕國劉翰，德素長者；北平陽裕，幹事之才。」勒曰：「若如君言，王公何以不任？」嵩曰：「王公由不能任，所以為明公擒也。」勒方任之，裕乃微服潛遁。時鮮卑單于段眷，為晉驃騎大將軍，遼西公，雅好人物，虛心延裕…。拜郎中令，中軍將軍，處上卿位，歷事段氏五主，甚見尊重。段遼與皝相攻，裕諫…遼不從，出為燕郡太守。石季龍剋令支，裕以郡降，拜北平太守，徵為尚書左丞。段遼之請迎於季龍也，裕以左丞相，領征東麻秋司馬。秋敗，裕為軍人所執，將詣皝，皝素聞裕名，即命釋其囚，拜郎中令，遷大將軍左司馬、東破高句麗，北滅宇文歸，皆豫其謀，皝甚器重之。

仕晉，事段，從慕容，僅在石勒朝潛遁。又卷百十慕容儁載記附李產(子績)傳：

李產，字子喬，范陽人也。少剛厲有志格，永嘉之亂，同郡祖逖擁衆，部於南土，力能自固，產遂往依之。逖素好從横，弟約有大志，產微知其旨，乃率子弟十數人，間行還鄉里，仕於石氏。及慕容儁南征，前鋒達郡界，鄉人皆勸產降，產曰：「夫受人之祿，當同其安危，今若舍此節以圖存，義士將謂我何？」衆潰，始詣軍請降，儁嘲之曰：「卿受石氏寵任，衣錦本鄉，何故不能立功於時，而反委質乎？烈士處身於世，固當如是邪？」產泣曰：「誠知天命有歸，非微臣所抗，然犬馬為主，豈忘自效，但以孤窮勢蹙，致力無術，繩俛歸死，實非誠款。」儁嘉其慷慨，顧謂左右曰：「此真長者也。」乃擢用之，歷位尚書。……

續字伯陽，少以風節知名。清辯有辭理，弱冠為郡功曹，時石季龍親征段遼，師次范陽，百姓饑儉，軍供有闕，季龍大怒，太守惶怖避匿，續進曰……季龍見續年少有壯節，嘉而恕之。於是太守獲免，刺史王午，辟為主簿。儁之南征也。隨午奔魯口……及到，儁責其背親後至，續荅曰：「臣聞豫讓報智伯仇，稱于前史。旣官身所在，何事非君。陛下方弘唐虞之化，臣實未謂歸順之晚也。」儁曰：「此亦事主之一節耳。」累遷太子中庶子……。

產父子之仕數朝，而史稱其「有志格」，稱其有「風節」，時人不怪其變，而恆怪其不變。又卷百十一慕容暐載記附皇甫眞傳：

皇甫眞，字楚季，安定朝那人也。弱冠，以高才，㢘拜為遼東國侍郎。皝嗣位，遷平州別駕。……後以破麻秋之功，拜奉車都尉，守遼東，營丘二郡太守，皆有善政。及儁僭位，入為典書令。……儁臨終，與慕容恪等，俱受顧託。……以眞為冠軍將軍，別部都督。師還，拜鎮西將軍，幷州刺史，領護匈奴中郎將。徵還，拜侍中，光祿大夫。累遷太尉，侍中。苻堅密謀兼幷……眞兄典，仕苻堅為散騎常侍，從子奮、覆，並顯關西。從堅入關，為奉車都尉。

一身仕慕容數世，更受顧託之重，終而隨苻氏入關，在當時來說，也是平常，胡主更不會因漢人之反覆而不用，因爲當時並沒有這種觀念。

經過一個多世紀的混亂，而後局面漸漸地澄清了，鮮卑的拓拔氏終於統一了中國的北方。雖然氐人的苻氏前秦曾經完成過，可是那過早的想統一中國的野心，帶來了徹底的失敗。魏從歷史中取得了敎訓，他們的興起可稱快速（註三十），然而在統一北方以後，他們採取了穩紮穩打的穩健擴充政策。就建設這樣一個王朝來說，自也少不了漢人的助力，尤其是那些高門子弟。他們的敎養，他們的學識，他們的行政經驗，和家族的榮譽感，對於任何一個統治者來說，都是一項可貴的資產，值得信託。而經過一百多年幾個世代的時期，這些北方門第中人，與胡主的合作也很習慣了。這是一個長時間累積的眞實體驗，透過對五胡不同種族，不同作風性格胡主的接觸，所換來的無可比擬的寶貴經驗。魏書卷二十四崔玄伯傳：

> 祖悅，仕石虎，官至司徒左長史，關內侯。父潛，仕慕容暐，為黄門侍郎，並有才學之稱。玄伯少有儁才，號曰「冀州神童」，苻融牧冀州，虛心禮敬，拜陽平公侍郎，領冀州從軍，管征東記室，出總庶事，入為賓友，衆務修理，處斷無滯。苻堅聞而奇之，徵為太子舍人，辭以母疾不就，左遷著作佐郎。苻丕牧冀州，為征東功曹。…堅亡，避難於齊、魯之間，為丁零翟釗，及司馬昌明，叛將張願所留。慕容垂以為吏部

郎，尚書左丞，高陽內史，所歷著稱。……太祖征慕容寶，次於常山，玄伯棄郡，東走海濱，太祖素聞其名，遣騎追求，執送於軍門，引見與語，悅之，為黃門侍郎……。

同卷鄧淵傳：

祖羌，苻堅車騎將軍。父翼，河間相。慕容垂之圍鄴……垂乃用為建武將軍，河間太守，尚書左丞，皆有聲稱，卒於趙郡內史。淵……太祖定史原，擢為著作郎……。

卷三十二高湖傳：

祖慶，慕容垂司空。父泰，吏部尚書。湖……少歷顯職，為散騎常侍……湖見其衰亂，遂率戶三千歸國，太祖賜爵東阿侯，加右將軍，總代東諸部。

同卷崔逞傳：

曾祖諒，晉中書令。祖遇，仕石虎為特進。父瑜，黃門郎。逞……慕容暐時，郡舉上計掾，補著作郎，撰燕記，遷黃門侍郎。及苻堅幷慕容暐，以為齊郡太守。堅敗，司馬昌明以逞為清河、平原二郡太守。為翟遼所虜，授以中書令。慕容垂滅翟釗，以為秘書監。慕容寶東走和龍，為留臺吏部尚書。及慕容驎立，逞攜妻子亡歸太祖。

又封懿傳：

曾祖釋，晉東夷校尉。父放，慕容暐吏部尚書。兄孚，慕容超太尉。懿……仕慕容寶，位至中書令，民部尚書。寶敗，歸闕。

卷三十三宋隱傳：

曾祖奭，晉昌黎太守，後為慕容廆長史。祖活，中書監。父恭，尚書，徐州刺史……隱……仕慕容垂，歷尚書郎，太子中舍人，本州別駕。太祖平中山，拜隱尚書吏部郎。

又張蒲傳：

父攀，慕容垂御史中丞，兵部尚書。……蒲……為慕容寶陽平、河間二郡太守，尚書左丞。太祖定中山……仍拜為尚書左丞。

又賈彝傳：

父為苻堅鉅鹿太守。……彝……弱冠，為慕容垂驃騎大將軍遼西王農記室參軍。太祖先聞其名，嘗遣使者求彝於垂，垂彌增器敬，更加寵秩，遷驃騎長史，帶昌黎太守。……太祖卽位，拜尚書左丞，參預國政，加給事中，於鄴置行臺。

卷四十五杜銓傳：

祖胄，苻堅太尉長史。父嶷、慕容垂秘書監。……銓……被徵為中書博士。

也許還有些士人，依然抱持不為胡用，如前引之高瞻；或忠於一家，卷百十五苻丕載記附索泮傳曰：

索泮，字德林，敦煌人也，世為冠族。……張天錫輔政，以泮為冠軍記室參軍。天錫卽位，拜司兵。歷位禁中錄事，執法御掾，州府肅清，郡縣改跡。遷羽林左監，有勤粹之稱，出如中壘將軍，西郡、武威太守，典戎校尉，政務寬和，戎夏懷其惠，天錫甚敬之。苻堅見而歎曰：「涼州信多君子！」既而以泮河西德望，拜別駕。呂光旣剋姑臧，泮固郡不降，光攻而獲之。光曰：「孤旣平西域，將赴難京師，梁熙無狀，絕孤歸路，此朝廷之罪人，卿何意阻郡固迷，自同元惡？」泮厲色責光曰：「將軍受詔討叛胡，可受詔亂涼州邪？寡君何罪，而將軍害之？泮但若力寡不能固守，以報君父之讎。豈知逆氏彭濟，望風反叛！主滅臣死，禮之常也。」乃就刑于市，神色不變。

又徐嵩傳：

徐嵩……苻堅時，舉賢良，如郎中，稍遷長安令。……遷守始平郡，甚有威惠。及壘陷，姚方成執而數之，嵩厲色謂方成曰：「汝姚萇，罪應萬死。主上止黃眉之斬而宥之，叨據內外，位為列將，無犬馬識養之誠，首為大逆。汝曹羌輩，豈可以人理期也。何不速殺我，早見先帝，取姚萇于地下。」方成怒，三斬嵩，漆其首，為便器。……諡曰忠武。

然而這些只是極其少數的特例，在當時人看來，這樣的結果，又有甚麼意義呢？所以更多的士人，雖然愛好的是東漢的經學，却不再拘泥於東漢的氣節了。從太多的史傳裏，所描述他們的生平事迹，可以看出，他們眞正是了解到他們處在怎樣的一個世界之中。而在這樣一個世界，短促王朝的頻繁交替，爲了他們自己也好，爲了他們家族也好，過去的那套道德觀念已經不切合實際了。他們要保護他自己，他們也眞能保護他們自己，不逆不撓地順應現實世界，順應現實社會，順應現實政治。有機會能施展抱負時，決不放棄機會。而在處於逆境之中時，立時修正他們的作法。統治者不是好伺候的，伴君如伴虎，何況是異民族、異風俗的胡主，在羣胡環伺下的胡主。我們批評歷史人物是容易的，可是要設身處地地想一想，事情恐怕不會是那樣地簡單，而會給予更多同情和諒解。

（註　一）宋祁但稱「柳芳著論甚詳，今删其要，著之左方」，未標論名，周道濟氏引作「柳芳姓論」，見漢唐宰相制度頁六二七，然此名實誤。柳芳，兩唐書皆未有傳，其生平不詳。王溥唐會要卷三十六氏族「乾元元年（肅宗，七五八），著作郎賈至撰百家類例十卷」條下，夾注曰：「貞元（德宗，七八五—八〇四）中，左司郎中柳芳論氏族，序四姓，則分甲乙丙丁，頒之四海，世族則先山東，載在唐曆。」是柳芳此論正式名稱該是「氏族論」。又曰：「永泰二年（代宗大曆元年，七六六）十月七日，宗正卿吳王祇，奏修史館太常博士柳芳撰皇室永泰新譜二十卷上之。」劉昫舊唐書卷四十六經籍志乙部史錄譜牒類未著錄柳芳之兩種著作，歐陽修唐書卷五十八藝文志乙部史錄譜牒類但著錄「柳芳永泰新譜二十卷（一作皇室新譜）」，而不見其論，幸得宋祁刪要錄存，而柳沖傳遂成探討中古門第極重要的一篇文獻，一直受到有關學者的重視。為了解它的確實價值，有對此傳文加以重新評估的必要。傳曰：「柳沖，蒲州虞鄉人。隋饒州刺史莊曾孫。父楚賢，大業（六〇五—六一六）中，為河北縣長。高祖兵興，堯君素據郡固守，楚賢說曰……君素不從，楚賢潛行自歸，授侍御史。貞觀（六二七—六四九）中，持節，冊拜突厥，辭其遺，不受。歷交、桂二州都督，杭州刺史，皆有名。沖好學，多所研總。天授（六九〇—六九一）初，為司府寺主簿，詔遣安撫淮南，使有指，封河東縣男。中宗景龍（七〇七—七〇九）中，遷左散騎常侍，修國史。初，太宗命諸儒譔氏族志，甄差羣姓，其後，門胄興替不常，沖請改修其書。帝詔魏元忠（—七〇七）、張錫（—七一〇）、蕭至忠（—七一三）、岑羲（—七一三）、崔湜（六七〇—七一二）、徐堅（六五九—七二九）、劉憲（—七一一）、吳兢（六七〇—七四九），及沖，共取德功時望國籍之家，等而次之。夷藩酋長，襲冠帶者，析諸別品。會元忠等繼物故，至先天（七一二）時，復詔沖及堅、兢，與魏知古（六四七—七一五）、陸象先（六六五—七三六）、劉子玄（六六一—七二一）等付綴，書乃成，號姓系錄。歷太子賓客，宋王師，昭文館學士，以老致仕。開元（七一三—七四一）初，詔沖與薛南金，復加攷竄，乃定。後，柳芳著論甚詳…。」毛漢光氏根據現存資料，對唐氏族譜加以考證分析，在敦煌唐代氏族譜殘卷之商榷（史語所集刊四十三本二分）一文中，指出「唐代氏族譜，自太宗時，便呈雙線發展，一是詔修譜，一是士大夫私修譜。前者如氏族志，姓氏錄、大唐姓族系錄；後者流行於民間，譜數極多，北平藏譜（按指今藏於北平圖書館的敦煌唐寫姓氏錄殘卷）是當時士大夫私修譜之一（也許是較重要的一部私修氏族譜）」（頁二六七）照毛氏說法，各譜之間的關係，有如左圖：

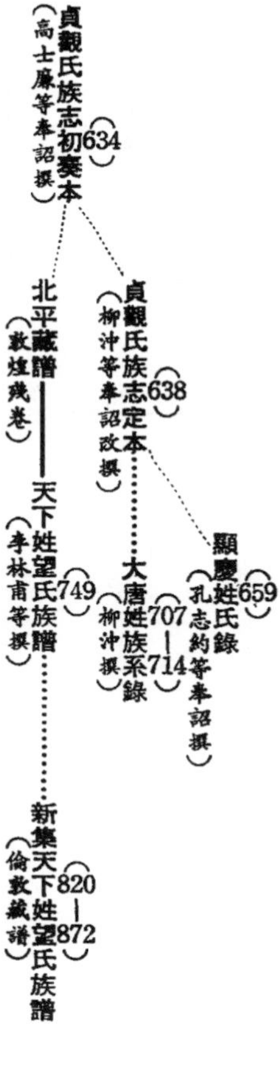

不論從圖中，或從傳裏，均可以考見柳沖一生，與唐詔修譜的密切關係。柳沖非家世傳譜學，然而也可能因為這一點，才產生這樣一個結果。毛氏一方面認為「流行於士大夫間的氏族譜，比官修譜更可分映唐代社會實況，其史料價值甚高」，卻又以為「氏族譜是記載政治社會上世家大族的書籍，時間推移，氏族必有興衰，官方屢次修譜，以與實際政治社會相符合；士大夫私修譜，亦因在士大夫標準中，某些家族有了榮枯」（並見史語所集刊四十三本二分頁二六七），顯然地重視私修譜。事實上，官修譜完全代表唐統治階級的觀點，不僅符合當時的實際情形，如舊唐書卷六十五高士廉傳：「是時，朝議以山東人士好自矜夸，雖復累葉陵遲，猶恃其舊地，女適他族，必多求聘財。太宗惡之，以為甚傷教義，乃詔士廉與御史大夫韋挺、中書侍郎岑文本、禮部侍郎令狐德棻等刊正姓氏。於是，普責天下譜牒，仍憑據史傳，考其眞僞。忠賢者褒進，悖逆者貶黜，撰為氏族志。士廉乃類其等第以進，太宗曰：『我與山東崔盧李鄭，舊既無嫌，為其世代衰微，全無冠蓋，猶自云士大夫，婚姻之間，則多邀錢幣，才識凡下，而偃仰自高，販鬻松檟，依託富貴，我不解人間何為重之？秖緣齊家，惟據河北，梁陳僻在江南，當時雖有人物，偏僻小國，不足可貴。至今猶以崔盧王謝為重。我平定四海，天下一家，凡在朝士，皆功效顯著，或忠孝可稱，或學藝通博，所以擢用。見居三品以上，欲共衰代舊門為親，縱多輸錢帛，猶被偃仰。我今特定族姓者，欲崇重今朝冠冕，何因崔幹猶為第一等。晉漢高祖止是山東一匹夫，以其平定天下，主尊臣貴，卿等讀書見其行迹，至今以為美談，心懷敬重。卿等不貴我官爵耶！不須論數世以前，止取今日官爵高下作等級。』遂以崔幹為第三等。及書成，凡一百卷，詔頒於天下。」官修譜既是如此修成的，其價值也就可想而知了。柳沖只不過是一個投機的文人，一個迎合帝王的御用文人，隨時奉旨撰修改竄。而柳芳的氏族論，亦屬同一系統。此論在形式上，容或與諸譜不同，而發揮解析，對於我們的討論，更有它的方便處。只是在引為理據時，須特加小心才是。

(註　二) 對於這一點，拙著永嘉前後吳姓與僑姓關係之轉變（政大學報二十六期）頁二〇七，南朝的門第（食貨月刊三卷五期）頁一九九，又頁二〇四註二，南朝門第經濟之研究（大陸雜誌四十八卷一期）頁十三，又頁三七註三，曾三次申述，而前人及時人則似未嘗留意於此。

(註　三) 按唐會要一百卷，係王溥編撰蘇冕會要、楊紹復等續會要等書而成。然既成於溥手，則可視之為自蘇冕以至王溥的普遍說法。

(註　四) 參見（註一）。

(註　五) 魏孝文帝最重中國的門第，故其遷都洛陽，推行漢化，特制訂代北舊人，比附中原姓族的辦法，參見孫同勛氏拓拔氏的漢化，頁一二四—一二九，並參閱後文。

(註　六) 關於這點，陳寅恪氏有精闢的分析，說見所著隋唐制度淵源略論稿頁六五—六六，又唐代政治史述論稿頁一一。

(註 七)參見拙著永嘉前後吳姓與僑姓關係之轉變(政大學報二十六期)頁二〇七—二三二、中古南方門第—吳郡朱張顧陸四姓之比較研究(政大學報二十七期)頁二七一—二九八、南朝的門第(食貨月刊復刊三卷五期)頁一九九—二〇六，三文對之皆有相當詳盡之分析說明。

(註 八)參見余英時氏漢晉之際士之新自覺與新思潮(新亞學報四卷一期)頁二五，毛漢光氏兩晉南北朝士族政治之研究頁五三。

(註 九)秦漢之大族，似多以「豪族」之姿態出現，參見呂思勉秦漢史頁四九六—五〇〇，而近人楊聯陞氏亦有東漢的豪族(清華學報十一卷四期)一文。此處用「豪族」一詞，代表一種家族的形態，一種盤據地方，豪強不法的，而為朝廷及民間所側目的大家族。

(註 十)此為漢時發展形成之另一種家族形態，一種士人的家族，余英時氏東漢政權之建立與士族大姓之關係(新亞學報一卷二期)對之有極詳盡精闢之剖析，可參看。

(註 十一)各時代的門第，所顯示的特質，並不完全相同，甚或各個門第，除了具備門第的通性以外，也各有他們的個性，呈現不同的精神面貌，參見拙著中古門第的本質(中華文化復興月刊三卷五期，總編號二六期)頁三〇—三一。

(註 十二)閥閱，一作伐閱，辭海伐閱條稱：「伐閱，亦作閥閱。前漢書卷六十六車千秋傳：『千秋無他材能術學，又無伐閱功勞。』師古曰：『伐，積功也；閱，經歷也。』按左傳襄公十九年：『夫銘，天子令德，諸侯言時計功，大夫稱伐。』伐義當原本於此。又玉篇：「門在左曰閥，在右曰閱。』按鈕樹玉說文新附考云：『漢書車千秋傳注：伐，積功也；閱，經歷也。是閥，通作伐，並無左右之說。』徐灝云：『閥，宜從門者，蓋因閥而增之，唐、宋以後，遂於門外作二柱，謂之烏頭閥閱，見冊府元龜。』後世謂巨室曰閥閱，本此。」按前說頗是，而謂後世以巨室曰閥閱，本烏頭閥閱，則疑非。因閥閱既以積功，經歷而為名，遂而以此名之。是閥閱之起，在東漢以前；閥閱之重，在東漢以後。其程度因時而加深，余英時氏漢晉之際士之新自覺與新思潮（新亞學報四卷一期）頁四三—四六，剖析詳明，可資參考。

（註 十三）此條引自嚴可均全後漢文卷八九，仲長統三，昌言下，引意林。

（註 十四）參見余英時氏漢唐之際士之新自覺與新思潮（新亞學報四卷一期）頁二五—四六。

（註 十五）班固漢書卷八十八儒林傳贊曰：「自武帝立五經博士，開弟子員，設科射策，勸以官祿，訖於元始，百有餘年，傳業者寖盛，支葉蕃滋，一經說至百餘萬言，蓋祿利之路然也。」祿利，為漢世學子及社會傾向於儒術經學之原動力，亦為漢世以後各種發展的根本原因所在。

（註 十六）參見錢賓四師中國文化史導論頁一〇一—一〇四，又參考趙翼廿二史劄記卷五「累世經學」、「四世三公」兩條。

（註 十七）參看拙著魏晉思想與談風頁一八—四四，二、魏晉思想之變因一章，於此種切，有極詳細的分析。

（註 十八）參見拙著永嘉前後吳姓與僑姓關係之轉變（政大學報二十六期）頁二〇七—二一二。

（註 十九）參見拙著永嘉前後吳姓與僑姓關係之轉變（政大學報二十六期）頁二二〇。

（註 二十）我們不說九品中正產生門第，而說由於九品中正的制度，給予門第太多的助力，而加速了門第的發展。其原因，可參考毛漢光氏兩晉南北朝士族政治之研究，頁六七—一五八，從選舉制度之士族化論士族保持政治地位、從選舉官之分析論士族保持政治地位兩章。

（註二十一）「上品無寒門，下品無勢族」，通典卷十四選舉典歷代制中，嚴可均全晉文卷三十五據晉書劉毅傳、又羣書治要三十引晉書、又通典十四、又略見御覽二百六十五引劉毅集，引並同。而後人引用時，多憑己意，任意更動其中文字者，如蒙思明六朝氏族形成的經過，引作「上品無寒門，下品無世族」，見文史雜誌一卷九期；楊筠如九品中正與六朝門閥頁五五，引作「上品無寒門，下品無貴族」。這種情形，即沈約亦所不免，宋書卷九十四恩倖傳，引作「下品無高門，上品無賤族」。而趙翼廿二史劄記卷八，九品中正條，亦作「上品無寒門，下品無世族」。意義雖然沒有太大的不同，總是非原貌，故特舉而明之。

（註二十二）參見宮崎市定九品官人法の研究—科舉前史，頁一〇〇—一四八、毛漢光氏兩晉南北朝士族政治之研究，頁七八—九六。

（註二十三）九品中正制，推行之初，已有不少人指陳它的流弊，可參看趙翼廿二史劄記卷八之九品中正條。在南朝和北朝，可看宮崎市定九品官人法の研究—科舉前史中有關章節。而愈後，弊端愈深，弊端也愈著，却因仍而不改。

（註二十四）拙著魏晉思想與談風頁一七三—一七七對王衍事有所分析剖白，可參看。

（註二十五）參見拙著南朝的門第（食貨月刊復刊三卷五期）頁二〇一—二〇四，此種民族意識，也就是南朝門第的精神所在。

（註二十六）參見金發根氏永嘉亂後北方的豪族，頁七六—七七。

（註二十七）斠注：「御覽一百十九引十六國春秋前趙錄曰：『先，夏后氏之苗裔，曰淳維，世居北狄。千有餘歲，至冒頓，襲破東胡，西走月氏，北服丁零，內侵燕代，控弦四十萬。漢祖患之，始劉敬奉公主以妻之，約為兄弟。故子孫遂冒姓為劉氏。』金石錄：僞漢司徒劉雄碑云：『公諱雄，字元英，高皇帝之胄，孝宣帝元孫。值王莽纂竊，遠遁邊朔，為外國所推，遂號單于。累葉相承，家雲中，因以為桑梓焉。』雄，劉元海弟也。晉書載記：『元海冒姓劉氏。』今此碑直云出自宣帝，豈元海初起，假此以惑衆乎。」按劉雄碑僞冒出自宣帝，斠注信其說，至可笑。然謂元海初起，冒姓劉氏以惑衆，則言之成理。

（註二十八）參見拙著魏晉思想與談風，頁一九一—一九六。

（註二十九）錢賓四師中國文化史導論，頁三五—三七，有極精闢的說法，可參看。

（註　三十）參見孫同勛氏拓拔氏的漢化。頁二五曾綜前文，指出「拓拔氏在一百六十年中，由最原始的部落組織，一變而具有相當規模的君主專制政體，可說是相當迅速」。

（原載「國立政治大學學報」三十二期，民六十四年十二月）

九、唐朝山東士族的社會地位之考察

一

在唐書卷一百九十九儒學柳沖傳中，保存了一篇柳芳的氏族論（註一），雖然只是經過宋祁的刪節而不是完整的，氣勢既不聯貫，語意亦頗多含混不明白，可是在研究中古士族方面，却是受到普遍重視的極重要文獻之一（註二）。再精確一點地說，世人所注意的，所特別感到興趣的，而時常被引用的，是以下的一段：

魏氏立九品，置中正，尊世胄，卑寒士，權歸右姓己。其州大中正、主簿、郡功曹，皆取著姓士族為之，以定門胄，品藻人物。晉、宋因之，始尚姓己。然其別貴賤，分士庶，不可易也。于時，有司選擧，必稽譜籍，而考其眞僞。故官有世胄，譜有世官，賈氏、王氏譜學出焉。由是有譜局，令史職皆具。

過江則為「僑姓」，王、謝、袁、蕭為大。

東南則為「吳姓」，朱、張、顧、陸為大。

山東則為「郡姓」，王、崔、盧、李、鄭為大。

關中亦號「郡姓」，韋、裴、柳、薛、楊、杜首之。

代北則為「虜姓」，元、長孫、宇文、于、陸、源、竇首之。

柳芳將中古氏族（註三）因地域的不同，而分別之為渡江的「僑姓」、東南的「吳姓」、山東以及關中的「郡姓」、和代北的「虜姓」等五「姓」。這一種說法，可以說是他所首創。在這以前，從來沒有這樣說的，這樣分的。雖有「僑人」（註四）之名，而沒有「僑姓」的稱呼；有「吳四姓」（註五），而沒有所謂「吳姓」；雖有「郡姓」（註六），却非此「郡姓」；有「虜」（註七），而沒有「虜姓」。不是說過去沒有，後代即不能有，而是在探討上，須對此先有一個了解，了解此名稱為後起，而後可以減少一些誤解。而這些名稱雖屬後起，但確乎能够表現出各自的地域分布及精神特質來，所以在唐會要卷三十六氏族篇中，即直接加以引述，而不標明出處，似乎已以此為當然，也可以看出它已為後人所共認了（註八）。可是，在魏晉南北朝，甚至於在唐朝，這種說法，多少是有問題的。因為柳芳所談的氏族，强調的是那些著姓，是右姓，是士族，也就是門第。而門第，是中古社會的產物，是一種爲社會所共認，而取得特殊社會地位的家族(註九)，它與政治沒有絕對的關係，政治對門第也無力予以認可或否認(註十)。所以說，眞正的門第，該是爲社會所普遍接受和重視的。以此標準，來衡量柳芳所指的這五種「姓」在唐朝的社會裏，並不具備，換句話說，並不是全都具備作爲門第的條件。

二

唐既代隋而有天下，從政治的角度來看，無疑問的，皇室李氏，以及在皇室左右的功臣貴戚，是據有最重要地位的，他們是統治階段。而這些人，不是關中人士，就是元魏後裔(註十一)。照常情來說，天下人理該最看重他們。事實上並不如此，舊唐書卷六十五高士廉傳曰(註十二)：

是時，朝議以山東人士好自矜夸，雖復累葉陵遲，猶恃其舊地，女適他族，必多求聘財。太宗惡之，以為甚傷教義，乃詔士廉與御史大夫韋挺、中書侍郎岑文本，禮部侍郎令狐德棻等刊正姓氏。於是普責天下譜牒，仍憑據史傳，考其真偽，忠賢者褒進，悖逆者貶黜，撰為氏族志。士廉乃類其等第以進，太宗曰：「我與山東崔盧李鄭，舊既無嫌，為其世代衰微，全無冠蓋，猶自云士大夫，婚姻之間，則多邀錢幣，才識凡下，而偃仰自高，販鬻松檟，依託富貴，我不解人間何為重之？祇緣齊家惟據河北，梁陳僻在江南，當時雖有人物，偏僻小國，不足可貴。至今猶以崔、盧、王、謝為重。我平定四海，天下一家，凡在朝士，皆功效顯著，或忠孝可稱，或學藝通博，所以擢用。見居三品以上，欲共衰代舊門為親，縱多輸錢帛，猶被偃仰。我今特定族姓者，欲崇重今朝冠冕，何因崔幹猶為第一等？昔漢高祖止是山東一匹夫，以其平定天下，主尊臣貴。卿等讀書，見其行迹，至今以為美談，心懷敬重。卿等不貴我官爵耶，不須論數世以前，止取今日官爵高下作等級。」遂以崔幹為第三等。及書成，凡一百卷，詔頒於天下（註十三）。

太宗所說河北的齊家、江南的梁陳，既稱崔盧王謝，可以知道它指的就是柳芳論中所說的山東「郡姓」與過江「僑姓」這兩種人，不僅在魏晉南北朝盛極一時，至唐初人物猶衆，全唐文卷十三高宗令山東江左採訪人物詔就可以作一個明證，詔曰：

山東、江左，人物甚衆，雖每充賓薦，而未盡英髦。或孝悌通神，遐邇惟敬；或德行光裕，邦邑崇仰；或學綜九流，垂帷覩奥；或文高六藝，下筆成章；或備曉八音，洞該七曜；或射能穿札，力可翹關；或邱園秀異，志存棲隱；或將帥子孫，素稱勇烈。委巡撫大使，咸加採訪，佇申褒奬。亦有婆娑鄉曲，負材傲俗，爲譏議所斥，陷於跅弛之流者。亦宜推擇。各以名聞。

從政治的觀點來看，河北、江南，長久以來，爲關中所有。河北、江南人旣是被征服者，自不能與征服者的關中人相比。換句話說，卽山東的「郡姓」、與過江的「僑姓」，旣比不上代北的「虜姓」，也比不上關中的「郡姓」。所以才有太宗對高士廉等人的一番談話，指出山東崔盧李鄭「世代衰微，全無冠蓋」，又說河北、江南，「當時雖有人物，偏僻小國，不足可貴」，可以想見河北以及江南人在被關中人征服後，政治上的不得意，他們爲統治階級所壓抑，所排斥，所鄙棄。而所以如此的內在理由，似乎是山東、江南旣有人物，而爲社會所看重，統治階級萌生的自卑感作祟，而表現於外在的行爲上。然而這却是似是而非的，眞正原因並不在此。

三

山東的「郡姓」與過江的「僑姓」，在李唐初年，又顯然是前者更受重視，唐會要卷三十六氏族云（註十四）：

武德元年（高祖，六一八），高祖嘗謂內史令竇威曰：「昔周朝有八柱國之貴，吾與公家，咸登此職（註十五）。今我已為天子，公為內史令。本同末異，無乃不可乎？」咸曰：「臣家昔在漢朝，再為外戚。至于後魏，三處外家。今陛下龍興，復出皇后。臣又階緣戚里，位忝鳳池（註十六）。自惟叨濫，曉夕兢懼。」高祖笑曰：「比見關東人崔盧為婚，猶自矜伐。公世為帝戚，不亦貴乎！」

又如前引舊唐書卷六十五高士廉傳。而同書卷七十八張行成傳亦云「太宗嘗言及山東、關中人，意有同異」，亦以「山東」爲對象。唐會要卷三十六氏族夾注曰：

至貞元（德宗，七八五—八〇四）中，左司郎中柳芳論氏族，序四姓，則分甲乙丙丁，頒之四海；世族則先山東。載在唐歷。

是不僅高祖（六一八—六二六）、太宗（六二七—六四九）處處以崔盧爲說，事實上社會亦以山東爲重，此至文宗（八二七—八四〇）時猶然，這已經到了九世紀中，距唐開國已經一百多年了，唐書卷一百七十二杜兼附子中立傳：

中立字無為，以門廕，歷太子通事舍人。開成（八三六—八四〇）初，文宗欲以真源、臨真二公主降士族，謂宰相曰：「民間脩婚姻，不計官品，而上閥閱。我家二百年天子，顧不及崔盧耶！」詔宗正卿取世家子以聞。

李氏雖有天下，卻奈何不得這些山東士族，感到在世人心目中，甚至於公侯將相心目中，帝王重臣遠比不上崔盧，造成精神上的莫大威脅，才有數數改訂氏族志的事，另訂以有唐政治地位的高下，來決定其家族姓氏地位的高下（註十七），他們確乎是想用政治的力量，來改變社會多少年來傳統的觀念。諸如此類的官修譜（註十八），似乎只行之於統治階級，雖頒行天下，在社會上，並沒有得到一致的共認。社會所看重的，依然只是山東的崔盧。而這種情形的造成，自有它的歷史背景，又豈是偶然的。

四

很顯然的，唐朝各階層莫不看重山東士族，所關注的，又莫非婚姻。就前引諸條及相關文字中，多有高祖以下諸帝帶酸意的批評。舊唐書高士廉傳引述太宗的話說，卽直云「我與山東崔盧李鄭，舊既無嫌，為其世代衰微，全無冠蓋，猶自云士大夫。婚姻之間，則多邀錢幣，才識凡下，而偃仰自高，販鬻松檟，依託富貴，我不解人間何為重之」，又云「凡在朝士，皆功效顯著，或忠孝可稱，或學藝通博，所以擢用。見居三品以上，欲共衰代舊門為親，縱多輸錢帛，猶被偃仰」，太宗所以發此感慨，正以見居三品以上的朝廷大臣，爭與山東士族通婚。在太宗看來，這豈不是自貶身價。事實上，在李唐，這種情形是極為普遍的，資治通鑑卷二百唐紀高宗顯慶四年（六五九）冬十月：

初，太宗疾山東士人自矜門地，昏姻多責資財。命修氏族志，例降一等。王妃、主壻，皆取勳臣家，不議山東之族。而魏徵、房玄齡、李勣家，皆盛與為昏，常左右之，由是舊望不減。或一姓之中，更分房英眷，高下懸隔。李義府為其子求昏不獲，恨之，故以先帝之旨，勸上矯其弊。壬戌，詔後魏隴西李宝、太原王瓊、滎陽鄭溫、范陽盧子遷、盧渾、盧輔、清河崔宗伯、崔元孫、前燕博陵崔懿、晉趙郡李楷等子孫，不得自為婚姻（註十九）。仍定下嫁女受財之數，毋得受陪門財（陪門財者，女家門望未高，而議姻之家非耦，令其納財以陪門望）。然族望為時所尚，終不能禁。或載女竊送夫家；或女老不嫁，終不與異族為婚；其衰宗落譜，昭穆所不齒者，往往反自稱禁婚家，益增厚價（厚取陪門之財也）。

至玄宗時依然如此，如張說，唐國史補卷上：

張燕公好求山東婚姻，當時皆惡之。及後，與張氏為親者，乃為甲門。

太平廣記卷一百八十四貢舉類士族篇亦據之而云：

張說好求山東婚姻，當時皆惡之，及後，與張氏親者，乃為申明四姓。鄭氏不離滎陽，又崗頭盧、澤底李、士門崔，皆為鼎甲。

諸人好求山東婚姻事，均不見於兩唐書本傳（註二十），本傳但載玄齡子遺愛尚高陽公主，徵子叔玉幾婚衡山公主，說子垍尙寧親公主而已。而舊唐書卷八十一李敬玄傳：

> 敬玄久居選部，人多附之。前後三娶，皆山東士族。又與趙郡李氏合譜，以臺省要職，多是其同族婚媾之家，高宗知而不悅，然猶不彰其過。

又卷九十李懷遠傳：

> 邢州柏仁人也，早孤貧。……子彭年，彭年有吏才。……天寶（玄宗，七四二—七五五）初，又為吏部侍郎，與右相李林甫善，慕山東著姓為婚姻，引就清列，以大其門。

從以上兩傳（註二十二），可以看出他們之所以如此追求山東士族婚姻，目的在「大其門」。不僅李敬玄、李懷遠如此想，甚至於房玄齡、杜如晦、高季輔、李勣亦莫不皆然。政治地位高，並不就因此而大了門戶，在這裏，可以深刻地體會到這點。唐書卷九十三李勣傳曰：

> 自屬疾，帝及皇太子賜藥，即服，家欲呼醫巫，不許。諸子因以藥進，輒曰：「我山東田夫耳，位三公，年踰八十，非命乎！生死繫天，寧就醫求活耶？」弟弼始為晉州刺史，以勣疾，召為司衞卿，使省視。忽語曰：「我似少愈，可置酒相樂。」於是奏樂宴飲，列子孫于下。將罷，謂弼曰：「我即死，欲有言，恐悲苦，不得盡，故一訣耳。我見房玄齡、杜如晦、高季輔，皆辛苦立門戶，亦望詒後，悉為不肖子敗之。我子孫今以付汝，可愼察，有不屬言行，交非類者，急榜殺以聞，毋令後人笑吾，猶吾笑房、杜

也。……」（註二十二）

世人辛苦立門戶，本爲子孫計。李勣臨終時，唯一牽掛的，就是這件事。而爲子孫計，又莫過于通婚山東。看來似乎可笑，然而在當時講，却自有它的道理。甚至於皇室，也想通婚山東，唐書卷一百七十二杜兼附子中立傳：

中立字無為，以門廕，歷太子通事舍人。開成（八三六—八四〇）初，文宗欲以真源、臨真二公主降士族，謂宰相曰：「民間脩婚姻，不計官品，而上閥閱。我家二百年天子，顧不及崔、盧耶！」詔宗正卿取世家子，以聞。中立及校書郎衞洙得召見禁中，拜著作郎，月中，遷光祿少卿，駙馬都尉，尚真源長公主。

文宗（八二七—八四〇）時，尚有一事，太平廣記卷一百八十四貢擧類氏族莊恪太子妃條據盧氏雜說云：

文宗為莊恪選妃，朝臣家子女者悉被進名。士庶為之不安。帝知之。召宰臣曰：「朕欲為太子婚娶，本求汝鄭門衣冠子女為新婦。聞在外朝臣，皆不願共朕作親情，何也？朕是數百年衣冠，無何神堯打家羅訶去。」

世人避皇室惟恐不及，却寧願以財物爭附山東，形成一極端之對照，陳寅恪氏唐代政治史述論稿中篇政治革命及黨派分野云：

趙郡李氏、滎陽鄭氏，俱是北朝數百年來顯著之士族，實可以代表唐代士大夫中主要之派者。……依（鄭）覃之意，李唐數百年天子之家，尚不及山東舊門九品衞佐之崔氏，然則唐代山東士族心目中社會價值之高下估計亦可想見矣。

對於這一點，其關鍵所在，自值得探討和深思。

五

在唐朝，世人心目中最看重的，是山東士族，已無可懷疑（註二十三）。而在山東士人之自身，也充滿了强烈的優越感，高祖稱他們「猶自矜伐」（註二十四），太宗亦以他們「偃然自高」（註二十五）。固然他們「人物甚衆」（註二十六），却不是來自這點，也不是來政治地位。因爲就政治地位言，莫高於李唐皇室。而山東士人政治地位並不很高，不是說沒有攀升高位的，至少比之於關中「郡姓」與代北「虜姓」來，要少得多。可見他們的自矜，決不是由於「冠蓋」，而是另有原因。

通鑑卷二百四十八唐紀宣宗紀：

（太中二年，八四八）十一月庚午，萬壽公主適起居郎鄭顥。顥，絪之孫（鄭絪爲相於元和之初），登進士第，為校書郎，右拾遺，內供奉，以文雅著稱。公主，上之愛女，故選顥尚之。有司循舊制，請用銀裝車，上曰：「吾欲以儉化天下，當自親者始。」令依外命婦，以銅裝車。詔公主執婦禮，如臣庶之法。戒以毋得預時事，又申以手詔曰：「苟違吾戒，必有太平、安樂之禍。」顥弟顗，嘗得危疾，上遣使視之，還，問公主何在，曰：「在慈恩寺觀戲場。」上怒，歎曰：「我怪士大夫家，不欲與我家為昏，良有以也。」亟命召公主入宮，立之階下，不之視，公主懼，涕泣謝罪，上責之曰：「豈有小郎病，不往省視，乃觀戲乎！」遣歸鄭氏。由是終上之世，貴戚皆兢兢守禮法，如山東衣冠之族。

又舊唐書卷一百十九崔祐甫傳曰：

家以清儉禮法，為士流之則。祐甫舉進士，歷壽安尉。安祿山陷洛陽，士庶奔迸，祐甫獨崎危於矢石之間，潛入私廟，負木主以竄。……朱泚之亂，祐甫妻王氏陷於賊中，泚以嘗與祐甫同列，雅重其為人，乃遺王氏繒帛菽粟，王氏受而緘封之。及德宗還京，具陳其狀以獻，士君子益重祐甫家法，宜其享令名也。

從這兩條看來，似乎山東士人之受世人重視，在「守禮法」，陳寅恪氏於唐代政治史述論稿卽持此看法，以爲「唐代皇室本出自宇文泰所創建之關隴胡漢集團，卽朱元晦所謂『源流出於夷狄，故關門失禮之事不以爲異』者，因應與山東士族之以禮法爲門風者大有不同，及漢化程度極深之後，與舊日士族比較，自覺相形見絀，益動企羡攀仰之念。然貴爲天子，終不能競勝山東舊族之九品衞佐，於此可見當日山東舊族之高自標置，並非無因也」，然而山東士族固多守禮法之門風，却不必山東士族始有之，亦不必山東士族盡有之。山東如此，關中又何不然，資治通鑑卷二百五十九唐紀昭宗景福二年（八九三）：

以渝州刺史柳玭爲瀘州刺史。柳氏自公綽以來，世以孝悌禮法，爲士大夫所宗。玭爲御史大夫，上欲以爲相，宦官惡之，故久謫於外。玭嘗戒其子弟曰：「凡門地高，可畏不可恃也。立身行己，一事有失，則得罪重於他人，死無以見先人於地下，此其所以可畏也。門高，則驕心易生，族盛，則爲人所嫉，懿行實才，人未之信，小有玼纇，衆皆指之，此其所以不可恃也。故膏梁子弟，學宜加勤，行宜加勵，僅得比他人耳。」（言自元和以來爲名家）（使柳氏子姪，常能守玭之戒，各務脩飭，至今爲名家可也）

故而山東士人之特見重於社會的，也不見得在於守禮法之門風，而另有原因。

陳寅恪氏於唐代政治史述論稿又曰：

夫士族之特點，既在其門風之優美，不同於凡庶。而優美之門風實基於學業之因襲，故士族家世相傳之學業，乃與當時之政治社會有極重要之影響。……但東漢學術之重心，在京師之太學。學術與政治之關鎖，則爲經學。蓋以通經義、勵名行，爲仕宦之塗徑，而致身通顯也。自東漢末年中原喪亂以後，學術重心自京師之太學移轉於地方之豪族，學術本身雖亦有變遷，然其與政治之關鎖，仍循其東漢以來通經義、勵名行，以致從政之一貫軌轍，此點在河北，卽所謂山東地域尤為顯著。

復曰：

山東士族之所以興起，實用儒素德業以自矜異，而不因官祿高厚見重於人。降及唐代，歷年雖久，而其家風禮法尚有未盡淪替者，故貞觀天子欽定氏族志，雖可以降抑博陵崔氏第二房鬱後之崔幹為第三等（見新唐書柒貳下宰相世系表崔氏條及舊唐書陸拾，新唐書柒捌淮安王神通傳）。而開成皇帝不能禁其宰相之寧以女孫適九品衞佐之崔皐（皐之家世未及詳考，然其為「七姓」（註二十七）之一，則無可疑也），而不顧其家人為皇太子妃。至大中朝，藉皇室之勢，奪婚盧氏，其後君臣翁壻卒皆以此為深恨，又何足怪哉！帝王之大權，不及社會之潛力，此類之事卽其一例。

今按陳氏之論斷雖有所見，而所見不深。誠然，山東士族「不因官祿見重於人」，「實用儒素德業以自矜異」，「通經義，勵名行」，一循東漢以來之舊傳統。却未能更進一步，實至為可惜。

六

唐會要卷三十六氏族夾注云：

> 至貞元中，左司郎中柳芳論氏族，序四姓，則分甲乙丙丁，頒之四海；世族則先山東，載在唐歷。

值得注意的，是「世族則先山東」，以此來看，柳芳立論，當時似乎是雙重標準。前者爲迎合當道，卽基於政治的立場，爲官方的標準。後者則爲傳統的，爲社會所普遍承認、接受的標準。

如要問有唐君臣上下何以如此看重山東士人，理由其實非常簡單，在前引唐書卷一百七十二杜中立傳，文宗對宰相的談話中，淸楚地說到「民間脩婚姻，不計官品，而上閥閱」。只是一般人注意到的，是顯示在外的表面現象「脩婚姻」，雖然陳寅恪氏已經注意到他們的「不計官品」，而略過了其根本原因所在的話——「而上閥閱」，文宗提到這點，想亦是偶然及之，不見得眞正了解，卽眞正被社會所共認的「門第」，其先決條件，爲家族歷史的悠久連綿，此所以「世族」(註二十八)特見尊重。而唐時「世族則先山東」，理卽在此。而證實「山東」最爲「世族」，關鍵則在於「閥閱」。

柳芳論曰：「虜姓者，魏孝文帝遷洛，有八氏、十姓、三十六族、九十二姓，世爲部落大人，並號河南洛陽人。郡姓者，以中國士人差第閥閱爲之制：凡三世有三公者曰膏粱，有令僕者曰華腴，尚書領護而上者爲甲姓，九卿若方伯者爲乙姓，散騎常侍，太中大夫者爲丙姓，吏部正員郎爲丁姓，凡得入者，謂之四姓。又詔代人諸胄，初無族姓，其穆、陸、奚、于，下吏部，勿充猥官，得視四姓（註二十九）。北齊因仍，舉秀才、州主簿、郡功曹，非四姓，不在選。」這裏所指的「郡姓」，爲與「虜姓」對等而言，從引文可以考見。芳論「郡姓者，以中國士人差第閥閱爲之制」，雖有所據，然而此制，決非指的是魏孝文遷洛以後，三世有……而復謂之膏粱、華腴以及四姓，此與下文「山東之人質，故尚婚婭，其信可與也；江左之人文，故尚人物，其智可與也；關中之人雄，故尚冠冕，其達可與也；代北之人武，故尚貴戚，其泰可與也。及其弊，則尚婚婭者，先外族，後本宗；尚人物者，進庶孽，退嫡長；尚冠冕者，略伉儷，慕榮華；尚貴戚者，徇勢利，亡禮教，四者俱弊，則失其所尚矣」，純爲柳芳的說法，亦即純屬唐人的觀點。

如果我們對門第發展的歷史有所了解的話，當可以知道，當晉室南渡，留在北方的「中國士人」，正是漢時舊家族的苗裔，與過江的所謂「僑姓」，其承襲，精神皆大不相同（註三十）。後漢書卷三章帝紀引建初元年（七六）三月己巳詔曰：

夫鄉擧里選，必累功勞。今刺史、守、相，不明眞僞，茂才、孝廉，歲以百數，既非能顯，而當授之政事，甚無謂也。每尋前世擧人貢士，或起甽畝，不繫閥閱。

章懷太子李賢注曰：

史記曰：「明其等曰閥，積其功曰閱。」言前代擧人，務取賢才，不拘門地。

又卷五十六韋彪傳引建初年間事：

是時，陳事者多言郡國貢擧，率非功次，故守職益懈，而吏事寖疏，咎在州郡，有詔下公卿朝臣議。彪上議曰：「伏惟明詔，憂勞百姓，垂恩選擧，務得其人。夫國以簡賢為務，賢以孝行為首。孔子曰：『事親孝，故忠可移於君。是以求忠臣，必於孝子之門。』夫人才行少能相兼，是以孟公綽優於趙魏老，不可以為滕薛大夫。忠孝之人，持心近厚；鍛鍊之吏，持心近薄。三代之所以直道而行者，在其所以磨之故也。士宜以才行為先，不可純以閥閱。然其要歸，在於選二千石。二千石賢，則貢擧皆得其人。」帝深納之。

二者所言，當屬同一事。注「閥閱」引史記也同。按漢書卷六十六車千秋傳：「千秋無他材能術學，又無伐閱功勞。」注引師古曰：「伐，積功也；閱，經歷也。」補注引周壽昌曰：「伐閱，即閥閱，猶門第也。……史記功臣年表：『人臣功有五品，明其等曰閥，積日曰閱。』」諸家引史記卷十八高祖功臣侯年表序文字互有上下異同，太史公曰：「古者，人臣功有五品：以德立宗廟，定社稷曰勳；以言曰勞；用力曰功；明其等曰伐；積日曰閱。」是初時「閥閱」猶有其特殊意義，而後「閥閱」則成「世族」之代名詞，嚴可均全後漢文卷八十九仲長統三昌言下引意林曰：

天下士有三俗：選士而論族姓閥閱，一俗。

王符潛夫論論榮篇曰：

人之善惡，不必世族。

又交際篇曰：

虛談則知以德義為賢，貢舉則必閥閱為前。

世人多主張「門第」於漢時之形成，以上所引諸文可爲明證。就本質來說，其爲「士族」；就時間來說，其爲「世族」。要注意的是，漢時門第中人重閥閱，讀經書，講儒術，與漢晉之際新興之門第不同。他們重人物，研玄學，習清談（註三十一）。精神、面目是如此地相異，在永嘉之亂以後，後者南下渡江，而成爲柳芳論中的「僑姓」，此後，遂與原在東南的舊家族——「吳姓」合作，偏安江左，爲五朝之主幹（註三十二）。前者則經歷漢晉間新興門第崛起後之長期壓抑，退出了歷史舞臺，却因胡主之重經學，尊儒士，不與新興門第同時渡江，而留在中原，與胡主合作，在魏孝文帝遷洛漢化之後，形成柳芳論中之「郡姓」，他們因「差第閥閱爲之制」，然而他們所「上閥閱」是指漢時的舊「閥閱」，而非遷洛以後「三世」爲……的新「閥閱」。及魏分東西，宇文泰走關中，爲建立關中之本位文化（註三十三），以抗衡山東、江南，復行胡化，形成周、齊之對立，而郡姓亦有「關中」、「山東」之分。「關中郡姓」既胡化，唯獨保持舊傳統之「山東郡姓」尚爲世所重，也可以說是更爲世所重。下及隋唐，「世族則先山東」，不僅是因爲「山東」世代綿延，上及漢時，而且尤貴的是能保持漢時舊傳統——重閥閱、讀經書、講儒術。尤其是「閥閱」更能顯示唐人重山東士人之消息關鍵所在，如不能了解和把握這一點，如何能了解唐人何以「民間脩婚姻，不計官品，而上閥閱」？何以「猶自矜伐」，「偃然自高」的山東士人，在一般唐人看來，該是理所當然，未可厚非？因爲他們有着太深厚的精神和文化憑藉，歷經數百年的亂亡和異族入主，一線相承，屹立不墮，唐社會看重的是這些，而不是物質的條件（註三十四）。

（註 一）宋祁但稱「柳芳著論甚詳，今刪其要，著之左方」，未標論名。清仁宗嘉慶敕編全唐文卷三百七十二收入此論，標作「姓系論」。周道濟氏則引作「柳芳姓論」，見漢唐宰相制度頁六二七。然此二名實誤。柳芳，兩唐書皆未有傳，其生平不詳。李肇唐國史補卷上曰：「柳芳與韋述友善，俱為史官。述卒後，所著書有未畢者，多芳與續之成軸也。」韋述卒於肅宗至德二年（七五七）。而王溥唐會要卷三十六氏族「乾元元年（肅宗，七五八），著作郎賈至撰百家類例十卷一條下，史注曰：「貞元（德宗，七八五——八〇四）中，左司郎中柳芳論氏族，序四姓，則分甲乙丙丁，頒之四海。世族則先山東，載在唐歷。」是柳芳此論正式名稱該是「氏族論」。考宋祁所引「芳之言曰：『氏族者，古史官所記也。……』」而王溥唐會要卷三十六氏族首條：「氏族者，古史官所記。故官有世冑，譜有世官。過江則有僑姓，王、謝、袁、蕭為大；東南則有吳姓，朱、張、顧、陸為大；山東則有郡姓，王、崔、盧、李、鄭為大；關中亦號郡姓，韋、裴、柳、薛、楊、杜為大；代北則有虜姓，元、長孫、宇文、于、陸、源、竇為大。各於其地，自尚其姓為四姓。今流俗相傳，獨以崔、盧、李、鄭為四姓，加太原王氏為五姓，蓋不經之甚也。」雖未標明出處，實則皆柳芳論中語。亦如芳論，稱「氏族者……」，且以「氏族」作為條目之名。按國人習慣，此論原名「氏族論」當無可疑。

（註 二）宋祁（九九八——一〇六一）修史時，芳論當為完整之篇。由沖傳所說來看：「初，太宗命諸儒撰氏族志，甄差羣姓。其後，門冑興替不常，沖請改脩其書，帝詔魏元忠、張錫、蕭至忠、岑義、崔湜、徐堅、劉憲、吳兢及沖，共取德功時望國籍之家，等而次之，夷蕃酋長襲冠帶者，析著別品。會元忠等繼物故，至先天時，復詔沖及堅、兢，與魏知古、陸象先、劉子玄等討綴，書乃成，號姓系錄。……開元初，詔沖與薛南金復加刊竄，乃定。後，柳芳著論甚詳。」可見芳論內容與這幾次修訂氏族志有關，討論文字過多，不能，亦不需盡錄，故而宋祁才「刪其要」。未料此論卻未能流傳後世，這對研究中古氏族來說，毋寧說是一大損失。因為姑不論芳論是否精闢合理，多少由此可以知道一些初唐譜學者的觀點，以及中古氏族的情形。而今王溥唐會要所採不過一百二十字，宋祁雖以史學名家，所錄計一五七五字，却極度失敗，不僅語意含混，氣勢不聯貫而已。世人重其文，而從沒有懷疑它的，事實上，芳論的重要性及其價值，尚待評估，當尋文論之。

（註　三）唐人多用「氏族」來稱呼吾人所謂之「門第」或「士族」，這全然是由於習慣的說法，唐會要歷數人數世而成書，亦採用之，可說是最好的例子。

（註　四）隋書卷三十四食貨志云：「晉自中原喪亂，元帝寓居江左，百姓之自拔南奔者，並謂之僑人。」按「僑立」「僑置」州郡始於晉之南渡，「僑人」之名則始見於隋志。而隋書，長孫無忌等奉敕撰，高宗顯慶元年（六五六）上進，可見「僑人」之名，出現已遲至唐初年。

（註　五）始見於三國志卷五十六朱治傳：「公族子弟及吳四姓多出仕郡。」按「吳四姓」，指吳郡朱、張、顧、陸四姓。

（註　六）隋書卷三十三經籍志譜系篇云：「後魏遷洛，有八氏十姓，咸出帝族；又有三十六族，則諸國之從魏者；九十二姓，世為部落大人者，並為河南洛陽人。其中國士人，則第其門閥，有四海大姓、郡姓、州姓、縣姓。」長孫無忌等脩經籍志時，猶保存傳統的說法。而柳芳著論時，則採其名而變化之，至為顯然。所以真正說來，「郡姓」不過後魏遷洛以後，中國士人中某些家族，意為一郡中之右姓，而非中國士人皆為所謂之「郡姓」，亦由是可明。

（註　七）梁書卷三十九羊侃傳曰：「高祖乃召侃問方略，侃具陳進取之計。……侃曰：『……北人雖謂臣為吳，南人已呼臣為虜。……』」「虜」「吳」相對並稱，姚思廉雖為唐時人，猶能保持南北朝之舊傳統，以南北朝時代，「虜」「吳」固非佳名，可能帶了些輕視的口氣，却絕非像我們所想像的那樣壞。至少，北人視「虜」，亦有如南人稱「吳」，在他們心目中，本來就是「虜」。北史卷三十六薛辯傳附聰傳：「聰深為孝文所知，外以德器遇之，內以心膂為寄，親衞禁兵，委總管領，故終太和之世，恒帶直閤將軍。羣臣罷朝之後，聰恒陪侍帷幄，言兼晝夜，時政得失，預以謀謨，動輒匡諫，事多聽允，而重厚沉密，外莫窺其際。……帝曾與朝臣論海內姓地人物，戲謂聰曰：『世人謂卿諸薛是蜀人，定是蜀人不？』聰對曰：『臣遠祖廣德世仕漢朝，時人呼為漢臣；九世祖永隨劉備入蜀，時人呼為蜀臣；臣今事陛下，是虜非蜀也。』帝撫掌笑曰：『卿幸可自明非蜀，何乃遂復苦歐。』聰因投戟而出，帝曰：『薛監醉耳！』其見知如此。」聰，亦見於魏書卷四十二，然全傳不過五十字，不載此事。聰雖見知孝文，受激而言，孝文亦以聰言為苦。設如稱「虜」真惡名，聰亦不敢如此。同理，洛陽伽藍記卷二亦直稱「五胡」，而未有所避嫌，雖假借南人陳慶之口，亦不過北人之稱「吳」。

（註八）唐會要非一時一人之作。晁氏郡齋讀書志曰：「唐會要一百卷，宋王溥撰。初，唐蘇冕敍高祖至德宗九朝沿革損益之制。大中七年，詔崔鉉撰次德宗以來事，至宣宗大中六年，以續冕書。溥又採宣宗以後事，共成百卷，建隆二年正月奏御。」以此來看，會要可視之為蘇冕以迄王溥的共同看法。

（註九）參見拙著南朝的門第，食貨月刊三卷五期，頁六。（此文收入中國史學論文選集第一輯，頁一八三——一九七）所說雖指的是南朝的情形，在基本上，北朝的門第亦無多大差異。

（註十）可參看宋書卷四十一后妃路淑媛傳，卷七十五蔡興宗傳，南齊書卷四十三江斅傳等。

（註十一）事亦見於唐書卷九十五高儉傳、貞觀政要卷七貞觀六年條，唐會要卷三十六氏族貞觀十二年條。除會要作太宗謂尚書右僕射房玄齡外，其他不過繁簡有別，文義則大同小異。

（註十二）事亦見舊唐書卷六十一竇威傳，唐書卷九十五竇威傳，可參看。

（註十三）參見唐會要卷三十六氏族，及唐書卷一百九十九儒學柳沖傳。並參考毛漢光氏敦煌唐代氏族譜殘卷之商榷，史語所集刊第四十三本第二分，頁二五九——二七六。

（註十四）舊唐書卷六十一竇威傳，唐書卷九十五竇威傳亦有相同的記載，可參看。

（註十五）八柱國的設置始末，可參看陳寅恪氏隋唐制度淵源略論稿；三、職官，頁六三；六、兵制，頁九一——九六。在西魏文帝大統十六年（北齊文宣帝天保元年，梁簡文帝大寶元年，五五〇年）以前，所謂八柱國家，除宇文泰，魏廣陵王欣而外，其他六人，為李虎、李弼、獨孤信、趙貴、于謹、侯莫陳崇，竇氏不在其中。竇熾之拜柱國大將軍，在北周孝閔帝踐祚（五五七年），可參閱周書卷三十竇熾，北史卷六十一竇熾傳。故而唐高祖對竇威所說「昔周朝有八柱國之貴，吾與公家，咸登此職」是不錯的。

（註十六）竇威是太穆皇后從父兄，所以「宮內咸稱為舅」，而威亦以高祖為「吾家妹壻」，事並見兩唐書竇威傳。而威在唐初年拜內史令，內史令即魏晉中書監令之職，通典卷二十一職官中書令條，稱「以其地在樞近，多承寵任，是以人固其位，謂之鳳凰池焉」，此所以說「階緣戚里，位忝鳳池」。

（註十七）唐會要卷三十六氏族：「顯慶四年（高宗，六五九）九月五日，詔改氏族志為姓錄，上親製序，仍自裁其類例，凡二百四十五姓，二百八十七家。以皇后四家、酅公、介公、贈臺司、太子三師、開府儀同三司、僕射為第一等；文武二品，及知政事者三品，為第二等。各以品位為等第，凡為九等。並取其身及後裔，若親兄弟，量計相從，自餘枝屬，一不得同譜。」最可以看出以政治地位的高下，來決定其家族姓氏地位的高下。

（註　十八）毛漢光氏敦煌唐代氏族譜殘卷之商榷（史語所集刊四十三本二分）中語，或作「詔修譜」，以與「私修譜」區別。

（註　十九）禁婚事，可參看國史補、唐會要卷三十六氏族、舊唐書卷八十二李義府傳、唐書卷二百二十三上姦臣李義府傳、太平廣記卷一百八十四貢擧目七姓條等。

（註　二十）可參看舊唐書卷六十六、唐書卷九十六房玄齡傳，舊唐書卷七十一、唐書卷九十七魏徵傳，舊唐書卷六十七、唐書卷九十三李勣傳。

（註二十一）參閱唐書卷一百六李敬玄傳，卷一百十六李懷遠傳。

（註二十二）舊唐書卷六十七李勣傳亦載此事，稱勣謂弼曰：「我自量必死，欲與汝一別耳。恐汝悲哭，誑言似差可，未須啼泣，聽我約束。我見房玄齡、杜如晦、高季輔，辛苦作得門戶，亦望垂裕後昆，並遭癡兒破家蕩盡。我有如許豚犬，將以付汝，汝可防察，有操行不倫，交遊非類，急須打殺，然後奏知。……」辭句小有不同。

（註二十三）卽使柳芳論氏族，亦不得不稱「世族則先山東」，見唐會要卷三十六氏族，乾元元年條夾注。

（註二十四）唐會要卷三十六氏族，高祖謂竇威語。

（註二十五）唐書卷九十五高儉傳中太宗語，舊唐會卷六十五高士廉傳則作「偃仰自高」。

（註二十六）全唐文卷十三高宗令山東江左採訪人物詔中語。

（註二十七）太平廣記卷一百八十四貢擧類氏族目七姓條據國史纂異曰：「高宗朝，以太原王、范陽盧、滎陽鄭、淸河、博陵二崔、趙郡、隴西二李等七姓，其族望恥與諸姓為婚，乃禁其自相姻娶。於是不敢復行婚禮，密裝飾其女以送夫家。」

（註二十八）此自漢時已經如此，王符潛夫論論榮篇曰：「人之善惡，不必世族。」

（註二十九）「四姓」的說法不盡相同。魏書卷一百一十三太和十九年詔中提到「四姓」，但沒有說明「四姓」是那四「姓」。資治通鑑卷一百四十齊紀高宗皇帝建武二年春正月條胡三省注，說是「盧、崔、鄭、王」，孫同勛氏則反對此說，而主張柳芳氏族論甲、乙、丙、丁姓為「四姓」的說法，見拓拔氏的漢化，頁一二六——一二九。

（註　三十）參閱拙著五胡亂華時期中的中原郡姓，政大學報第三十二期，頁一二四——一二五。

（註三十一）參閱拙著永嘉前後吳姓與僑姓關係之轉變，政大學報第二十六期，頁二一一——二一二。

（註三十二）前引書，頁二二二——二二七。

（註三十三）參閱陳寅恪氏隋唐制度淵源略論稿，三、職官，頁六五——六六；唐代政治史述論稿，上篇，統治階級之氏族及其升降，頁一一——一二。

（註三十四）因為就財、勢、位着物質條件來說，山東士人是遠比不上關中郡姓，及代北的虜姓的。

（原載「簡牘學報」五期，民國六十六年一月）

國家圖書館出版品預行編目資料

中古門第論集
何啟民著. – 初版. – 臺北市：臺灣學生，2020.10
面；公分
ISBN 978-957-15-1834-3 (平裝)

1. 中國史 2. 封建社會 3. 官制 4. 文集

610.07　　109012418

中古門第論集

著作者　何啟民
出版者　臺灣學生書局有限公司
發行人　楊雲龍
發行所　臺灣學生書局有限公司
地址　臺北市和平東路一段 75 巷 11 號
劃撥帳號　00024668
電話　(02)23928185
傳真　(02)23928105
E-mail　student.book@msa.hinet.net
網址　www.studentbook.com.tw
登記證字號　行政院新聞局局版北市業字第玖捌壹號
定價　新臺幣四八〇元

一九七八年元月初版
二〇二〇年十月初版二刷

ISBN 978-957-15-1834-3 (平裝)